公共图书馆服务体系的探索与实践

——杭州调研报告

国家图书馆研究院　主编

國家圖書館出版社
National Library of China Publishing House

图书在版编目(CIP)数据

公共图书馆服务体系的探索与实践:杭州调研报告/国家图书馆研究院主编. --北京:国家图书馆出版社,2014.2
ISBN 978-7-5013-5280-7

Ⅰ.①公… Ⅱ.①国… Ⅲ.①公共图书馆—图书馆服务—调查报告—杭州市 Ⅳ.①G259.252

中国版本图书馆 CIP 数据核字(2014)第 009819 号

书　　名 公共图书馆服务体系的探索与实践——杭州调研报告
著　　者 国家图书馆研究院　主编
责任编辑 金丽萍　王炳乾

出　　版 国家图书馆出版社(100034　北京市西城区文津街 7 号)
(原书目文献出版社　北京图书馆出版社)
发　　行 010-66114536　66126153　66151313　66175620
66121706(传真),66126156(门市部)
E-mail btsfxb@ nlc. gov. cn(邮购)
Website www. nlcpress. com ——→投稿中心
经　　销 新华书店
印　　装 北京科信印刷有限公司
版　　次 2014 年 2 月第 1 版　2014 年 2 月第 1 次印刷

开　　本 710×1000(毫米)　1/16
印　　张 19
字　　数 250 千字

书　　号 ISBN 978-7-5013-5280-7
定　　价 80.00 元

公共图书馆服务体系的探索与实践杭州调研

总策划 周和平

执行策划 汪东波 申晓娟

参与调研人员（按姓氏笔画排序）

王茉瑶 王翩然 付敏君 申晓娟 刘 莹
何瑜英 苏 超 汪东波 李 媛 陈嘉茜
周宇麟 施春林 徐建华 聂凌睿 屠淑敏
章伟良 龚思婷 褚树青

杭州调研报告

总撰稿人 褚树青 徐建华

撰 稿 人（按姓氏笔画排序）

王茉瑶 王翩然 付敏君 刘 莹 何瑜英
苏 超 李 媛 陈嘉茜 周宇麟 施春林
高振宇 屠淑敏 章伟良

序

党的十八大提出要加强重大公共文化工程和文化项目建设，完善公共文化服务体系，提高服务效能，这为进一步推进公共文化事业指明了方向。加强公共文化服务体系建设，切实保障广大人民群众的"文化民生"，已经逐渐成为各级政府的自觉行动，逐渐成为社会各界的普遍共识。在公共文化服务体系建设跨越式发展的关键时期，加强对文化发展规律的分析，总结、提炼和推广各地已经取得的一些成功经验，深入研究和解决当前公共文化服务体系建设中存在的突出问题，对于提高各级文化行政主管部门的决策水平，进一步推进我国公共文化事业的整体可持续发展具有重要的现实意义。

公共图书馆事业是我国公共文化服务体系建设的重要组成部分。近年来，公共图书馆事业在基础设施建设、服务网络建设、数字图书馆服务、信息技术应用等诸多领域取得了突破性进展。全国各地在区域公共图书馆服务体系建设中创造了很多新鲜的经验，在保障基层群众读书看报、参与公共文化活动等方面发挥了积极作用。

为深入研究我国公共图书馆服务体系建设的基本规律，剖析各地实践，总结成功经验，研究新情况，解决新问题，由周和平同志倡议，国家图书馆组织策划了对我国公共图书馆服务体系建设的专题调研。此次调研深入基层座谈交流，观摩走访，认真总结提炼各地区在公共图书馆服务体系建设方面创造的经验，从资源共建共享、服务网络搭建、基础业务建设、技术支撑条件、政策保障机制等方面进行剖析，并进行理论提升，形成系列调研报告。

调研活动充分表现了国家图书馆对推进图书馆事业发展的高度使命感和责任感，阅读这些调研报告，使我深深感受到图书馆事业在新的历史时期所蕴含的巨大潜力，相信其出版对于各级文化行政主管部门深入了解图书馆事业发展现状、制定科学决策具有重要参考价值，对于推进各地公共图书馆服务体系建设具有重要的启发和借鉴意义。它不仅能够为全国各级公共图书馆提供生动务实的业务指导，同时也可以为有关图书馆事业发展的诸多现实问题展开进一步的深入研究提供宝贵的资料。

希望社会各界更多地关注和支持图书馆事业，各级文化行政主管部门、图书馆界继续加强对图书馆事业发展的研究，共同推动我国公共图书馆事业发展，为社会主义文化强国建设贡献智慧和力量。

文化部副部长 杨志今

2012 年 11 月

序

图书馆是社会文明进步的标志,是人们的终身学校。改革开放以来,社会发生了翻天覆地的变化,随着社会的发展,人们对精神文化的需求日益旺盛,图书馆的作用日显重要。特别是近年来,随着覆盖城乡的公共文化服务体系逐步建立,公共图书馆事业有了较快发展,馆藏文献数量大幅增长,资源类型日趋多样,办馆条件明显改善,借助现代信息技术,图书馆的服务水平和服务能力得到全面提升,一个传统图书馆与数字图书馆相互融合的、覆盖城乡的公共图书馆服务体系正在逐步形成。

在事业发展的同时,我们必须清醒地认识到,当前公共图书馆事业发展中还面临许多新情况、新问题,需要认真加以研究和解决。为此,国家图书馆研究院在全国选择了若干有代表性的行政区域,会同文化行政主管部门有关负责同志、业界专家学者组成调研小组,通过基层走访、抽样访谈、专题讨论与文献分析等形式,对这些区域的公共图书馆服务体系建设情况进行深入调研,在此基础上总结经验,查找差距,探讨未来发展思路,形成调研报告,汇集成《公共图书馆服务体系的探索与实践》系列图书,即将陆续出版。

这些调研报告从事业发展的实际出发,立足于对未来发展趋势的探讨,旨在为各级党委政府制定相关政策提供参考,为业界加快推进公共图书馆服务体系建设提供借鉴,为学界开展公共图书馆事业发展研究提供素材,同时也让公众和读者进一步加深对图书馆的了解。

采用这种形式对公共图书馆事业的发展状况进行系列调研,在我国尚属首次,其中片面乃至肤浅之处在所难免。希望广大读者,特别是业界同行对调研报告的不足之处提出宝贵意见和建议,以利于我们进一步改进。也希望更多专家学者参与其中,共同深入研究思考事业发展的重大现实问题,为推进我国图书馆事业发展做出积极贡献。

国家图书馆馆长 周和平

2012 年 11 月

序

公共图书馆是通向知识的大门，是没有围墙的学校，在保障人民群众基本文化权益、提升人民群众整体素质、增强国家和地区文化软实力中扮演着越来越重要的角色，承担着越来越重要的责任，发挥着越来越重要的作用。

近年来，杭州市委、市政府认真贯彻中央和浙江省委、省政府关于加强文化建设，特别是公共文化服务体系建设的部署要求，把公共图书馆作为公共文化服务体系的重要载体，立足杭州实际，学习、借鉴国际先进经验，加快构建覆盖城乡、惠及全民、服务多元、高效便捷的公共图书馆服务体系，着力探索与经济、社会相适应的公共图书馆服务体系，建设“杭州模式”，为广大市民群众提供更多的、更好的公共文化产品和服务，充分发挥图书馆促进经济社会发展的独特作用。

我们坚持政府主导、制度保障，把公共图书馆服务体系建设纳入经济社会发展规划和公共文化服务体系的总框架，出台《关于进一步加强杭州市公共图书馆服务体系建设的实施意见》，成立杭州市公共图书馆发展委员会，为公共图书馆服务体系建设提供良好的政策环境。我们坚持统筹发展、重心下移，在建成开放面积位居国内前列的杭州图书馆新馆之后，以基层图书馆设施建设为重点，统一建设标准，加大建设力度，着力构建契合市情的“中心馆—总分馆”模式，形成以杭州图书馆为中心馆，区县(市)图书馆为地区性业务总馆，乡镇(街道)图书馆为业务分馆，村(社区)图书室(农家书屋)为亚分馆的四级公共图书馆服务网络，实现资源共享和服务联动。我们坚持以人为本，提升服务，确立“平民图书馆，市民大书房”的目标，树立“平等、免费、无障碍”的理念，注重现代信息技术的应用，推进专业性服务与多元化服务的融合，努力打造第三文化空间和社会教育中心。

由国家图书馆策划、国家图书馆研究院指导、南开大学和杭州图书馆联合编写的《公共图书馆服务体系的探索与实践——杭州调研报告》一书，系统总结了杭州建设公共图书馆服务体系的做法和经验，提出了许多有价值的意见和建议，为下一步工作提供了重要启示。我们将以学习贯彻党的十八届三中全会精神为动力，牢牢把握中央关于建设社会主义文化强国，特别是构建现代公共文化服务体系的决策部署，认真吸纳和转化这次调研成果，不断完善以“中心馆—总分馆”为主干框架的公共图书馆服务体系，在实现服务网络全覆盖的基础上，进一步做好延伸服务、提升服务、创新服务的文章，更好地满足全市人民的精神文化需求，更好地助力学习型城市和文化名城、文化强市建设。

中共浙江省委常委
中共杭州市委书记

2013 年 11 月 15 日

目 录

第一章　杭州市公共图书馆服务体系建设

第一节　杭州市公共图书馆事业发展概况

一、杭州市简介

杭州是浙江省省会，地处长江三角洲南翼、杭州湾西端、钱塘江下游、京杭大运河南端，不仅是全省政治、经济、科教、文化中心，也是长江三角洲经济圈的中心城市之一和中国东南部重要的交通枢纽。现今的杭州市总面积16 596平方公里，辖上城、下城、江干、拱墅、西湖、滨江、萧山、余杭 8 个市辖区，桐庐、淳安 2 个县，建德、临安、富阳 3 个县级市，共有 193 个街道（乡镇），其中 23 个乡，86 个镇，84 个街道，市辖区 3068 平方公里。至 2012 年年末，常住人口 880. 2 万人，其中城镇人口 653. 99 万人。

杭州历史悠久，自秦时设县治以来，已有 2200 多年历史，是华夏文明的发祥地之一，曾是五代吴越国和南宋王朝两代建都地，是我国七大古都之一，也是国家首批命名的历史文化名城，以“东南名郡”著称于世，曾被 13 世纪意大利旅行家马可 · 波罗赞为“世界上最美丽华贵之城”。

改革开放以来杭州是国内经济发展最快的城市之一，2012 年共实现国内生产总值 7803. 98 亿元，常住人口人均生产总值 88 985 元，经济总量位于全国省会城市第四。先后获得联合国人居奖、国际花园城市、中国人居环境奖、中国十大创新城市、中国十大活力城市等数十项全国性乃至国际性荣誉称号。连续 6 年被美国《福布斯》杂志评为“中国内地最佳商业城市”；连续 6 年被新华社《瞭望东方周刊》评为“中国最具幸福感城市”榜首。此外，在开放中不断融合，创新中不断发展的杭州文化，集山水文化、园林文化、宗教文化、建筑文化、名人文化、藏书文化、戏曲文化、民俗文化、集市文化、丝绸文化、茶文化、饮食文化于一体，具有精致、和谐、典雅、开放、兼容、大气的特色，在中国地域文化中独树一帜。

二、杭州市公共图书馆服务体系的形成和发展

杭州是中国最早引进西方公共图书馆理念的城市之一。早在1903年，杭州藏书楼扩充为浙江藏书楼，1904年对外开放，1909年正式更名为浙江图书馆，是中国最早的省级公共图书馆之一，至今已有100多年历史。自20世纪20年代开始，杭州各区县陆续成立公共图书馆。如1921年，余杭县建立了杭县通俗图书馆，后于日本侵华战争期间停办；1923年，余杭县在余杭镇建立了余杭县立图书馆；1921年，萧山县成立了县立通俗图书馆。1956年，萧山图书馆经浙江省委文教委员会批准成立；同年，浙江省文教部下文批准建立"建德县图书馆"，1991年，单独建制；1950年，杭县人民文化馆创建，附设图书室；1958年，杭州图书馆成立；同年，原淳安、遂安两县合并，两县图书馆于1959年合并为淳安县图书馆；1978年，桐庐县图书馆建立；1994年，临安市图书馆建成。

2003年，杭州市开始探索公共图书馆服务体系建设之路。至2008年形成阶段性成果，即创新实施以区域联盟为特点的"图书信息服务一证通"工程，整合杭州图书馆、杭州少年儿童图书馆以及萧山、桐庐、富阳等区县图书馆在内的共9家公共图书馆的文献信息资源，规范网络内各馆的业务工作，合并数据、共建平台，形成了全市统一的图书馆业务管理平台和统一的业务工作管理规范。在联盟范围之内，9家公共图书馆在保持各成员馆人、财、物不变的情况下，统一了技术平台、文献分编、业务服务规范、图书信息管理系统等，从而在文献通借通还、书目数据共享的基础上，实现了大服务、大流通。同时，把街道（乡镇）、社区（村）图书馆（室）作为基层服务点纳入服务网络，建立了跨越行政区域的公共图书馆联盟，这在当时被称为"联盟式总分馆制"。这初步打破了杭州地区公共图书馆之间各自为政的局面，实现了地市级与区县级公共图书馆之间的通借通还、资源共享，基本形成了一个城乡互通的图书信息服务体系。2006年6月1日，在"图书信息服务一证通"工程逐步完善的基础上，杭州图书馆牵头，杭州所属各区、县（市）公共图书馆及"图书信息服务一证通"联盟内的各图书馆，联合颁布了《杭州地区公共图书馆服务公约》（详见附录一），明确了杭州地区公共图书馆免费进馆、免费阅览的服务制度。这意味着杭州地区各级公共图书馆，包括市级的杭州图书馆，各区、县（市）公共图书馆，街道（乡镇）和社区（村组）服务点组成的四级公共图书馆服务网络，将悉数按照《杭州地区公共图书馆服务公约》的要求，为全体读

者提供全免费服务，标志着杭州地区公共图书馆服务体系建设朝着制度化、规范化的方向发展。2007 年，杭州地区公共图书馆的“图书信息服务一证通”工程获文化部“第十四届群星（服务）奖”。

为了进一步扩大公共图书馆服务的覆盖人群，特别是农村地区居民，自 2009 年起，杭州市公共图书馆服务网络建设在“图书信息服务一证通”工程基础之上，对公共图书馆服务有效向下延伸进行了进一步的研究与探索，在借鉴国外成功经验，吸取国内基层图书馆建设经验、教训的基础上，充分考虑我国现行的行政体制与公共财政投入方式，设计了“中心馆—总分馆”体系，即杭州图书馆在体系中被定位为中心馆，五县八区各自建设自己的总分馆体系，最终形成一个分域、分层的覆盖杭州市全区域的公共图书馆服务体系，并于 2009 年首先在桐庐县开展县乡总分馆建设试点。取得预期效果之后，又于 2011 年在江干区、建德市推广，整个杭州市公共图书馆服务体系因此而获得了持续发展的动力。

三、杭州市公共图书馆服务体系的建设成就

在政府主导、公共财政支撑、中心馆与总馆的积极推动下，杭州市公共图书馆服务体系的触角已延伸至广大的农村地区，并实现了“有房办事、有钱办事、有人办事、有章办事”，使得杭州地区公共图书馆服务体系的整体服务水平有了极大的提升，尤其是读者服务工作成效最为明显（建设情况汇总表见附录二）。

至 2012 年年底，“中心馆—总分馆”体系已经覆盖杭州市主城区及 7 个区、县（市），建立区、县（市）馆 11 家，生活主题分馆、佛学分馆、盲文分馆等主题分馆或专业分馆 6 家；乡镇（街道）图书馆（室）174 所，村（社区）级基层流通点 2000 多所，杭州地区公共图书馆服务体系基本建成。持证人数和外借人次逐年增加，预计在“十二五”末，将基本实现市、区县（市）、乡镇（街道）、村（社区）四级公共图书馆服务网络的全覆盖。

1. 有房办事——基础设施建设

截至 2012 年年底，杭州市共计有 2 所副省级公共图书馆（杭州图书馆、杭州少年儿童图书馆），11 所区、县（市）级公共图书馆。总计馆舍建筑面积为 130 059平方米，相比于 2009 年的 118 319 平方米，新增了 11 740 平方米，增幅达 9.9%（见表 1 - 1）。同时，阅览座位、读者用电脑数量也随之增加，为各级公共图书馆更好地开展各类服务提供了良好的场地保障。

表1－1 杭州市公共图书馆基础设施情况统计表

名称	基础设施情况												
	建成时间（年）	建筑面积（平方米）				阅览座位（个）				读者用电脑（个）			
		2009年	2010年	2011年	2012年	2009年	2010年	2011年	2012年	2009年	2010年	2011年	2012年
杭州图书馆	2008	49 088	49 088	49 088	49 088	2338	2338	2338	2392	159	159	159	159
杭州少年儿童图书馆	1999	5482	5482	5696	5696	332	332	332	800	39	39	38	40
萧山区图书馆	2007	20 000	20 000	20 000	26 909	800	800	1018	1018	110	110	88	112
余杭区图书馆	2005	10 931	10 931	10 931	10 931	672	716	700	700	128	128	80	80
建德市图书馆	2007	4295	4295	4295	4295	320	320	320	320	52	52	50	56
富阳市图书馆	1999	3600	3500	3500	3500	386	190	190	190	33	30	30	41
临安市图书馆	1995	4923	4923	4923	8051	250	250	250	488	21	21	21	32
淳安县图书馆	1993	2500	2500	2500	1889	322	322	322	322	86	86	80	80
桐庐县图书馆	2004	6500	6500	6500	6500	800	800	800	800	150	72	150	150
西湖区图书馆	2008	1500	3200	3200	3200	100	380	380	380	10	22	22	22
拱墅区图书馆	2007	2500	3000	3000	3000	－	236	236	240	50	36	30	30
江干区图书馆	2008	3500	3500	3500	3500	722	720	720	722	40	40	40	40
下城区图书馆	2009	3500	3500	3500	3500	380	380	434	465	44	44	54	54
合计	－	118 319	120 419	120 633	130 059	7422	7784	8040	8837	922	839	842	896

2. 有人办事——从业人员

2009—2012 年,杭州市公共图书馆从业人员数量呈现持续增长趋势(详见表 1-2),除了事业编制人员和计划内合同用工之外,一些外聘人员和志愿者也积极加入到图书馆事业发展之中。此外,图书馆员工中大专以上学历和具有图情专业背景人员的数量也在增加(详见图 1-1),杭州地区公共图书馆从业人员结构的不断优化,利于专业化和高质量服务的开展。

表 1-2 杭州市公共图书馆从业人员情况统计表

名称	从业人员情况							
	事业编制人员数				计划内合同用工数			
	2009 年	2010 年	2011 年	2012 年	2009 年	2010 年	2011 年	2012 年
杭州图书馆	140	154	159	164	37	37	37	39
杭州少年儿童图书馆	31	31	43	41	7	7	8	8
萧山区图书馆	31	30	31	29	86	86	31	86
余杭区图书馆	25	24	26	23	25	22	23	23
建德市图书馆	12	12	12	12	16	18	0	–
富阳市图书馆	18	19	20	20	0	0	2	2
临安市图书馆	11	12	13	18	0	0	0	18
淳安县图书馆	11	11	11	11	0	0	0	0
桐庐县图书馆	13	12	13	13	21	28	44	34
西湖区图书馆	2	7	7	7	2	–	0	15
拱墅区图书馆	3	4	3	4	13	13	12	12
江干区图书馆	7	6	16	10	9	8	7	16
下城区图书馆	2	2	2	2	8	7	14	14
合计	306	324	356	354	224	226	178	267

3. 有钱办事——经费投入与资源建设

(1)经费投入

如表 1-3 所示,2009—2012 年,随着国家财政大力支持公共文化事业的发展,杭州市 13 所公共图书馆年度总投入基本呈现出稳定增长的态势,用于文献购置的费用也在逐年增加。以杭州图书馆为例,2012 年较 2009 年,年总投入增幅达 44.1%,文献购置费用增加 100 万元。

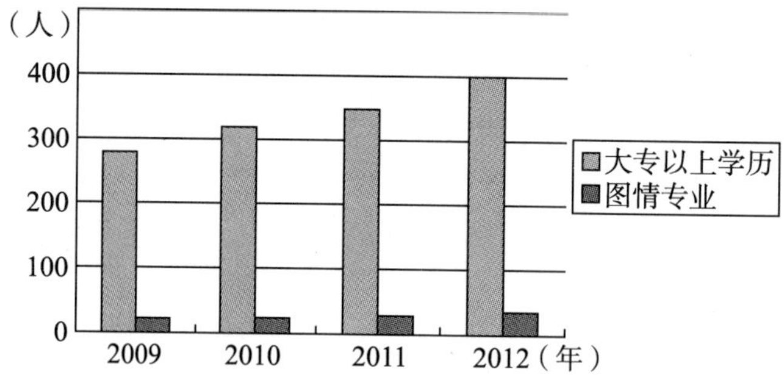

图 1-1　杭州市公共图书馆从业人员学历和专业情况统计表

表 1-3　杭州市公共图书馆投入情况统计表

名称	投入情况							
	年总投入(万元)				文献购置费用(万元)			
	2009 年	2010 年	2011 年	2012 年	2009 年	2010 年	2011 年	2012 年
杭州图书馆	5058.7	5493	5934.2	7288.4	1600	1600	1700	1700
杭州少年儿童图书馆	688.7	806.9	1029.3	1666.2	110	110	120	120
萧山区图书馆	1676	565	1781	3617	497	220	420	460
余杭区图书馆	691	623.3	852	973.6	130	130	143	166.9
建德市图书馆	191	217	228	585	54	50	50	290
富阳市图书馆	286	332.9	454	415	60	60	70	80
临安市图书馆	230.7	241.6	424	527	25	30	35	40
淳安县图书馆	167.8	209.5	199.9	226.2	35	25	47.5	30
桐庐县图书馆	343	365	398.4	540	40	60.5	68.8	80
西湖区图书馆	55	234	303	589.1	5	172	70	320
拱墅区图书馆	172	169	212	309	35	35	45	45
江干区图书馆	394.31	363	400	483.33	141	115	133	115
下城区图书馆	–	72	880.2	679.8	–	8	132.42	600
合计	9954.21	9692.2	13 096	17 899.63	2732	2615.5	3034.72	4046.9

(2)资源建设

资源是一个图书馆开展服务的支撑和保障,杭州市各级公共图书馆十分重视本馆馆藏资源的建设。如表 1-4 所示,2009—2012 年,各馆馆藏总量有了

表 1－4　杭州市公共图书馆资源建设情况统计表

名称	资源建设情况											
	馆藏总量（册）				年度新增藏书（册）				累积数据库（个）			
	2009 年	2010 年	2011 年	2012 年	2009 年	2010 年	2011 年	2012 年	2009 年	2010 年	2011 年	2012 年
杭州图书馆	2 810 326	3 259 983	4 005 447	4 381 075	488 950	–	459 515	415 821	8	–	–	26
杭州少年儿童图书馆	618 204	800 240	877 103	952 322	65 440	65 440	70 619	101 294	–	–	–	0
萧山区图书馆	530 680	603 133	948 137	2 765 696	132 731	72 453	158 807	1 817 559	10	10	9	12
余杭区图书馆	460 000	490 000	532 768	581 222	43 960	38 254	42 768	51 222	3	3	5	7
建德市图书馆	172 000	190 000	240 000	449 000	23 000	20 198	50 000	230 000	4	2	5	5
富阳市图书馆	208 527	233 949	265 000	304 000	23 165	25 422	31 051	38 259	1	1	1	2
临安市图书馆	307 549	334 643	387 810	417 402	22 410	24 000	50 631	29 592	–	–	–	0
淳安县图书馆	119 535	120 058	129 045	139 045	16 503	20 942	16 959	27 994	2	2	–	2
桐庐县图书馆	282 178	306 799	344 431	400 000	19 801	23 315	32 430	57 394	1	1	–	0
西湖区图书馆	50 000	120 980	144 952	260 274	0	0	24 359	145 321	0	0	0	0
拱墅区图书馆	96 000	96 000	120 000	210 000	0	0	21 137	30 000	0	0	0	0
江干区图书馆	70 214	140 000	140 000	196 660	70 214	40 000	42 000	45 000	0	1	1	1
下城区图书馆	100 000	84 253	153 763	156 286	–	–	20 064	53 174	–	0	0	0
合计	5 825 213	6 780 038	8 288 456	11 212 982	906 174	330 024	1 020 340	3 042 630	–	–	–	–

很大增长，2012 年，杭州市全区域内各级公共图书馆馆藏总量已达 11 212 982 册。除了纸质资源，各级图书馆还购置和自建了各种数据库资源，为满足市民日益增长的多样化文化需求，提供了强大的资源保障。

4. 有章办事——制度建设

随着“中心馆—总分馆”体系的不断发展，2011 年年底，杭州市委办公厅、市政府办公厅正式颁发了《关于进一步加强杭州市公共图书馆服务体系建设的实施意见》（以下简称《实施意见》），将“中心馆—总分馆”体系作为杭州地区公共图书馆服务体系的运营模式加以落实，并提出“整合市、区县（市）、乡镇（街道）、村（社区）图书馆（室）资源，建立服务网络覆盖城乡、组织结构科学合理、文献资源统一调配、服务质量基本一致、运行高效节约、普遍均等的公共图书馆服务体系”的目标和要求。这也是全国首个以政府为发文单位下达的专门针对公共图书馆服务体系建设的行政文件。《实施意见》的颁发为杭州在公共图书馆服务全地区，整体、均衡、全面可持续发展等方面进入全国领先行列提供了保障，并对提升服务水平，提升服务效益产生了积极意义。

目前“中心馆—总分馆”体系已经覆盖杭州市主城区及 7 个区、县（市），杭州地区公共图书馆服务体系基本建成，详情见表 1－5。

表 1－5　杭州市公共图书馆基层图书馆建设情况统计表

基层图书馆建设情况									
年份	乡镇/街道总数	乡镇/街道图书馆		社区总数	社区图书室		行政村总数	村图书室	
		数量	藏书（册）		数量	藏书（册）		数量	藏书（册）
2009	200	169	1 276 183	941	509	970 088	2105	1230	649 277
2010	187	174	1 174 001	688	480	252 440	1929	1663	809 537
2011	192	190	1 440 360	549	580	827 440	2128	1920	1 793 302
2012	181	174	1 300 391	710	666	843 925	2058	2128	3 300 134

杭州市各级公共图书馆良好的软硬件设施和服务水平，吸引了众多市民前来学习、休闲、交流，市民阅读兴趣空前高涨，总流通人次持续增加，各个公共图书馆网站的年访问量也随之不断增长（详见图 1－2）。仅 2012 年，全市 13 所区、县（市）以上公共图书馆累计发放有效借书证 715 326 张，1 848 596 外借人次（详见表 1－6），可见，杭州市的各级公共图书馆，通过自己的不懈努力，切实实现了“市民大书房”的目标。

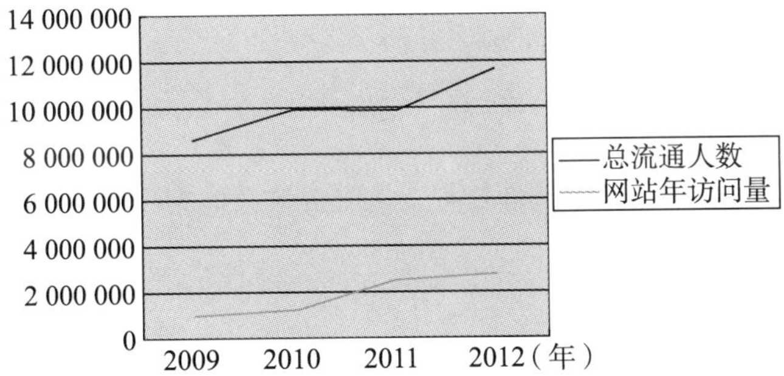

图 1－2　杭州市公共图书馆到馆人数和网站访问量情况统计表

表 1－6　杭州市公共图书馆读者服务情况统计表

名称	读者服务情况							
	累计有效办证量（个）				外借人次			
	2009 年	2010 年	2011 年	2012 年	2009 年	2010 年	2011 年	2012 年
杭州图书馆	169 109	220 680	260 213	319 883	383 389	702 830	785 537	879 008
杭州少年儿童图书馆	7121	47 576	46 731	48 073	141 308	36 528	0	43 853
萧山区图书馆	118 006	92 412	103 730	116 008	792 850	1 002 030	231 680	210 614
余杭区图书馆	25 362	30 000	50 932	60 533	150 000	217 586	169 172	145 295
建德市图书馆	10 700	12 805	10 834	12 841	100 000	87 051	79 667	65 665
富阳市图书馆	23 929	25 884	13 545	15 321	106 396	85 960	55 206	54 805
临安市图书馆	9339	11 417	14 209	16 384	109 110	109 666	96 173	86 924
淳安县图书馆	9629	10 867	11 787	14 169	72 542	102 345	58 241	55 170
桐庐县图书馆	14 995	16 500	15 596	18 072	134 647	189 449	57 709	52 941
西湖区图书馆	–	7305	12 903	22 971	–	120 000	77 333	78 491
拱墅区图书馆	15 871	22 432	20 329	25 212	90 130	72 000	65 340	66 017
江干区图书馆	7914	15 490	16 388	24 211	105 271	350 000	39 949	34 758
下城区图书馆	–	11 732	14 342	21 648	59	685 455	71 029	75 055
合计	411 975	525 100	591 539	715 326	2 185 702	3 760 900	1 787 036	1 848 596

第二节　公共图书馆服务体系的杭州解读

一、公共图书馆服务体系是公共文化服务体系的主干和支撑

《文化部"十二五"时期公共文化服务体系建设实施纲要》中指出："公共文化服务体系是以公共财政为支撑，以公益性文化单位为骨干，以全体人民为服务对象，现阶段以保障人民群众看电视、听广播、读书看报、进行公共文化鉴赏、参与公共文化活动等基本文化权益为主要内容，向社会提供的公共文化设施、产品、服务及制度体系的总称。构建覆盖城乡、结构合理、功能健全、实用高效的公共文化服务体系，是满足人民群众基本文化需求、保障人民群众基本文化权益的主要途径。"

公共图书馆服务体系是文化服务体系的重要组成部分，对照公共文化服务体系建设的各项要求和公共图书馆及公共图书馆服务体系的发展历程和特点，可以看到，在各种社会文化机构中，公共图书馆体系是承载公共文化服务体系"普遍均等、全民共享"核心价值的最好载体，是最能完整诠释公共文化服务的内涵和外延的社会系统。

1. 公共图书馆服务体系有着完善的体系架构

从纵向来看，公共图书馆服务体系包括省（市、自治区）、市、县、乡镇、村层级体系。从区域看，主要有城市公共图书馆服务体系和农村公共图书馆服务体系两大块，城市公共图书馆体系主要是指大中城市的市、区、街道、社区四级公共图书馆服务网络；农村公共图书馆体系主要是指县、乡镇、村三级公共图书馆服务体系。这样的服务体系涵盖了社会的各个层面，其最具广泛性也最具包容性。

2. 公共图书馆服务体系有着丰富的内容构成

《公共图书馆宣言》规定了公共图书馆的 12 条主要使命，这 12 个方面是对公共图书馆服务内容的基本要求，它涉及各个层面，涵盖的范围相当广泛，信息提供、阅读推广、艺术能力的培养和展示、传承传统文化、促进文化交流、促进科技创新、支持个人教育和发展等都包括在内。这些丰富的服务内容一直被全球各地的公共图书馆实践，发展到今天，各个领域都已经有了比较成熟的服务经验。可以说，在各种社会文化机构及其体系中，公共图书馆服务体系是可以提供丰盛、全面服务的机构体系。

3. 公共图书馆服务体系有着完备的服务手段

公共图书馆一直是跟随着时代的步伐、与最先进的科学技术融合在一起的。这样的进步与融合使得公共图书馆有了更完备的服务手段。比如公共图书馆引进信息和数字技术发展数字图书馆服务，使得全时空、全媒体、随时随地、触手可及的图书馆服务成为可能；公共图书馆引进 RFID 技术进行业务管理，使得图书馆服务更加方便、快捷、优质、高效。这些完备的服务手段使得公共图书馆服务体系可以更好地落实并实现公共文化服务体系所要求的各种目标。

4. 公共图书馆服务体系有着强大的服务支撑

如果从古老的亚历山大图书馆算起，公共图书馆从萌芽开始已经走过了将近 2000 年的发展历程。在这一漫长的过程中，图书馆学发展出了完整的并且还在不断深化和成长的理论体系。同时，图书馆学还有着从本科教育到博士教育、从学校教育到职业教育的针对不同层级的完备的教育体系，可以为公共图书馆事业输送大批专业人才。学科理论和专业人才使得公共图书馆有了强大的生命力和不断发展的可能，也使得公共图书馆服务体系建设有了更坚实的理论和人才支撑。

正是因为看到了公共图书馆服务体系相对于其他社会文化机构的种种优势，杭州市在实践公共文化服务体系建设的过程中一直以公共图书馆服务体系建设为落脚点和抓手，充分发挥其在作为公共文化服务体系主干和支撑的作用，以公共图书馆服务体系建设推动整个杭州市公共文化事业的发展。

二、完整诠释、全方位实践公共文化服务体系

公共图书馆服务体系作为公共文化服务体系的重要组成，是公共文化服务体系的主干与支撑。同公共文化服务体系一样，公共图书馆服务体系建设也必须是一个包括诸多要素的系统化工程。完整的公共图书馆服务体系不仅仅是一个架构建设，还必须要有理念支撑、制度保证、政府主导、社会参与以及先进的服务和多元的内容等元素，才能实现有效运行和可持续发展，从而保障社会公众“普遍均等”的文化权利，完成公共文化服务体系“广覆盖、高效能”的目标。杭州市正是按照这样一个完整的概念来诠释和实践杭州公共图书馆服务体系的。

1. 理念支撑

任何事业的发展都离不开理论的指导，公共图书馆服务体系建设也是如

此。在杭州公共图书馆服务体系建设过程中，杭州市一直坚持对图书馆发展理念的传承和创新，在继承传统的基础上不断为整个公共图书馆服务体系的建设拓展新思路，形成了一套具有杭州特色的公共图书馆发展理念，“平等、免费、无障碍”、公共图书馆的社会教育职能以及第三文化空间理论是其中的核心。

“公共性”是公共图书馆与生俱来的内在属性，“平等、免费、无障碍”是公共图书馆公共性的具体体现。秉承这一理论，杭州市在公共图书馆服务体系建设过程中始终坚持以“平等、免费、无障碍”为指导思想，致力于打造“平民图书馆，市民大书房”，让社会公众能够走进图书馆，并充分享受公共图书馆服务。

社会教育是图书馆的基本职能之一。杭州市在构建公共图书馆服务体系的过程中提出“学历教育在学校，非学历教育（支持学历教育）在公共图书馆”的理念，希望公共图书馆服务体系与学历教育体系形成互补，将公共图书馆打造成社会教育中心。

受美国社会学家雷·奥登伯格第三空间理论的启发，杭州市在构建公共图书馆服务体系的过程中提出了将公共图书馆打造成为市民生活第三文化空间的概念，并以此指导图书馆工作。第三文化空间理论最大的意义在于，指出了公共图书馆作为公共文化空间，不仅仅在于购买文献、设计服务内容，更重要的是让社会公众来享受，并参与文化建设、文化创作和文化设施管理，这为公共图书馆的未来发展找到了新的方向。

2. 政府主导

作为纯公益性的公共文化事业，公共图书馆服务体系建设离不开政府的主导。杭州市委、市政府高度重视杭州公共图书馆服务体系建设工作。2008年10月，市委、市政府共投入4亿元建设的杭州图书馆新馆开放，保障并增强了杭州图书馆作为中心馆的规划、指导、协调、评估能力；2011年12月31日，市委办公厅（市）政府办公厅颁布《关于进一步加强杭州市公共图书馆服务体系建设的实施意见》作为杭州市公共图书馆服务体系建设的行动纲领，随后，各区、县、市政府又分别针对该意见下发了适合本地区公共图书馆发展的补充文件和实施细则；2012年10月，市政府牵头成立了杭州市公共图书馆发展委员会，各部委办局分管负责人均担任委员会成员，该委员会成为图书馆的组织架构之外，讨论、研究、制定有关政策的有关发展问题的政府层面的平台。正是这些政府行为有力推动了杭州市公共图书馆服务体系不断向前发展。

3. 框架设计

为了实现公共图书馆服务的全覆盖，合理的体系框架设计是很重要的一个方面。在我国目前实行财政分级管理，行政归属不统一的现实国情下，建设完全意义上的总分馆制是不现实的，因此，杭州市提出了“中心馆—总分馆”模式，作为杭州公共图书馆服务体系建设的主体框架。在这一体系结构中，作为地区公共图书馆服务网络建设中心的杭州图书馆（即中心馆）不直接参与基层分馆建设，也不直接管理基层分馆的人、财、物，而是由下一级公共图书馆（县、区图书馆）作为辖区内的总馆承担该地区分馆建设，中心馆只负责对下一级公共图书馆业务的规划、指导、协调、评估，整合地区资源等工作。杭州的实践证明，这样的框架设计是解决我国城市公共图书馆体系化服务和资源共享的可行方式。

4. 制度化的运行机制

为了保证公共图书馆服务体系的有效运作，制度化的执行非常重要。杭州市公共图书馆服务体系内的所有公共图书馆实行统一的业务规范，即统一的文献采编标准、统一的信息管理平台、统一的文献采编标准和统一的服务规范。2006 年，杭州图书馆颁布了《杭州地区公共图书馆服务公约》，通过该服务公约强调了统一的规范和承诺。另外，杭州地区的公共图书馆还实行统一的绩效考核，13 个区、县（市）执行统一的考核标准。杭州市政府明确要求“杭州市公共图书馆服务体系要建立绩效考核评估体系，要将公共图书馆服务体系建设纳入公共文化服务评价指标体系，并纳入区、县（市）综合考评”。这些标准化的制度为杭州公共图书馆服务体系的高效运转提供了可靠保证。

5. 多元的服务内容

杭州市在建设公共图书馆服务体系的过程中一直强调公共图书馆不应该只满足于为群众提供基本文化服务，而是需要随着社会进步和群众生活水平的提高不断丰富服务内容，满足群众全方位多层次的文化需求。为此，杭州市公共图书馆服务体系一直以“大阅读”的概念开展服务，通过讲座、展览、沙龙、公益培训、文艺演出、广场活动、读者社团、多媒体制作、文献出版等多种内容来丰富图书馆服务的内涵，希望所有的文化样式都能在图书馆服务中得到体现；同时，通过专业和主题分馆建设细分读者群，提升服务针对性，满足特殊群体的特殊需求。

6. 先进的服务手段

多元的服务内容只有与先进的服务手段结合在一起，才能达到预期的服务效果。在杭州市公共图书馆服务体系建设过程中，先进的服务手段主要体现在两个方面，一是以人性化的服务手段体现最大的人文关怀，凸显为底层群众服务，为实现完整的公民权利发挥图书馆的作用；二是将图书馆服务与最先进的技术结合在一起，最大限度地实现图书馆服务的方便快捷，如利用RFID技术进行图书定位和自助借还；通过“三网融合”让图书馆“进家庭、上桌面、入电视、连手机”，实现图书馆服务的全时空等。

7. 社会力量参与

正如人无法独立于其所处的社会环境而生存，公共图书馆服务体系的成长与发展也离不开社会的参与和合作。杭州市在公共图书馆服务体系建设过程中重视社会支持，鼓励社会参与图书馆事业发展。2003年，杭州图书馆事业基金会成立，为杭州市公共图书馆事业的发展募集、管理、使用基金，宣传图书馆事业的文化担当和公益宗旨，凝聚和整合新时期有志于文化公益事业的社会力量，促进了杭州市公共图书馆事业、杭州市公共图书馆服务体系的繁荣发展；2005年，杭州图书馆发起建设“之友志愿服务者组织”，招募与组织志愿者协助提供公共图书馆服务，随后，各级公共图书馆均纷纷建立与补充志愿者队伍，他们现已成为推进公共图书馆服务体系建设的重要力量。

社会参与杭州市公共图书馆服务体系建设的另一种方式是以杭州图书馆为代表的杭州市各级公共图书馆都非常重视读者自主活动的开发，让图书馆用户自己设计开展各类文化活动，参与图书馆管理，“读者演给读者看”“读者讲给读者听”“读者写给读者阅”已经成为杭州市公共图书馆服务体系中惯常的行为模式。以杭州图书馆为例，每年的各类文化活动中，由读者参与组织的占到80%以上。

杭州市公共图书馆服务体系建设是自身不断完善与外部持续支持的统一，“中心馆—总分馆”体系、“平等、免费、无障碍”的服务理念、第三文化空间理论、社会教育职能、科学管理与政府主推、社会参与共同造就了当今的杭州市公共图书馆服务体系。任何一个方面的缺失，都无法保证杭州市公共图书馆服务体系能够为杭州地区居民提供高水平的公共图书馆服务，更无法支撑起杭州市的公共文化服务体系，这也就是本书从上述7个方面介绍杭州市公共图书馆服务体系建设的原因之所在。

第三节　作为中心馆的杭州图书馆

一、基本概况和发展现状

杭州图书馆成立于1958年，原址在青年路见仁里6号，1986年搬至浣纱路254号，2008年迁入解放东路58号。

杭州图书馆新馆总建筑面积4.38万平方米，地上四层，地下一层，阅览座位2300余个。设计中引入“以人为本”和绿色管理理念，通过大开间、软分隔、三重灯光等别具一格的空间设计，营造出独树一帜的家居式阅览环境，被誉为国内公共图书馆新馆建设的样板和典范。馆内拥有设施完善的阅览室、展览厅、多功能厅、交流区、音乐欣赏室等，以及足够数量的可供读者使用的计算机、自助借还机、自助复印机等设备。采用先进的非接触式自动识别技术（RFID），为读者提供文献自助借还服务，并充分应用于文献借阅、文献安全管理、文献清点、文献定位等方面。实现了无线网络全馆覆盖，助推读者阅读。

截止到2012年年底，杭州图书馆实有从业人员213名，其中事业编制从业人员164名，计划内合同工39名，计划外临时工10名。在164名事业编制从业人员中，有4名研究馆员，20名副研究馆员，74名馆员，具备本科及以上学历者136人。

馆内拥有各类文献资源438万册（件），载体有图书、报纸、杂志、特藏专藏、视听文献、数据库资源，内容涉及各门学科，已逐步形成了以文史哲、艺术、法律、旅游、经济、教育、音乐为特色的馆藏体系。其中馆藏古籍、民国图书达4万余册，包括古籍善本634种，5058册，碑刻拓片1400余种，有36种善本古籍进入《国家珍贵古籍名录》，2010年被国务院确定为第二批“全国古籍重点保护单位”。拥有CNKI中国知网全文数据库（包括期刊、博硕士论文等）、超星电子图书、库克（kuke）音乐图书馆、中华数字连环画、新东方多媒体学习库、瀚堂典藏等27个包含多种类型的数据库资源，向读者免费开放。杭州地区的读者可不受时间、空间限制享受数字资源的无限制免费浏览、下载服务。杭州图书馆2012年财政拨款总额6800万，其中新增馆藏购置费1700万元。

杭州图书馆遵循“平等、免费、无障碍”的办馆理念，致力于“平民图书馆、市民大书房”的办馆目标，向每一个人传播教育、知识和信息，满足其自由获取知识和信息、自主决策、文化发展和休闲娱乐等需要，努力将自身打造成市民最想去、最愿意去的公共文化空间。杭州图书馆2003年首推免证阅览制度，2008年推出市民基本身份证件（市民卡、居民身份证）作为读者证，并与杭州市政府联合征信系统连接，取消借阅押金的创新举措，实现“零门槛”服务，被广大网友亲切地称为“史上最温暖的图书馆”。2011年，杭州图书馆设计推出了集文献借阅、资源服务、远程服务为一体，融合计算机、有线电视、手机三大服务网络平台，真正深入百姓生活的杭州数字图书馆，让居民足不出户就可以享受24小时图书馆数字信息服务。

在读者服务上，杭州图书馆以书为媒，推行多元文化服务，力求将多种文化内容、文化样式、传播形式容纳于一体，丰富图书馆内涵，使图书馆不仅具有文献典藏、阅览、信息咨询等传统功能，还拥有文化活动提供、编辑出版等综合服务能力，以满足不同阶层与文化背景人群的文化需求。自办的知名活动品牌有“文澜大讲堂”“清风讲坛”“总有一种声音打动你”，知名的本土文化刊物有《文澜》，还有“市民合唱团”“咏秋社”“收藏之家”“书画之家”“文澜沙龙”等读者自发组织的社团。2012年到馆335.96万人次，文献外借289.68万册次，全年举办各类读者活动1105次，参与人次180万，参加各类公益培训的参与人次达1.2万，网站点击量136.83万次。

为实现覆盖城乡、惠及全民的服务目标，杭州图书馆2003年开始创设与实施“图书信息服务一证通”工程，进而构建以“中心馆—总分馆制”为模式的全市公共图书馆四级服务网络，牵头建立了杭州地区公共图书馆文献编目中心和物流保障中心，为四级服务网络运作提供保障。截至2012年年底，杭州市已建立区、县（市）级图书馆11家，棋院分馆、佛学分馆、盲文分馆、印学分馆等专业分馆6家；乡镇（街道）图书馆（室）174所，村（社区）级图书室2000多所。

杭州图书馆多年来的努力，逐渐获得了社会各界的认可与好评，2007年，“图书信息服务一证通”工程获文化部“第十四届群星（服务）奖”；2012年杭州图书馆“多终端全方位数字服务平台——文澜在线”获第四届文化部创新奖；2012年6月，杭州图书馆“公共图书馆向第三文化空间拓展研究与实践团队”荣获浙江省重点创新团队（文化创新类）称号；杭州图书馆“文澜大讲堂我来做主讲”系列活动、话剧之家“大学话剧社进公共图书馆”系列活动、“水墨杭州”多媒体文献库入选成为2011年文化创意产业项目；2012年杭州图书馆馆长被评为中国图书馆学会“中国图书馆榜样人物”。

作为杭州这座历史名城的重要文化空间，杭州图书馆正朝着市民终身教育中心、城市历史记忆中心、市民文化休闲中心、公共信息服务中心的目标迈进。

杭州图书馆专题文献区

二、公共图书馆服务体系建设的推动者

从“图书信息服务一证通”工程到“中心馆—总分馆”体系历时10年，作为杭州地区中心图书馆的杭州图书馆，经常在思考公共图书馆的使命和定位、比较中外公共图书馆的差异、研究公共图书馆的服务理念和发展趋势，所以在一定程度上先于政府洞察到我国的文化管理体制与公共图书馆服务体系建设之间的矛盾，公共财政投入方式与公共图书馆服务体系建设之间的矛盾，计划经济时代下思维方式与现代公共服务理念转轨的矛盾。也正因为此，杭州图书馆一直努力地在用自己的方式向政府揭示杭州市公共图书馆的发展规律，突破壁垒、寻找对策。

1. 研究设计服务体系建设模式

通过“图书信息服务一证通”工程，杭州各区县政府基本实现了公共图书馆的“全设置”，按单体图书馆看，基本实现了“零门槛”“无障碍”的“全开放”，但对杭州全市范围内的城乡居民来说，普遍均等的公共图书馆服务尚未完全实现，离“全民共享公共图书馆服务”的目标还有距离，杭州地区公共图书馆的服务效益在整体上与发达国家还存在较大差距。如何让乡镇图书馆走出“建设—关停—再建设—再关停”的循环，成为关键。

杭州图书馆从2008年起，开始调研、走访，按照《公共图书馆建设用地指标》和《公共图书馆建设标准》计算发现，如每一个乡镇建立一所独立的图书馆，设置成本、运行成本、管理成本远远大于其服务产出；如果区县范围内实现总分馆制度，即区县图书馆为总馆，乡镇图书馆为分馆，那么上述三项成本明显下降。国内外研究成果和实践经验表明，完全总分馆制在形成服务体系、提高服务质量、改善服务效益方面具有优势。

经过论证、比较、试点，杭州图书馆认为，全市范围内建设城乡一体化的公共图书馆服务体系，应该走“中心馆—总分馆”的道路，即将杭州图书馆在体系中定位为中心馆，五县八区各自建设总分馆体系，最终形成一个分域分层的覆盖“大杭州”的公共图书馆服务体系。

2. 推动政策出台和工作机制建设

公共图书馆服务体系的健康发展需要良好的政策环境和有效的组织保障，在杭州图书馆不懈的努力和建议下，2011年杭州市委办公厅、市政府办公厅出台《关于进一步加强杭州市公共图书馆服务体系建设的实施意见》，并把公共图书馆服务体系建设纳入经济社会发展规划和公共文化服务体系的总框架中。2012年10月，杭州市委办公厅正式发文，成立杭州市公共图书馆发展委员会，负责服务体系建设和发展的统筹协调、整体推进、督促落实。2013年年初，杭州图书馆又起草了《杭州市区、县(市)公共图书馆建设考核办法》，同年10月，由杭州市文化广电新闻出版局、杭州市财政局联合正式下发，使我市公共图书馆服务体系建设有了良好的政策环境和制度支撑。

值得一提的是，公共图书馆发展委员会的组成成员情况为：主任和副主任由市委宣传部、市政府、市文化广电新闻出版局主要领导担任，成员有市编委、市教育局、市财政局、市人力社保局、市规划局、市文化广电新闻出版局的领导和各区、县(市)分馆文化的主要领导。这种形式的组织保障在杭州市是一种创举。

3. 推行科学管理，提升体系专业服务水平

在“十一五”末，杭州市公共图书馆服务体系建设通过政府主导、公共财政支撑，已基本形成以杭州图书馆为中心馆，区、县(市)馆为总馆，乡镇(街道)馆为分馆，村(社区)图书馆(室)为亚分馆的公共图书服务网络，整个体系在办馆条件、运行经费、服务覆盖面、文献资源保障、工作人员配置等方面均

出现不同倍量的增长与改善。但在发展过程中，基层图书馆服务职能不完善、稳定性差、专业化程度低下、服务质量差异性大等现象也逐渐突显出来，解决这些问题需要建立一套能够针对工作环节、明确工作职责、提高服务成效的管理制度。

2010年，杭州图书馆专门组建一个由来自经济管理领域、行政管理领域、信息管理领域、公共图书馆领域的专家、学者组成的研究团队，经过调研、意见征求、实测，并在杭州图书馆开展实验，研究出一套面向图书馆管理的方法和指标体系。

杭州市公共图书馆发展委员会在杭州图书馆绩效管理研究和实践的基础上，将现代绩效管理工具引入公共图书馆服务体系管理，一是借助绩效目标和考核将现代图书馆的服务理念传递给基层图书馆；二是经过解读、辅导、授课、实习、馆员交流等形式，使基层图书馆直观地理解读者服务“做什么”“怎么做”；三是通过持续的督导和定期的考核，对基层图书馆服务结果进行跟踪记录和诊断，并对工作中存在的问题进行改进指导，使之不断地进步，最终实现服务能力和水平的提升。

由杭州市公共图书馆发展委员会主持实施的绩效管理与绩效评价，突破了不同层级行政管理所带来的障碍，其权威性和专业效果得到充分的体现，使指标体系、规章制度不再是挂在墙上的装饰，也不是装订成册却无人翻阅的摆设，更不是完全将决策权集中于“一把手”的“领导说的话”，而是能够保证工作的每一环节都有理有据高质量完成的框架和培育规范服务行为、提升服务效能的指南。

第二章　服务理念:平等、免费、无障碍

第一节　公共图书馆服务理念的形成

一、公共图书馆思想的起源

纵观人类文明的发展史,我们可以看到,公共图书馆思想的出现大约在19世纪,其来源主要有:

1. 启蒙运动

起源于17世纪英国的启蒙运动提倡理性,追求民主、平等和自由,这种平等、自由的观念促使工人阶级开始争取一切平等权利,这其中就包含要求平等地接受教育的权利。

2. 功利主义思想

18世纪末19世纪初,英国哲学家和经济学家边沁(Jeremy Bentham)正式提出功利主义哲学思想,主张社会的幸福(利益)是以最大多数的最大幸福(利益)来衡量的。这一思想促进了修道院以及为中上层阶级服务的图书馆向普通大众的开放。在启蒙运动时期,一些接受了边沁的"最大多数人的最大利益"和约翰·穆勒(John Stuart Mill)的"劳动者就是那个最大多数"思想的哲学家们开始强调个体对幸福和快乐的追求,提出了打造"好公民(good citizens)"的公共教育思想。在"好公民"理念的影响下,不列颠博物馆图书馆馆长帕尼齐(Panizzi)力争使图书馆向市民免费开放,平等利用图书馆的思想就此成为当时知识界的共识。

社会对公共领域认识的变化以及政府官员和知识界的重视与主张,加速了公共图书馆及其理念的定型,平等、民主和自由成为公共图书馆理念的精髓。

二、公共图书馆服务理念

公共图书馆既然是社会需求的产物,那么,其天然带有的"公共性"就要求它为社会提供全方位的服务,公共图书馆的价值从某种程度上是通过服务

体现的。因此,可以说服务是图书馆存在的前提,也是检验图书馆办馆效益的重要指标。这也就是我们用“藤蔓再长,瓜落故乡”来揭示公共图书馆服务定位的落脚点的原因,“公共图书馆发展的藤蔓再长,其工作之果还是要落在为读者服务上面的”①。

作为一个面向社会公众的公共图书馆,其服务开展的充分与否、公众的认可与满意程度,很大程度上是由它的服务理念决定的。进入新世纪以来,随着全社会信息化程度的加深,公众的信息需求、知识需求、文化需求发生了非常大的变化,呈现多元化、个性化的趋势,公众对公共图书馆的评价和要求也发生了巨大变化,他们已经不仅仅满足于纸质图书的借阅,而希望公共图书馆成为一个休闲、娱乐、平等交流、拓展发展空间、陶冶性情、提升自我的自由空间。要满足社会公众不断增长的文化需求,就需要我们的公共图书馆人在日常工作中不断提升和完善服务理念,调整服务方式,以自己的持续努力,来保障公众需求在公共图书馆的充分实现。

第二节　服务理念的树立及建设目标

一、理念:平等、免费、无障碍

1949 年,为适应战后各国公共图书馆的建设需要,联合国教科文组织颁布了《公共图书馆宣言》,并于 1972 和 1994 年两次修订,尤其是 1994 年的修订是联合国教科文组织和国际图联(IFLA)共同颁布的,对于全世界的公共图书馆来说,更具有权威性和指导意义。

在《公共图书馆宣言》中,提到:

> 每一个人都有平等享受公共图书馆服务的权利,而不受年龄、种族、性别、宗教信仰、国籍、语言或社会地位的限制。对因故不能享用常规服务和资料的用户,例如少数民族用户、残疾用户、医院病人或监狱囚犯,必须向其提供特殊服务和资料。
>
> 各年龄群体的图书馆用户必须能够找到与其需求相关的资料。
>
> 公共图书馆原则上应该免费提供服务。

---

①　褚树青. 藤蔓再长,瓜落故乡——对公共图书馆服务定位的思考和实践[J]. 图书馆建设,2006(5):1 -3.

这是对公共图书馆服务基本原则的界定，即“公共图书馆的基本服务原则是对所有人平等服务与无偿服务，公共图书馆的人文关怀表现在为社会弱势人群提供知识援助”①。

从我国公共图书馆的发展历程来看，公共图书馆的公众认可度在相当长的时间内是较低的，图书馆社会效益自然就无从谈起。进入21世纪以来，国内公共图书馆界非常明显地感受到了这种影响以及其危害中国图书馆事业正常发展问题的严重性，强烈的危机感促使有识之士深入思考，多方探索改变之道。杭州图书馆通过系统考察国外公共图书馆发展道路和成功经验，对照我国公共图书馆的发展历程，敏锐地捕捉到提升社会公众对公共图书馆认可度的关键在于提供平等、便利、完善的服务，其切入点就在于免费和便捷。在这种理解的基础上，杭州图书馆提出了“为普通民众提供知识扶持，对特殊读者做好学术帮助”的办馆口号，确立了“平民图书馆”“市民大书房”的办馆方针，以取消各种限制读者的规章制度为原则，让读者能真正自由地走进图书馆，就像是走进自家的书房一样。

2003年，杭州图书馆在全国率先推出免证阅览制度，任何人都可以随意进入杭州图书馆阅览图书，不需要任何证件和费用；对于14岁以下儿童、60岁以上老人以及家庭困难者提供免押金办理借书证的服务。这一步的迈出，对于当时的杭州图书馆人来说，是“艰难”而又“痛苦”的，因为此时依靠财政拨款的杭州图书馆员工工资是不包含奖金的，员工奖金的来源须由图书馆自行创收，因此，免除任何一个收费项目，就意味着员工收入的直接减少。但基于杭州图书馆人对事业发展的追求和理想，这一触及馆内所有人切身利益的改革之举还是在重重困难中推出了。

2006年6月1日，以杭州图书馆为首的杭州地区各级公共图书馆联合发起的《杭州地区公共图书馆服务公约》正式颁布，杭州地区的所有公共图书馆均对来馆读者实行免费服务，开国内大中城市全地域性公共图书馆免费服务的先河，使得杭州地区公共图书馆服务体系建设一举占据国内公共文化服务体系的制高点。

2008年，以杭州图书馆新馆开放为契机，杭州图书馆和杭州地区公共图书馆服务体系获得了跨越式发展。馆舍的扩大，政府财政的大力支持，新设备、新技术的普遍使用，为服务理念的创新、提升和全面实施提供了条件。杭

① 徐建华.《公共图书馆宣言》与现代图书馆理念[J].图书情报论坛，2008(3):3-8.

州图书馆借鉴国外经验,秉持《公共图书馆宣言》的理念精髓,创造性地提出了"平等、免费、无障碍"的服务理念,并推出免收借书押金的创新举措与之相对应,真正实现了"零门槛"的全免费服务。

"平等""免费""无障碍"之间应该是一种相互依托的关系,"免费""无障碍"是"平等"的表征,"无障碍"又是由"免费""平等"来体现。所有人都可以平等地进出杭州图书馆的大门,享受"零门槛"的全免费服务。

二、目标:打造市民社会教育、终身教育"基地"

《公共图书馆宣言》"坚信公共图书馆是传播教育、文化、和信息的一支有生力量,是促使人们寻找和平和精神幸福的基本资源","公共图书馆服务的核心应该是与信息、扫盲、教育和文化密切相关",这实际上是将公共图书馆的基本职能定义为社会教育。

其实,国际图联早在 1975 年就已经将"开展社会教育"列为公共图书馆四项基本职能之一(其他三项为:保存人类文化遗产、传递科学情报、开发智力资源)①。从西方公共图书馆的起源来看,公共图书馆是应打造"好公民"的需求而生,而"好公民"的"打造",需要的是教育,是社会教育、公民教育、终身教育。作为一个合格的现代公共图书馆,应该承担起这些责任,高擎起社会教育、终身教育的大旗。

对于社会教育、终身教育与公共图书馆的关系,早在 100 多年前的晚清维新变法志士们就已清楚地认识到。如康有为在著名的公车上书运动中就曾提及西方发达强盛的重要原因是建有众多的图书馆,"其每岁著书,美国乃至万余种。其属郡县,各有书藏,英国乃至百余万册,所以开民之智者亦广矣"②。新文化运动带来的新图书馆运动,使得社会教育与公共图书馆进入公众视野。以近代图书馆先驱沈祖荣为代表的图书馆学家们一方面向社会和公众大力宣扬图书馆在社会教育中的作用,认为"学校外之教育机关甚多,其性质属于根本的,其效果属于永远的,莫如图书馆"③,另一方面不断降低公众利用图书馆的门槛,实行"图书馆开架、随意阅览"。20 世纪 20、30 年代,公共

① 庄子逸.重视知识与"知识宝库"[J].图书馆杂志,1983(3):6-8.

② 陈学询.中国近代教育文选[M].北京:人民教育出版社,1983:97.

③ 丁道凡.中国图书馆界先驱沈祖荣先生文集(一九一九—一九四四年)[M].杭州:杭州大学出版社,1991:1.

图书馆以及公共图书馆具有的社会教育职能成为知识界的共识，被反复强调着："教育并不专在学校，学校以外，还有许多的机关，第一是图书馆"①，"民众图书馆是一个普通社会教育机关，也是一个社会式民众教育机关"②，"就社会教育上说，图书馆的效果其最著者，当推国民图书馆"③，"近代图书馆，非特为社会教育的中心点，而且为一切教育的中心"④。

新中国建立之后的相当长的时间内，由于苏联图书馆学理论和图书馆管理体制的持续影响，我国晚清以来形成的公共图书馆的社会教育职能被忽略，图书馆界自我设限，狭隘地将公共图书馆服务停留在基础业务工作方面，主动放弃了晚清以来公共图书馆社会教育职能的传统。

进入 21 世纪以来，我国公共图书馆界在转变观念、改善服务、多方探索、深入思考的同时，一方面努力降低社会公众使用图书馆的门槛、方便读者；另一方面也将观察的视角从海外重新投射到中国公共图书馆事业的传统和历程之上，重新发现和审视了中国公共图书馆承担社会教育职能的传统，并在新时期的背景之下，赋予其新的内涵，形成了公共图书馆理应开展和平发展教育、终身素质教育、科学人文教育和信息素养教育⑤的当代公共图书馆社会教育的新理念。

杭州图书馆在践行"平等、免费、无障碍"服务理念的同时，从社会教育效用的角度，对国外及国内公共图书馆的社会教育功能进行了系统考察，在此基础上提出了"充分发挥图书馆社会教育职能"的口号，以"用户在哪里，服务就在哪里"为服务宗旨，为市民打造一个"自由、开放、触手可及"的自主学习环境，满足不同年龄用户的教育资源需求，努力将杭州图书馆打造成一个市民"提升自我素养、终身学习、持续进修"⑥的开放场所。

---

① 蔡元培．蔡元培全集(第 4 卷)[M]．中华书局，1984：13.

② 陈侠，傅启群．傅葆琛教育论著选[M]．人民教育出版社，1994：104.

③ 马宗荣．现代图书馆序说[M]．商务印书馆，1933：1.

④ 杜定友．图书馆与成人教育[M]．中华书局，1933：158.

⑤ 王隽．公共图书馆开展社会教育刍论[J]．图书馆工作与研究，2012(10)：56－58.

⑥ 方瑛，梁亮．公共图书馆服务创新探索——以杭州图书馆为例[J]．公共图书馆，2012(4)：8－11.

第三节　服务理念的实现

一、入馆“无障碍”“零门槛”

在整个杭州地区公共图书馆服务体系覆盖范围内,读者凭借第二代身份证或杭州市民卡,即可即时免费开通借阅功能,真正实现了借阅的“无障碍”。

在服务对象上,杭州图书馆始终坚持向所有人群敞开大门,任何人都可以平等地在馆内学习、阅读和休闲,也都可平等地享受杭州图书馆提供的每一项读者服务,实现服务的“零门槛”。曾经轰动社会的“乞丐进入图书馆”事件,就曾引起了国内外的关注,也感动了很多人。杭州图书馆在全国率先实行的“零门槛”服务,很大程度上吸引了社会对公共图书馆的关注,刺激了公众对公共图书馆的期望,同时,也让政府及相关部门和图书馆界重新审视公共图书馆及公共图书馆的存在价值。

二、资源获取“随需、随时、随地”

1. 扩大文献开放范围

杭州图书馆取消了一般文献和特殊文献的界限,消除了读者获取图书资源的等级歧视,同时将文献归还超期费用降至最低,以保护广大读者利用公共资源的积极性。

2. 资源共建共享

推行“图书信息服务一证通”工程。通过统一规划和分工协作,建立起分布合理、优势互补、各具特色的全市文献资源保障体系①。开放的资源观,促进了杭州公共图书馆服务体系的健康发展:在“一证通”工程的带动下,杭州市建立了覆盖全市的公共图书馆服务四级网络,整合了区域内各级公共图书馆馆藏文献资源以及西泠印社印学图书馆、杭州成人科技大学图书馆等一些民营、专业、高校图书馆的资源②,在此基础上,各成员馆的服务水平从整体上看有了很大的提高,读者流通量增大,图书利用率大大提高,图书馆的“产出

---

① 褚树青. 开放的社会　开放的图书馆[J]. 图书馆论坛,2005(10):41-43.

② 金燕. 图书馆服务与理念的转变——以杭图经验为例[J]. 中国科技信息,2010(2):164-165.

效益”明显呈增长态势。

3. 搭建数字图书馆服务平台

随着信息技术的发展，人们学习、掌握、运用知识的速度逐渐加快，这一变化对公共图书馆的服务方式提出了挑战。杭州图书馆顺应时代潮流，秉承“有限资源、无限服务”的思路①，将计算机技术、互联网技术、物联网技术运用于图书馆服务，在全馆范围内实现无线网络全覆盖，为读者提供自助借阅等更多、更便捷的服务，同时，将数字电视平台、智能移动终端与网站平台整合成综合性杭州数字图书馆——“文澜在线”，开拓了通过手机、电脑、平板电脑、电视等多媒体传播渠道提供服务的新模式。

“文澜在线”通过技术合作与创新，成功突破了传统图书馆在服务范围、服务方式、用户终端等方面的局限，充分发挥了数字图书馆超越时空限制的优势，达到了服务的免费、无限制、无障碍和全覆盖。全媒体、多终端的服务方式满足了用户随时、随地使用数字图书馆的需求，极大地提高了服务的便利性，实现了“用户在哪里，服务就延伸到哪里”的图书馆服务泛在化，使得图书馆变成了一个“触手可及，无处不在”的文化空间②。所有拥有杭州地区 IP 地址的用户（高校系统除外），不需要任何注册信息，都可以通过“文澜在线”网站免费获取杭州数字图书馆的各种资源；所有杭州图书馆的注册用户，不论是否在杭州地区，都可以通过杭州数字图书馆的手机平台使用数字图书馆服务；所有杭州有线电视用户，都可以在任何时间点击“文澜在线”电视图书馆的服务，同时，这项服务还将不熟练或不习惯使用电脑、手机的用户，通过电视这个大众媒体平台纳入到了数字图书馆的用户范围中，颠覆了数字图书馆是年轻人专属的传统观念，扩大了数字文化服务的人群覆盖面。

“文澜在线”实现了两个突破：全国第一家实现全天候，无任何限制、非注册向全地区市民免费开放数字资源的图书馆，实现服务到家庭、到桌面、到身边；全国第一家通过社会各界协作，实现社会化大合作，融合多终端资源服务的数字图书馆。

在数字资源建设方面，杭州图书馆发挥自身资源优势，着眼于杭州本地

---

① 杨向明，寿晓辉．全媒体时代图书馆建设与服务创新——以杭州数字图书馆“文澜在线”为例[J]．河南图书馆学刊，2012(1)：77－79.

② 褚树青．把公共还给图书馆[J]．图书馆，2011(3)：11－12.

特色文化及最新国内外文化动态,开发多样化资源,力求打造多元的综合性文化平台。目前,杭州图书馆自建的资源主要有良渚文化特色数据库、古老京剧牵手时尚动漫、建德乡土建筑与民俗、咏秋社、杭州文史资料、杭州老字号、杭州历代地方志、西湖古今揽胜、总有一种声音打动你、良渚文化特色数据库等。此外,杭州图书馆充分发挥作为全国文化资源共享工程市级支中心的作用,融合文化共享工程的各类资源,提高数字资源容量,更大程度上满足了广大市民的需求。

三、引导读者参与:营造学习教育的自由空间

杭州图书馆在"平等、免费、无障碍",打造"市民的书房、百姓精神休憩的家园"等服务理念指引下,充分意识到"让公众投身图书馆文化活动和服务,是强化大众的公共精神和参与意识的'良方'"①。具体而言,运用社会化合作方式,打造了"文澜大讲堂""总有一种声音打动你"等品牌文化活动,为读者提供科技、人文、社会、艺术等方面的知识补充和文化享受;组建"图书馆之友社""文澜沙龙""市民合唱团"等社团,搭建"市民主讲"平台,以"读者演给读者看""读者讲给读者听""读者写给读者阅"等多种方式,鼓励读者从被动接受服务者转变为主动参与者。

让读者参与图书馆的管理、成为图书馆服务活动的主体:一方面,真正实现了"读者第一"的理念,是"图书馆是读者的图书馆,是市民的书房"的真实展示;另一方面,读者的参与调动了读者主动学习的积极性,刺激了读者学习的自主性,这是公共图书馆"社会教育职能"的最真实的展现。读者进入图书馆,不再仅仅是为看书而来,他们来到图书馆,可能是为了交友、为了休闲、为了实现自我价值、为了分享知识,也有可能是为了看一场电影、听几首歌曲,或在这里平复喧嚣社会带来的浮躁。

在杭州图书馆人的不断努力下,杭州图书馆及其所主导的杭州市公共图书馆服务体系,已经成功完成了由社会教育的支撑者向社会教育的承担者的转变,扭转了公共图书馆在市民心中固有的刻板印象,提高了公共图书馆的"认知度"和"认可度",扩大了"知名度",提升了"美誉度",使公共图书馆无愧于其所冠有的"公共"称号,使得公共图书馆不再局促于"小阅读"的概念范

① 褚树青. 城乡共享生活品质[J]. 图书与情报,2007(5):18-19.

围内，而是有了“大文化、大阅读、大交流”的内涵①，成为了市民想去、喜欢去的“第三文化空间”。

第四节　服务理念的社会回响

公共图书馆的服务理念是否符合社会发展趋势、适应社会需求，需要在实践中检验，社会的回响就是实践检验的最直接体现。

在“平等、免费、无障碍”，打造“平民图书馆、市民大书房”，“提升市民素质、完善社会教育”等服务理念的引导下，在成功建设公共图书馆服务体系创新实践中，杭州图书馆的服务形象获得了全面提升，服务水平迈上了新的台阶，服务业绩得到了广泛肯定。先后获得了各级政府颁发的“浙江省文明单位”“杭州市文明示范点”“浙江省文化建设示范点”“杭州市基层文化建设示范点”“浙江省社会科学普及示范基地”“杭州市青少年学生第二课堂工作先进基地”等系列荣誉，更赢得了社会和市民的交口称赞。

一、“明天的公共图书馆”

2008 年 11 月 19 日，杭州图书馆在新馆开放之后迎来了一个重要的日子——建馆 50 周年。在这一天，杭州图书馆建馆 50 周年庆典在钱江新城市民中心的杭州图书馆新馆内举行，时任文化部副部长周和平发来贺信，时任浙江省委常委、杭州市委书记、杭州市人大常委会主任王国平，原全国人大常委、浙江大学教授毛昭晰，时任杭州市委副书记叶明，时任杭州市人大常委会副主任顾树森，杭州市政协副主席董建平，原杭州市政协副主席曾东元以及浙江省文化厅巡视员金庚初等出席了庆典②。

杭州日报于 2008 年 11 月 20 日用了整整一个版面以题为“杭州图书馆，这本书读了 50 年”的报道，向世人描绘了杭州图书馆 50 年历程的精彩画面，称赞杭州图书馆是一座“明天的公共图书馆”。

---

① 褚树青．把公共还给图书馆[J]．图书馆，2011(3)：11－12.

② 杭州图书馆举行建馆 50 周年庆典[EB/OL]．[2013－09－12]．http://www.hangzhou.gov.cn/main/zwdt/mrdt/zxhd/T269116.shtml.

哪怕以最挑剔的眼光来看这座坐落在钱江新城的新馆，都会觉得，在自己生活的城市里有这么一座公共图书馆，是件“倍儿有面子”的事。她明白无误地彰显出这个城市开阔的眼界和大气的品位。

……

想体验在全亚洲最豪华的图书馆里看书的滋味吗？不仅是物质上的，更是精神上的。

……

单纯用新馆开馆后产生的一系列数据就能证明，人们并非已经不需要阅读，而需要的是更人性化、更具有品质感的“悦读”，让阅读重新成为市民品质生活的一部分。①

二、“天堂里的天堂”

阿根廷国家图书馆馆长、著名诗人博尔赫斯曾经说过：“如果有天堂，天堂应该是图书馆的模样”。

美国大片《后天》里曾有经典一幕：人类文明面临土崩瓦解，图书馆成了最后一个避难所。这一幕深深地印在杭州图书馆当家人褚树青的脑海里②。“让图书馆成为市民学习、阅读的天堂”是杭州图书馆人的期望和设想，借着新馆建设这一契机，在环境设计上、空间利用方面、内部装修等方面，努力让读者有“家”的感觉，并推出“平等、免费、无障碍”的服务理念，开展系列文化教育活动。在杭州图书馆人不懈的努力下，杭州图书馆成为市民心里“天堂的天堂”。

“上有天堂，下有苏杭”，把苏杭与天堂相提并论，是人们基于独特的地理环境和人文气息。如今又为杭州频频加分的是被誉为“天堂一样的图书馆”。③

读者一片叫好声：杭州图书馆，天堂一样的图书馆！

---

① 郭琳．杭州图书馆，这本书读了50年[N]．杭州日报，2008－11－20(B10)．

② 浙江在线．杭州图书馆：平等包容的天堂[EB/OL]．(2011－12－20)[2013－08－07]．http://qjwb.zjol.com.cn/html/2011－12/20/content_1261852.htm？div＝－1．

③ 福建日报．天堂很远，图书馆很近[EB/OL]．(2012－07－03)[2013－08－07]．http://fjrb.fjsen.com/fjrb/html/2012－07/03/content_338595.htm．

杭图无疑是国内硬件最好的图书馆。

天堂有门槛，图书馆这个天堂却不能有门槛，任何人都应允许进入。①

三、"史上最温暖的图书馆"

杭州图书馆及其所主导的杭州市公共图书馆服务体系持续数年的免费开放之路，彻底改变了社会和公众对公共图书馆的认知，获得了他们普遍的关注、认可和尊重。以至于2011年3月1日美国《世界日报》用了整整一个版面来介绍杭州图书馆，评价杭州图书馆是"有150年历史的公共图书馆概念，在中国内地的首次应用"。

2011年12月，中央电视台一套年终节目"绽放2011"将杭州图书馆馆长褚树青请到了节目现场，著名新闻评论员白岩松也在"新闻1+1"栏目中对以杭州图书馆为代表的国内公共图书馆平等、免费开放的做法表示赞赏，认为在与美国公共图书馆服务理念相比，"杭州的图书馆不管是在硬件上，还是在他们今天的理念上，都跟美国图书馆接近了"。

中央电视台对杭州图书馆的关注，实际上是来源于一条微博：

据说杭州图书馆对所有读者免费开放，因此也有了乞丐和拾荒者进门阅览，图书馆对他们的唯一要求就是把手洗干净再阅读，有读者无法接受，于是找到褚树青馆长，说允许乞丐和拾荒者进图书馆是对其他读者的不尊重，褚树青回答：我无权拒绝他们入内读书，但您有权利选择离开。

这则最初被网友"贺兰泰"转载的微博，瞬间被转发16 000余次，无数网友在微博上表示了对褚树青馆长的敬意，被感动的网民将杭州图书馆称为"史上最温暖图书馆"②。

四、"最美读书地"

"让图书馆成为业余想去、喜欢去的地方，成为工作、生活之外的第三文

---

① 光明网．褚树青：书香溢出，人间天堂[EB/OL]．(2012-05-10)[2013-08-10]．http://culture.gmw.cn/2012-05/10/content_4123863_3.htm.

② 王定昶．杭州图书馆不拒乞丐拾荒者，免费阅览借书免押金[EB/OL]．(2011-01-29)[2013-08-10]．http://society.people.com.cn/GB/1062/13842381.html.

化空间”,这是全国公共图书馆的发展目标和向往,以杭州图书馆为主导的杭州市公共图书馆服务体系已经提前达到了这个目标,实现了图书馆人的愿望。

> 家、书店、图书馆……哪一处是你最中意的阅读空间?在这个酷热难耐的盛夏,有相当一部分热爱阅读的杭州市民给出了自己的答案,那就是图书馆。据了解,7 月份以来,进入杭州图书馆的读者已达 23.5 万人次,借阅量高达近 17 万册次。①

同样是在这个炎热的夏季,杭州图书馆佛学分馆被网友评价为“最美读书地”。这里,环境优雅;这里,可以免费学书法;这里,可以听免费的修身养性主题的讲座;这里,被读者评为可以“静地、静心、尽性”“静以修身,俭以养德”②之地。

杭州图书馆儿童区

① 浙江在线. 杭州图书馆“老馆新开”,突破传统的书本阅读模式[EB/OL]. (2013 -07 -22)[2013 -08 -10]. http://biz. zjol. com. cn/05biz/system/2013/07/22/019481738. shtml.

② 浙江新闻网. 网友发现杭州最美读书地　杭州图书馆佛学分馆[EB/OL]. (2013 -07 -25)[2013 -08 -10]. http://news. zj. com/detail/1470454. shtml.

第三章　体系建设:“中心馆—总分馆”模式的创新

第一节　总分馆体系与“中心馆—总分馆”体系

本书中所说的总分馆,是专指同级财政之下公共图书馆服务体系中的总馆与分馆的集合。杭州图书馆实施的是“中心馆—总分馆”体系,其来源是长时间存在于海外发达国家和地区的一种较为先进的图书馆管理制度——总分馆体系,是在吸收了他们各自优点、长处的基础上,结合中国分级财政办公共图书馆的客观实际而提出的,是一种较为完善的、普遍适用于我国地市级(包括副省级)城市城乡一体化公共图书馆服务网络体系建设的公共图书馆服务体系。

一、总分馆体系的概念及其在国内外的发展

发源于英美等发达国家的总分馆体系,作为一种较为先进的图书馆管理制度,是以有效利用资源、提高服务效益为目的,通过一体化和专业化管理,实现体系内各级图书馆之间的资源共享和服务的互动,充分体现了管理机制和运行机制的合理性与适用性①。

根据美国图书馆协会的定义,总馆是一个独立建制的图书馆(single-unit library),或一个图书馆系统中充当管理中心的图书馆,它是图书馆系统集中加工文献的场所,也是收藏整个系统主要藏书的处所②;分馆是总馆把一部分业务分离出去而形成的附属场馆,必须拥有基本馆藏、常规的人员配置和固

---

① 何立芳.刍议总分馆制在国内图书馆的实现[J].图书情报工作,2009,53(7):59－62,148.

② Young H. The ALA Glossary of Library and Information Science[M]. Chicago:ALA,1983:39.

定的开馆时间①。

我国图书馆学家于良芝等人认为:总分馆体系是由同一个建设主体资助、同一个主管机构管理的图书馆群,其中一个图书馆处于核心地位作为总馆,其他图书馆处于从属地位作为分馆;分馆在行政上隶属于总馆,或与总馆一起隶属于同一个主管部门,在业务上接受总馆管理②。

由此可以概括出总分馆体系的基本特征:图书馆的总馆建设主体与分馆建设主体统一,即经费来源统一;总馆主管部门与分馆主管部门统一,即管理统一;总分馆统一人、财、物管理,统一规划和实施服务,统一服务水准③。也就是说,严格意义上的总分馆体系中,总馆对分馆有人、财、物的绝对管理权,这是确保总分馆体系有效和畅通的前提与保障。

总分馆体系能够保障同一体系之中不同类型图书馆之间在资源、管理平台和技术方面的共享,具有资源共建,文献分藏、通借通还、服务互动的优势,可以较好地解决单体图书馆无法顾及的多重任务统一管理的矛盾。基于以上优势,总分馆体系在国内外图书馆界得到了广泛认可,不同国家和地区的公共图书馆根据自身的特征和理解,进行了不同的尝试。

如英国总分馆体系④,除北爱尔兰外,其他地区都以地方政府的行政辖区作为独立的公共图书馆管理单元(administrative unit),地方政府设置公共图书馆管理机构“公共图书馆局”(Library Authorities),并通过它在辖区内的市、镇、村设置规模不等的固定图书馆和若干流动图书馆,由此形成统一管理的公共图书馆系统(相当于一个总分馆体系),为辖区居民提供全面高效的图书馆服务。公共图书馆局既是一个地区公共图书馆系统的设计规划者,也是它的管理者。美国纽约总分馆体系有三个并行的公共图书馆系统:纽约公共图书馆系统、皇后区公共图书馆系统和布鲁克林公共图书馆系统,分别拥有几十所分馆。新加坡在国家图书馆管理局(The National Library Board)宏观指导

① Young H. The ALA Glossary of Library and Information Science[M]. Chicago:ALA, 1983: 31.

② 邱冠华,于良芝,许晓霞. 覆盖全社会的公共图书馆服务体系:模式、技术支撑与方案[M]. 北京:北京图书馆出版社(今国家图书馆出版社),2008:6-7.

③ 陆晓曦,刘璇. 中国公共图书馆总分馆体系研究述评[J]. 图书馆建设,2012(3):4-9.

④ 邱冠华,于良芝,许晓霞. 覆盖全社会的公共图书馆服务体系:模式、技术支撑与方案[M]. 北京:北京图书馆出版社(今国家图书馆出版社),2008:29-31.

和监督管理下形成的高度集中的公共图书馆体系，其中国家图书馆作为全国图书馆的核心业务中心，负责为整个图书馆体系统一选择、采购、加工、配送图书，提供参考咨询服务和策划读者活动。日本东京严格按照区域或市一级行政区划建设总分馆体系，即每一个区或市建设一个独立的总分馆体系，建设主体是区或市政府，体系内实行人、财、物的统一管理和统一服务政策，资源在体系内通借通还。

国内图书馆总分馆制建设起步于21世纪初，部分发达地区对建立总分馆体系进行了积极的尝试与探索，积累了许多经验，并形成了多种建设模式。如以江苏苏州为代表的委托制模式，上海为代表的区域联盟模式，浙江嘉兴为代表的先委托制后总分馆制的模式，广东佛山禅城区为代表的纯粹意义的总分馆体系等。所有这些模式的实践与探索，对于平衡区域内不同级别公共图书馆的服务差异，增强不同级别公共图书馆的服务能力与服务水平，起到了十分积极的作用。

二、“中心馆—总分馆”体系是中国国情下的创新

从上文中可以清楚地了解到，在严格意义上的总分馆体系中，总馆对分馆有着人、财、物的绝对管理权，这在同级财政中是可以做到的。然而，在我国现行的行政管理条块分割、财政分灶吃饭、各级财政建设各级图书馆的体制制约下，由地市级的公共图书馆作为本地区的总馆，下辖区（县、市）、乡镇（街道）、村（社区）分馆的一通到底的建设方式，是难以有效实现的。这是因为，一方面分级财政建设不同层级公共图书馆，作为总馆的市图书馆是无法真正做到对下一级财政建设的公共图书馆实行人、财、物与资源统一调配，统一规划；另一方面，这种总分馆制度自身所具有的不可克服的服务体系层级不清晰，也是难以管到“底”的原因之一。因此，在我国现行的分级财政建设不同层级公共图书馆的体制下，不同层级财政之间是无法真正建立起总分馆体系的，更不用说发挥总分馆体系在服务中的优势。

为了探索既符合我国国情，又能够实现图书馆体系化发展的需求，杭州图书馆借鉴国内外诸多总分馆建设的教训和经验，结合自身多年的思考与实践，创造性地推出了“中心馆—总分馆”建设模式。这是根据我国分级财政建设不同层级公共图书馆的体制而设计的一种适用于地市级公共图书馆服务体系的四级服务网络运行模式。

中心馆是指本地区承担全地区公共图书馆业务指导、管理服务、技术支持、人员培训功能的图书馆，一般由地市级公共图书馆承担。

总分馆是指一个地区由同一财政主体建设，同一个主管机构管理的公共图书馆群，其中一个图书馆处于核心地位，即为总馆；其他图书馆处于从属地位，合为分馆。分馆在行政上隶属于总馆，或与总馆一起隶属于同一主管部门；在业务上接受总馆管理。总馆通常由本地区的区、县(市)公共图书馆承担，分馆为下属的街道(乡镇)、社区(村)图书馆。由于层级的不同，又可以区分为分馆(支馆)、亚分馆(分馆)。

"中心馆—总分馆"体系是指在地级市公共图书馆服务体系中所有成员图书馆的集合，是一种充分实现城乡统筹、资源共享的服务链模式。

杭州图书馆推出的"中心馆—总分馆"体系，为杭州地区公共图书馆服务体系的建设指明了道路，取得了丰硕而可喜的成果。可以毫不夸张地说，"中心馆—总分馆"体系是总分馆体系在中国国情下的一次创新，具有明显的普遍适用性与推广意义。

第二节　杭州"中心馆—总分馆"体系的构建

一、从"联盟式"到"中心馆—总分馆"

2003 年，为了实现杭州地区公共图书馆文献资源的大流通，杭州图书馆在"图书信息服务一证通"的基础上，整合了杭州图书馆、杭州少年儿童图书馆、萧山区图书馆、余杭区图书馆、富阳市图书馆、临安市图书馆、建德市图书馆、淳安县图书馆、桐庐县图书馆等 9 个公共图书馆的文献资源与服务资源，形成了"九馆一证通"，并将街道(乡镇)、社区(村)的基层服务点也纳入"一证通"体系，以区域联盟的形式，构建了一个"联盟式总分馆制"的公共图书馆服务体系。即以杭州图书馆为总馆，区、县(市)公共图书馆为分馆，街道(乡镇)和社区(村)设立基层图书馆(室)的四级图书流通网络体系。这种跨系统的图书馆联盟，在保持人、财、物所属权限不变的情况下，打破了图书馆之间文献资源分散管理、无法有效配置的局面，形成了统一的技术平台、业务管理平台。在本图书馆联盟范围之内，全面实现通借通还、馆际互借、图书预约、远程咨询等服务。

为了保证"联盟式总分馆制"服务体系的长效运作,2006年,杭州图书馆与"一证通"成员馆制定了《杭州地区公共图书馆服务公约》,作为标准的业务工作管理规范,正式向社会公众承诺完全免费服务。在当时,杭州图书馆出色的服务理念和体系实践得到了社会的普遍关注,2007年,杭州图书馆"图书信息服务一证通"工程荣获"全国第十四届群星(服务)奖",这是文化部颁发的社会服务最高奖。

随着"联盟式总分馆制"服务体系的建成与持续发挥作用,联盟之内公共图书馆网络的服务能力不断提升,使得全杭州市文献异地借还的需求大幅增加,各分馆自行承担的通借通还文献流通任务的模式,已无法满足公众迅速增长的需求,由此而形成的供需矛盾、文献缺失等现象已成为制约当时公共图书馆服务体系高效快速发展的重要因素。为了解决这个问题,杭州图书馆在进行广泛调研的基础上,自2008年年底开始筹划建立杭州市公共图书馆文献物流中心。经过两年的努力,于2010年10月试行,具体做法是通过文献物流外包的方式,由第三方专业物流公司负责杭州市公共图书馆之间的文献运输与分拣。在文献物流中心试运行过程中,主城区的文献配送频率由之前的一月一次提高到一周一次,极大地提升了文献通借通还的运作效率,提高了服务体系的服务质量。

随着"联盟式总分馆制"服务体系运作的正常开展,下辖的分馆数量越来越多,杭州图书馆作为总馆在服务网络建设中承担的任务越来越重,随之而来的压力也就越来越大,致使对街道(乡镇)及其以下图书馆(室)的辐射能力严重不足,无暇正常顾及街道(乡镇)及其以下图书馆(室)的发展,致使基层图书馆发展到一定程度之后,遭遇瓶颈,使之陷于停滞状态。2008年开始,为了进一步壮大区、县(市)公共图书馆的力量,发挥区、县(市)公共图书馆区域中心和体系节点的作用,加强服务网络中三、四级分馆和服务点的建设与管理,同时,也与国家分级财政投入建设各级公共图书馆的体制相适应,杭州图书馆经过广泛调研、慎重考虑,决定在杭州地区推行"中心馆—总分馆"体系。

"中心馆—总分馆"体系与原有的"联盟式总分馆制"的四级公共图书馆服务网络体系的设计理念基本一致,仍为四级制,即是以市级公共图书馆的杭州图书馆为中心馆,区、县(市)公共图书馆为总馆,街道(乡镇)图书馆为分馆(支馆),社区(村)图书室为亚分馆(分馆)的四级服务网络体系。新推行的“中心馆—总分馆”体系不仅完全切合地市级公共图书馆建立连锁服务体系的需要,符合我国分级财政建设各级公共图书馆的体制,而且明确了中心馆、总馆的地位与职能,对街道(乡镇)分馆及其以下图书馆(室)的引领和指导作用更为有力。

杭州图书馆推出的“中心馆—总分馆”体系,一方面确立了杭州图书馆的中心馆地位。杭州图书馆是全市公共图书馆服务体系的中心,主要承担对区、县(市)公共图书馆业务的规划、指导、协调、评估工作,整合区、县(市)公共图书馆资源,建立统一的技术平台、检索平台和服务标准;加强与高等院校图书馆、专业性图书馆的资源整合与共建共享服务网络等职能,是全市公共图书馆服务网络体系的业务指导中心、文献保障中心、技术支持中心、专业培训中心和信息服务中心。另一方面该体系明确了区、县(市)公共图书馆作为当地公共图书馆服务网络体系的业务总馆,承担本辖区内街道(乡镇)分馆的业务规划、资源建设、工作指导,以及管理、监督和评估的职能。

二、四级网络构架

杭州市的“中心馆—总分馆”体系尤其适合于分级财政之下的地市级公共图书馆服务体系建设。中心馆只有四个职能——规划、指导、协调、评估,也就是说对下属的总分馆体系实施规划、指导、协调、评估,不实际参与下属的总分馆体系的具体的业务工作,“中心馆—总分馆”体系中具体的基层网络体系的辐射、业务规划与管理,应属于一级财政之下的总分馆体系的职能范围。

决定实施“中心馆—总分馆”体系后,杭州图书馆作为整个杭州公共图书馆服务体系的中心馆,就将所有具体的业务管理工作完全移交给下属的各区、县(市)总馆,由总馆直接管理所属区域的图书馆服务网络体系的建设。杭州市下辖 8 个市辖区、3 个县级市、2 个县,目前,13 个区、县(市)中共有总馆 11 个,分别对本区、县、市所属的基层网点实施管理。属于主城区的上城区和滨江区由于紧邻杭州图书馆和浣纱生活主题分馆,没有建立属于本级财政的公共图书馆,自然也就无法对本区内的基层网点施加影响,实施管理,只能暂由作为中心馆的杭州图书馆代行本区内的总馆职责,直接负责区域内基层网络体系的建设。

杭州市“中心馆—总分馆”四级网络体系的构成模式如下图所示:

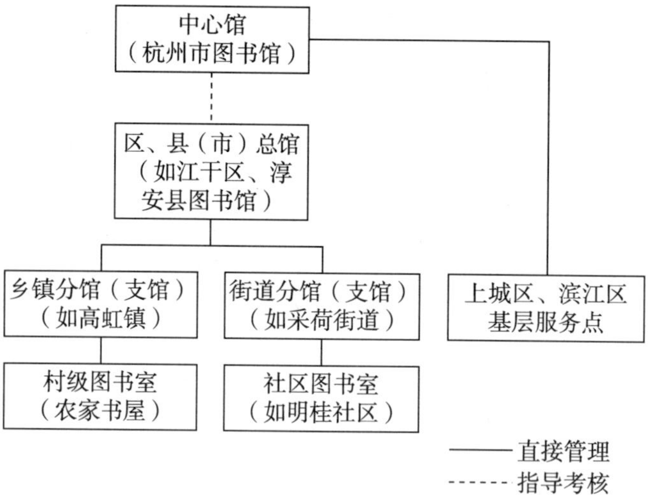

图 3－1　杭州市“中心馆—总分馆”四级网络体系示意图

“中心馆—总分馆”体系的成功建设，大大加强了区、县(市)图书馆的区域总馆功能，能够更好地发挥其在整个公共图书馆服务体系中的节点调控作用，增加对基层网点的业务辐射能力和监督力度，从而使得整个公共图书馆服务网络的结构更为紧密、运作更为高效。而中心馆则主要加强对总馆业务的指导和培训，加大对图书馆业务数据的跟踪、统计和分析力度，建立有效的考核制度，促进区、县(市)公共图书馆总馆的业务改进与提升。

三、“先周边后中间”的覆盖过程

自 2008 年实行“中心馆—总分馆”体系建设的探索以来，杭州市各区、县(市)总分馆体系建设不断完善，各地的总馆积极发挥区域中心和承上启下的纽带作用，因地制宜，发掘适合本地区总分馆体系建设的方式，推动本地区的总分馆体系建设的健康发展。自 2009 年至 2012 年，从健全总馆开始，各区、县(市)加大力度建设各级图书馆(室)，扩大总分馆体系的辐射范围，基本实现了基层服务网络的全覆盖。

非常有意思的是，杭州市的“中心馆—总分馆”体系建设中的总分馆体系建设，最早并不是由城市主城区开始的，而是从周边区、县(市)开始的。2003 年第一批加入“九馆一证通”工程的淳安县、桐庐县、建德市、临安市、富阳市、余杭区和萧山区的公共图书馆率先开始建设总分馆体系。随着杭州市开始探索“中心馆—总分馆”体系,这7个区、县、市公共图书馆立即着手建设适合自己的分馆(支馆)和亚分馆(分馆)。杭州市“中心馆—总分馆”体系特别将桐庐县作为总分馆体系建设的试点,率先于2010年实现了总分馆网络体系在桐庐县的全覆盖。随后,其他区、县(市)也努力探索,逐步完善符合自身地域特色的总分馆体系。如萧山区由于经济条件比较发达,加上区政府对公共图书馆服务体系建设比较重视,为满足广大公众的文化需求,以萧山区图书馆为总馆,在需要的基层服务区域内建设了500多家分馆,完全实现了全区范围内的基层图书馆(室)服务网络的全覆盖。有关上述7个区、县(市)2009年至2012年总分馆体系建设情况如表3-1至表3-7所示

表3-1　2009—2012年萧山区公共图书馆总分馆建设情况一览表

年份	分馆建设			乡镇/街道总数	乡镇/街道图书馆		社区总数	社区图书室		行政村总数	村图书室	
	数量	是否通借	是否通还		数量	藏书(册)		数量	藏书(册)		数量	藏书(册)
2009	154	是	是	22	10	35 000	132	19	9500	411	146	148 777
2010	550	是	是	29	29	35 000	112	112	9500	409	409	148 777
2011	551	是	是	29	29	139 616	53	41	20 500	481	481	240 500
2012	564	是	是	29	29	180 027	77	73	36 500	411	481	798 460

表3-2　2009—2012年余杭区公共图书馆总分馆建设情况一览表

年份	分馆建设			乡镇/街道总数	乡镇/街道图书馆		社区总数	社区图书室		行政村总数	村图书室	
	数量	是否通借	是否通还		数量	藏书(册)		数量	藏书(册)		数量	藏书(册)
2009	14	是	是	19	14	270 000	128	62	270 000	192	157	180 000
2010	15	是	是	19	19	290 000	128	86	100 000	192	165	190 000
2011	19	是	是	19	19	288 500	134	134	302 512	179	179	396 952
2012	19	是	是	19	19	299 212	139	110	303 720	179	179	399 232

表 3－3　2009—2012 年建德市公共图书馆总分馆建设情况一览表

年份	分馆建设			乡镇/街道总数	乡镇/街道图书馆		社区总数	社区图书室		行政村总数	村图书室	
	数量	是否通借	是否通还		数量	藏书（册）		数量	藏书（册）		数量	藏书（册）
2009	2	是	是	16	10	15 000	14	8	6400	232	23	20 500
2010	3	是	是	16	12	54 000	24	20	17 000	232	136	130 570
2011	5	是	是	16	16	100 000	24	24	25 000	232	232	190 000
2012	12	是	是	16	16	164 000	24	24	30 000	232	232	490 000

表 3－4　2009—2012 年富阳市公共图书馆总分馆建设情况一览表

年份	分馆建设			乡镇/街道总数	乡镇/街道图书馆		社区总数	社区图书室		行政村总数	村图书室	
	数量	是否通借	是否通还		数量	藏书（册）		数量	藏书（册）		数量	藏书（册）
2009	1	是	是	25	25	316 900	23	6	3000	287	87	34 800
2010	1	是	是	22	22	200 000	23	6	3000	128	128	51 200
2011	2	是	是	25	25	250 000	22	20	20 000	276	194	291 000
2012	7	是	是	25	25	125 000	23	23	11 500	276	276	414 000

表 3－5　2009—2012 年临安市公共图书馆总分馆建设情况一览表

年份	分馆建设			乡镇/街道总数	乡镇/街道图书馆		社区总数	社区图书室		行政村总数	村图书室	
	数量	是否通借	是否通还		数量	藏书（册）		数量	藏书（册）		数量	藏书（册）
2009	2	是	是	26	26	240 000	11	6	1200	298	298	131 200
2010	2	是	是	18	18	265 901	11	6	1200	298	298	134 250
2011	13	是	是	18	18	265 901	11	6	1200	298	298	256 450
2012	15	是	是	18	15	130 000	11	11	5500	298	298	447 000

表 3-6 2009—2012 年淳安县公共图书馆总分馆建设情况一览表

年份	分馆建设			乡镇/街道总数	乡镇/街道图书馆		社区总数	社区图书室		行政村总数	村图书室	
	数量	是否通借	是否通还		数量	藏书(册)		数量	藏书(册)		数量	藏书(册)
2009	0	否	否	23	23	46 000	8	8	46 000	425	325	15 000
2010	0	否	否	23	23	69 000	8	8	16 000	425	325	140 000
2011	0	否	否	23	23	80 000	8	8	6000	425	382	280 000
2012	3	是	是	23	23	100 000	11	11	17 000	425	425	640 000

表 3-7 2009—2012 年桐庐县公共图书馆总分馆建设情况一览表

年份	分馆建设			乡镇/街道总数	乡镇/街道图书馆		社区总数	社区图书室		行政村总数	村图书室	
	数量	是否通借	是否通还		数量	藏书(册)		数量	藏书(册)		数量	藏书(册)
2009	7	是	是	13	13	24 923	11	9	4740	186	124	62 000
2010	12	是	是	12	12	120 100	11	11	5740	183	183	5740
2011	12	是	是	14	12	90 000	12	8	12 000	183	128	132 000
2012	12	是	是	14	12	108 000	11	11	7285	183	183	100 715

作为杭州市主城区的西湖、拱墅、江干和下城等区,总馆正式建成的时间相对于上述诸馆较晚,总分馆体系的开展也自然相对缓慢。在桐庐县试点成功的经验基础上,这 4 个城区也努力克服困难,迎头赶上,于 2012 年基本完成了总分馆网络体系的全覆盖,并根据自己建设过程中的探索实践,丰富了杭州市的“中心馆—总分馆“体系。

4 个市辖区 2009 年至 2012 年总分馆体系建设情况见表 3-8 至表 3-11。

表 3－8　2009—2012 年西湖区公共图书馆总分馆建设情况一览表

年份	分馆建设			乡镇/街道总数	乡镇/街道图书馆		社区总数	社区图书室		行政村总数	村图书室	
	数量	是否通借	是否通还		数量	藏书（册）		数量	藏书（册）		数量	藏书（册）
2009	–	–	–	11	11	60 000	110	110	80 000	46	46	20 000
2010	–	–	–	11	2	10 000	106	24	48 000	48	5	6000
2011	11	是	是	11	11	68 500	122	90	170 000	48	20	6100
2012	11	是	是	11	11	68 750	122	132	187 000	48	48	6710

表 3－9　2009—2012 年拱墅区公共图书馆总分馆建设情况一览表

年份	分馆建设			乡镇/街道总数	乡镇/街道图书馆		社区总数	社区图书室		行政村总数	村图书室	
	数量	是否通借	是否通还		数量	藏书（册）		数量	藏书（册）		数量	藏书（册）
2009	–	–	–	10	10	100 000	80	–	–	–		
2010	–	–	–	10	10	100 000	90	32	32 000			
2011	10	是	是	10	10	61 893	91	56	41 528			
2012	10	是	是	10	10	59 092	92	62	56 152			

表 3－10　2009—2012 年江干区公共图书馆总分馆建设情况一览表

年份	分馆建设			乡镇/街道总数	乡镇/街道图书馆		社区总数	社区图书室		行政村总数	村图书室	
	数量	是否通借	是否通还		数量	藏书（册）		数量	藏书（册）		数量	藏书（册）
2009	–	–	–	8	8	20 000	98	98	50 000	14	14	7000
2010	8	是	否	8	8	30 000	104	104	20 000	14	14	3000
2011	8	是	是	8	8	30 000	128	121	20 000	6	6	300
2012	8	是	是	8	8	29 263	128	137	40 546	6	6	4017

表 3－11　2009—2012 年下城区公共图书馆总分馆建设情况一览表

年份	分馆建设			乡镇/街道总数	乡镇/街道图书馆		社区总数	社区图书室		行政村总数	村图书室	
	数量	是否通借	是否通还		数量	藏书（册）		数量	藏书（册）		数量	藏书（册）
2009	－	－	－	8	－	－	71	－	－	－	－	－
2010	10	否	否	8	8	－	71	71	－	－	－	－
2011	8	否	否	8	8	65 950	72	72	208 700	－	－	－
2012	8	是	是	8	8	37 047	72	72	148 722	－	－	－

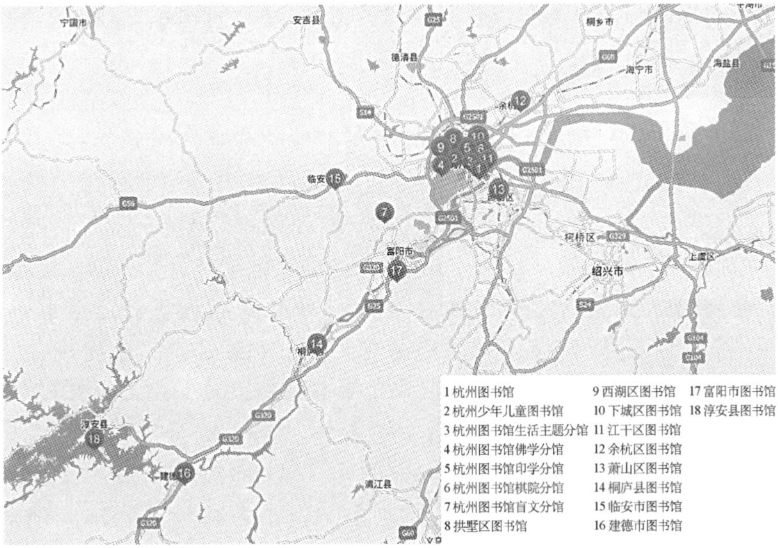

图 3－2　中心馆—总分馆分布图

第三节　中心馆职能

杭州市委办公厅、市政府办公厅于 2011 年就服务体系建设颁发的《关于进一步加强杭州市公共图书馆服务体系建设的实施意见》明确了杭州图书馆作为全市公共图书馆服务网络的中心馆，其主要职能是承担对区、县(市)公共图书馆业务的规划、指导、协调、评估；整合区、县(市)公共图书馆资源，提供统一的技术平台、检索平台和服务标准；加强与高等院校图书馆、专业性图书馆的资源整合与共建共享服务网络建设等，努力成为全市公共图书馆服务网络的业务指导中心、文献保障中心、技术支持中心、专业培训中心和信息服务中心。

一、业务指导中心

作为中心馆，杭州图书馆组织、督促、指导所属县区馆落实相关规定，制定工作规程、业务标准和各类规范来保证业务的开展，对区、县(市)公共图书馆代码进行严格管理。为了加强对全地区公共图书馆业务的指导，杭州图书馆加大了对区、县(市)图书馆业务数据的跟踪、统计和分析力度，做到基础数据每月统计，每季度进行一次分析报告，每年度完成一篇杭州市公共图书馆事业发展报告，并通过每季度编制《杭州地区公共图书馆业务简讯》，加强数据反馈和互动，有效促进区、县(市)图书馆的业务改进和提升。

杭州图书馆各业务部门参与到区、县(市)图书馆对应业务部门的建设当中来，通过杭州图书馆业务办的统一协调，杭州图书馆各业务部门能够对区、县(市)图书馆各业务部门的业务工作进行规划、指导和评估工作。

杭州图书馆文献借阅中心对区、县(市)图书馆的读者证及条形码规范、流通规则等业务运行内容进行严格的管理，同时制定业务流通规范。早在2003年杭州图书馆就成立了杭州市公共图书馆文献采编中心，为全市各级公共图书馆文献编目提供标准书目数据的制作、维护、质量控制以及编目培训等。此外，2010年10月，杭州图书馆正式建立杭州市公共图书馆文献物流中心，统一负责杭州市主城区和各区县的图书馆间的文献配送，极大地节约了区县图书馆物流成本，提高了流通效率，优化了馆藏资源，扩大了文献流通范围，有效加强了服务体系运作能力。

杭州图书馆专题文献中心从2010年开始每年都会召开杭州市公共图书馆地方文献工作研讨会，开展地方文献工作经验交流，建立地方文献工作的学习交流平台与长效合作机制，促进杭州市地方文献工作规范平衡发展。2010年召开研讨会，11家区、县(市)图书馆共20余人参加，研讨会旨在为区、县(市)图书馆解决工作中遇到的困难，明确今后的工作思路，讨论并通过《杭州市公共图书馆地方文献工作实施办法》，并探讨杭州地区地方文献工作今后的发展思路;2011 年召开研讨会,11 家区、县(市)图书馆分管地方文献工作的馆长及负责人参加,研讨会部署区、县(市)图书馆地方文献资源建设考评准备工作,研讨《浙江省公共图书馆地方文献资源建设考核细则 · 县级》;2012 年召开两次研讨会,11 家区、县(市)图书馆的分管馆长参加,第一次会议旨在进一步发挥杭州图书馆作为市中心馆的示范作用和指导作用,全面检查落实各区县馆对浙江省文化厅 2010 年 12 月颁发的《浙江省公共图书馆地方文献资源建设规范(试行)》的贯彻执行情况,第二次会议旨在了解各区、县(市)图书馆地方文献资源建设评估准备工作。

2012 年 8 月,据浙江省文化厅关于《浙江省公共图书馆地方文献资源建设规范(试行)》的文件精神和考核细则,杭州图书馆以专题文献中心为主干,组织完成所辖 11 家区、县(市)公共图书馆的地方文献工作评估工作,并撰写《杭州市区、县、市公共图书馆地方文献工作评估分析报告》,获得浙江省公共图书馆地方文献小组的充分认可。

此外,杭州图书馆积极推进专业分馆的业务建设工作,努力拓展专业分馆服务功能。2012 年 5 月,佛学分馆开放,之后,杭州图书馆积极推动其与海内外佛学界联系,组织开展书画沙龙、禅茶会、佛学与生活沙龙等活动 16 次,好评不断;通过报纸、电视等途径宣传与推广城市生活主题分馆、浣纱分馆;此外,与棋院分馆合作,启动棋友社招募工作,并积极进行围棋资源库建设工作。

二、文献保障中心

杭州图书馆作为全市公共图书馆文献保障中心,统筹和协调资源建设,在文献资源的采购、加工以及保存、提供等方面,给予了区、县(市)图书馆提供了切实的援助和支持。

杭州图书馆充分发挥作为全市公共图书馆文献保障中心的职能,2010 年和 2011 年分别向区、县(市)图书馆提供各种文献 316 491 册和 465 109 册;2012 年,物流中心发挥的效果明显,杭州图书馆向区、县(市)图书馆提供各类文献总计 179 556 册/件,其中图书 163 009 册、光盘 12 446 件、期刊 4101 册,在一定程度上缓解了区、县(市)馆藏文献资源不足、分布不均的局面。同时,充分发挥文献物流中心的统筹管理作用,截至 10 月底,总共向各区、县(市)图书馆及部分服务点配送文献 475 011 册/件,其中图书 440 826 册,光盘 20 484 件,期刊 13 701 册,提升了整个杭州地区的文献服务效率。其中,包括配合农家书屋建设工作而配送的图书、光盘、期刊等文献共计295 455册/件。

三、专业培训中心

中心馆在人才队伍、业务能力等方面具有优势，因而成为公共图书馆服务体系中的馆员培训基地，通过对基层馆的培训可以有效地将优质资源输送下去，使得基层馆的业务水平能在较短时间内得到较大的提升。

从2010年开始，杭州图书馆文献借阅中心参与对杭州市公共图书馆服务体系基层服务点日常业务的管理、指导与培训工作。每年都组织工作人员以深入基层图书馆（室）或者集中培训的方式向基层服务点工作人员讲授业务知识与技巧，为各基层服务点工作人员答疑解惑，帮助他们提高业务素质与能力。2010年在基层图书馆（室）组织了不少于80个工作日的业务辅导活动；推广5个有示范意义的图书馆（室）典型经验；完成基层服务点业务发展报告；全年新增基层服务点100家。在主城区内共下基层点300次，其中单独业务指导82次；组织各区、县、市公共图书馆编目人员培训3次。2011年在淳安图书馆、拱墅区图书馆、江干区图书馆、杭州市属初中图书馆开展专项培训讲座4场。2012年文献借阅中心根据文广新局下达的工作要求在对杭州市公共图书馆服务体系基层服务点进行日常业务的管理、指导之外组织、落实了7场业务讲座、培训，统一服务流程和标准，使读者在基层服务点也能享受到与杭州图书馆同质的服务。

杭州图书馆编目中心承担着杭州市公共图书馆采编中心的管理工作，一直重视提升整个地区编目人员的业务素质和能力，通过年度集中培训与平时到馆面授培训相结合的方法对区县馆编目人员及外包书商编目人员进行分类、编目方面的业务培训。自2010年7月至2013年6月，分别在余杭馆、临安馆、淳安馆面向各区县馆编目人员组织了3次大型集中培训，培训内容涉及编目著录基础知识、分类主题标引、地方文献书目数据库建设等各方面，共72人次参加；对上城区中小学图书馆编目人员集中培训1次，培训内容为编目领域基础知识及实际操作要点，40余人参加；组织区县馆18名编目人员参加了由国家图书馆与浙江大学图书馆、浙江省图书馆联合举办的《中国图书分类法》第五版培训班。在组织、开展大型培训的同时，编目中心还为各区县馆及外包书商的编目人员开展到馆培训，3年间共开展到馆培训18次，共37名从业人员参加了编目业务培训，内容有中文图书著录、非书资料著录、期刊著录加工、地方文献著录、主题分类标引到编目业务工作的整个流程和规范，涵盖了编目工作的方方面面,对提升整个地区编目业务水平、确保“中心馆—总分馆”体系下联合书目数据库的数据质量起到了积极的作用。

杭州图书馆技术支持部每年都开展不同主题的共享工程资源建设培训班,通过生动的案例,讲授先进的图书馆服务理念,讲授共享工程建设需要的、先进而适用的现代信息技术和工作案例,讲授与资源建设有关的标准规范等内容,提高学员的理论水平,使其掌握现代信息技术和数字资源建设的能力。积极打造一支专业的、技术过硬的共享工程建设队伍,加快推进各级支中心建设,实现基层文化事业持续发展。2010 年,杭州图书馆、杭州少年儿童图书馆、11 个已建实体图书馆的区、县(市)馆,以及主城区滨江、上城两个未建实体图书馆的虚拟馆共 15 个馆的联络员和技术人员共计 21 人参加培训,培训主要针对“运行管理系统填报培训”“视频的拍摄手法”“非线性编辑系统的学习”等内容;2011 年,上述 15 个馆的联络员和技术人员参加以“活动推广与促进”为主题的专题讲座以及摄影、摄像技巧培训;2012 年,上述 15 个馆的联络员和技术人员参加培训,此次培训目的是进一步推进杭州市全国文化信息资源共享工程、城乡区域公共图书馆一体化工程的建设,提高各区县(市)支中心工作人员的理论知识及专业水平。

此外,杭州地区的各个公共图书馆还可以通过“文澜在线”这一平台实现区域内部培训资源的共建共享。作为中心馆的杭州图书馆可以利用数字平台发布文字类、视频类、音频类等各种类型的培训资料

四、技术支持中心

中心馆对区域内的区、县(市)公共图书馆提供统一的技术平台、检索平台和服务标准,做好区域网络系统规划及软件应用系统集群化管理。

杭州图书馆作为杭州地区公共图书馆的网络系统中心,已成为分支点数据互访的逻辑策略中心,网络资源管理中心。中心馆采用双核心交换机冗余方式进行局域网的互联,在与分馆互联上采用了 VPN 主备链路的方式,并通过网通及电信两家运营商对馆外读者进行访问接入。广域网出口设计采用双 ISP 线路方式,保证了不同 ISP 的接入用户能便捷地进行业务的开展。采用租用运营商的 VPN 线路方式连接各个分馆和下级单位,同时通过自建的 VPN 线路作为运营商 VPN 专线的备份和补充,将中心馆与区、县(市)公共图书馆相连,形成虚拟专用网络。

2012 年,杭州图书馆为地区内的 15 家公共图书馆、4 家主题分馆(印学分

馆、佛学分馆、棋院分馆、盲文分馆),1 所高校图书馆(杭州职业技术学院),1213 个社区(乡镇村)服务点提供统一的软件应用系统,主要包括业务自动化系统和射频(RFID)系统服务终端。通过统一的业务自动化系统,杭州图书馆成为杭州地区图书馆网络的数据中心和技术管理中心,负责业务系统相关的服务器、网络、存储设备的管理、维护和数据备份工作,负责业务系统的维护管理工作和业务系统操作的培训工作。统一的射频(RFID)系统服务终端使得图书能够通借通还,较好地支撑了杭州图书馆作为中心馆发展成员馆、扩展服务点及地区资源的统一管理和共享等工作。

五、信息服务中心

中心馆以技术力量为支撑,通过信息化建设,打造数字图书馆,为区域图书馆群搭建可靠、高效的信息资源共建共享平台,最终实现全地区数字资源的统一管理和共享,成为整个图书馆群的信息服务中心。

通过不懈的努力,杭州图书馆成功突破了服务范围、服务方式、用户终端的限制,于 2010 年初步建立起一个面向杭州所有区域的综合性数字化服务平台,它既实现实体图书馆的基本服务,又超越传统图书馆网站,融入现代图书馆理念,是集服务性、资源性、工具性、知识性、文娱性于一体的属于读者自己的数字图书馆。有了数字图书馆以后,杭州所辖所有的区、县(市)的居民都能够通过在网站、手机、有线电视三个平台,享受三位一体的立体式、不受时空限制的多元化数字资源服务。市民不仅可以登录杭州图书馆门户网站“文澜在线”使用数字图书馆,还能通过手机随时随地地检索图书馆藏书并查询读者的个人借阅情况,了解图书馆活动信息,手机平台提供了近 3000 种流行期刊的在线阅读;通过有线数字电视,轻松地在家查阅图书馆的藏书,预约续借图书,欣赏文澜大讲堂、公益讲座等视频,数字图书馆电视版还结合共享工程设立了杭州专区,视频资源将不断得到丰富。

杭州图书馆所打造的数字图书馆之多元化体现在服务功能上,其集文献借阅、知识导航、远程教育、多媒体欣赏、数字阅读为一体。数字图书馆除了为广大市民提供图书馆传统借阅服务、网络咨询服务、数据库资源免费使用外,还设有“在线展厅”和“在线阅读”栏目,市民不仅可查看丰富的讲座、展览等视频、音频资料,同时打破在馆阅读的限制,实现资源服务到户、到桌面。此外,还为读者提供互动类的多元数字化服务。

第四节　总馆与分馆建设

一、总馆与分馆的关系定位

杭州市的"中心馆—总分馆"体系的运作模式，是建设区域内总分馆体系的基础和核心，因此，明确各级公共图书馆在总分馆体系中的角色和职能就显得十分重要。作为总馆的杭州市所属各区、县（市）的公共图书馆，主要负责本辖区范围内各级图书馆的具体业务操作，根据总分馆体系的任务要求，组织落实统一采购、集中编目、通借通还、数字资源库建设、资源共享等工作，统筹管理街道（乡镇）分馆的购书经费、人员经费、资源建设和相关业务活动。街道（乡镇）图书馆作为区、县（市）公共图书馆的分馆，接受总馆的业务管理，其主要职责在于拓展分馆的服务领域和服务功能，创新服务手段，提高服务质量和服务水平，采取多种服务方式，提高文献信息资源的利用率。充分发挥宣传教育、陶冶情操、娱乐休闲等多种功能，为当地经济社会发展和科学文化普及服务。

二、总分馆建设的步骤

1. 签订协议

总馆主要是通过与所属区、县（市）政府签订协议的方式，来推进本地区的总分馆建设。协议中应明确如下主要内容：

（1）明确责任：区、县（市）文广新局负责全部辖区内街道（乡镇）分馆建设的整体规划，协调各街道（乡镇）和相关部门出台街道（乡镇）分馆的相关政策和运行保障措施，督查指导政策和街道（乡镇）分馆建设任务的落实。街道（乡镇）政府是当地街道（乡镇）分馆建设的责任主体，负责出台本街道（乡镇）分馆建设的规划、政策、措施，落实分馆开馆的筹备工作，以及在每个社区（村组）建立图书流通点和图书室。街道（乡镇）分馆的业务建设和指导由区、县（市）总馆负责。

（2）文献配置：总馆在分馆开馆时，一次性给予其一定数量的图书与碟片，以备流通之需。

（3）派驻人员：总馆负责向每个街道（乡镇）分馆派出图书管理工作人员一名。

（4）经费保障：街道（乡镇）政府负责落实本街道（乡镇）分馆的日常运行

(如水电、通讯、办公等)、馆舍维护,以及由当地配备的管理人员的工资等费用;街道(乡镇)确保每年辖区居民人均不少于1元的购书经费,交由区、县(市)公共图书馆统一管理;区、县(市)政府每年给予分馆相应的配套购书经费,用于统一购置书刊。

(5)业务指导:对街道(乡镇)分馆的业务指导由总馆全权负责,主要包括指导街道(乡镇)分馆开馆的准备工作,安排业务干部,提供技术支持;为街道(乡镇)分馆人员提供免费的业务培训;建立统一的网络信息平台,开展网上参考咨询服务,为街道(乡镇)分馆提供诸如计算机集成系统和网络系统的技术支持与维护,并随时解答街道(乡镇)分馆读者及工作人员的疑难。

2. 分步推进

按照循序渐进和因地制宜的原则,成熟一个,发展一个,注重实效。根据各街道(乡镇)的人居环境、经济条件的差异,以及当地居民的学习氛围等因素,优先在条件较为成熟的街道(乡镇)率先创建分馆,以发挥较好的示范作用;因地制宜,从实际出发发掘适合本地区的建设形式,不拘泥于固定的载体,可以根据地理、经济和历史文化等方面的因素,适当调整基层网络覆盖的方式,注重实效;在建设标准上,不搞"一刀切",以尽量建在人口相对密集的区域为主要标准,注重实效。在分馆建设时,从实际情况出发,对馆舍面积不作硬性要求,只要人员容易集聚即可,充分保障本地居民利用的方便、快捷,使公共图书馆服务更加贴近百姓、方便公众。

三、总分馆建设的保障措施

1. 政府主导,分级投入

由政府出台专门的总分馆建设政策文件,确定建设的总体目标、工作任务和要求,明确街道(乡镇)分馆由区、县(市)和街道(乡镇)两级政府共同投入,所有资金一并交由总馆统一采购,确定总馆为管理主体的指导思想。

通过制定相应的《分馆管理暂行办法》,明确各分馆的管理职责、资金管理、人员管理、设备管理、服务与读者权益、绩效考评等。同时,区、县(市)政府需根据分馆数量和规模,分配人员指标,以保障分馆工作的正常开展。

2. 实行人力资源集中管理模式,稳定馆员队伍保障体系

街道(乡镇)分馆建成后,由总馆派出工作人员,负责分馆的日常业务管理,街道(乡镇)负责配备一定数量具有相应资质的管理人员。配备的管理人员,原则上根据总馆的要求,向社会公开招聘。招聘的人员试用一定期限后,

由总馆考评,能够胜任分馆工作的,由街道(乡镇)与其签订岗位合同。为保证基层图书馆业务开展的专业性和规范性,街道(乡镇)配备的图书馆管理人员,由总馆统一培训、统一考核、统一管理,对表现优秀的给予表扬和奖励,对连续两年考核不合格的,街道(乡镇)政府不再续聘。

3. 建立统一采购、统一编目、统一配送的文献保障模式

区、县(市)和街道(乡镇)两级政府投入的购书经费,需全部交予总馆,由总馆集中管理,统一规划、统一采购、统一编目、统一资源配置。总馆设立图书流通部,主要负责街道(乡镇)分馆文献资源的管理工作。集中管理购书经费,能够优化区域范围内的文献资源和布局结构,实现文献编目工作的标准化和规范化,避免机构重复设置和人员重复劳动,提高工作效率。这种集中采购,集中编目,按时配送的文献运作模式,极大地保障了总分馆制内各级分馆文献的有序增长和书目数据的统一连贯,节约了资源、优化了馆藏,为通借通还和服务一体化打下了坚实的基础。

4. 通过通借通还、资源共享,建立读者服务保障体系

总分馆统一采用中心馆提供的"图书馆集群管理系统",通过互联网技术,实现全杭州地区公共图书馆书目检索、数字资源的共享共用。街道(乡镇)分馆与区、县(市)总馆进行网络系统整合,进行计算机网络化管理,实行"图书信息服务一证通"。图书在总分馆体系内通借通还,分馆与总馆将包括纸质图书资源和数字信息资源在内的资源进行整合。分馆的图书、报刊资料由总馆统一配置,书刊至少每两个月流通一次,数字资源与杭州市的中心馆共享。读者无论在总馆还是分馆,均可以通过统一的检索平台,检索服务网络内全部的文献资源。与此同时,通过全国文化信息资源共享工程平台,读者可以在不同分馆内享用区、县(市)总馆与中心馆的电子图书、数据库等数字资源,以及全国文化信息共享工程的数据等,初步实现了面向街道(乡镇)读者的信息服务保障。

第五节　杭州"中心馆—总分馆"体系的推动力量

一、政府主推

1. 两办意见

为了更好地促进"中心馆—总分馆"体系的建设,尤其是加强街道(乡镇)

公共图书馆的网络建设，杭州图书馆从 2009 年起开始起草《关于进一步加强杭州市公共图书馆服务体系建设的实施意见》（见附录三），历经 3 年，经过数十稿的修改，终于在 2011 年 12 月 31 日由市委、市政府正式颁发。这是国内首个以政府为发文单位下达的专门针对公共图书馆服务体系建设的行政文件，是发展杭州公共图书馆事业的行动纲领和政策保障。之后，杭州市的各级区、县（市）政府又分别针对《关于进一步加强杭州市公共图书馆服务体系建设的实施意见》下发了适合本地区公共图书馆发展的补充文件和实施细则，成为了杭州市"中心馆—总分馆"体系建设道路上的有力保障。

2. 成立杭州市公共图书馆发展委员会

为进一步提升各级公共图书馆管理服务水平，健全杭州市"中心馆—总分馆"体系，实现杭州市公共图书馆事业的全面、协调、可持续发展，推进杭州市公共文化服务体系建设，2012 年 10 月，杭州市由政府牵头成立了杭州市公共图书馆发展委员会，并发布《市委办公厅市政府办公厅关于建立杭州市公共图书馆发展委员会的通知》（市委办发〔2012〕121 号，名单见附录四）。

该委员会由杭州市委宣传部长任主任，市委、市政府分管领导、分管秘书长等任副主任，市编委办、教育局、财政局、人力社保局、规划局、文广新局、团市委等各部委办局分管负责人和杭州图书馆负责人、各区、县（市）党委或政府分管领导为成员，负责全市公共图书馆服务体系建设的协调、指导、监督和考核等工作。

二、社会参与

1. 基金会

成立于 2003 年的杭州图书馆事业基金会，是中国第一家推动公共图书馆事业发展的公募基金会。其主要任务是为杭州市公共图书馆事业的发展募集、管理、使用基金，宣传图书馆事业的文化担当和公益宗旨，凝聚和整合新时期有志于文化公益事业的社会力量，促进杭州市公共图书馆事业的繁荣发展。

杭州图书馆事业基金会为杭州地区公共图书馆事业的发展提供多层次的支持，按照"人人享有文化阅读权利"的目标，其募集的善款优先用于加强杭州市欠发达地区的城镇、乡村社区大众阅读基础设施建设的投入。同时，综合基层文化事业发展态势，为健全、完善基层图书馆（室）网络体系提供发展对策，并设立激励机制，推进杭州地区公共图书馆事业的发展及其人才队伍的建设。在条件允许的情况下,基金会也以多种形式支持国内欠发达地区的公共图书馆(室)建设,如向甘肃通渭县图书馆、黑龙江同江地区图书馆、吉林延边图书馆、浙江衢州图书馆、贵州毕节图书馆捐献书籍等。

杭州图书馆事业基金会致力于关注、改善基层群众的文化阅读生活状况,针对杭州地区近千家基层图书馆(室)的现状,组织调研组考察并撰写多篇关于杭州市基层公共图书馆各层面情况的调研报告,这些报告获得了杭州市政府认可与政策支持,对杭州市基层图书馆(室)的普及和发展起到了重要的推动作用。基金会尤其关注弱势群体的阅读状况,向杭州地区的贫困学校、老年活动室等弱势群体集中的图书馆(室)多次捐赠书籍。

杭州图书馆事业基金会自建立以来得到了政府、企业、著名书画家及社会公众在各方面的鼎力支持。为妥善管理并使用基金,杭州图书馆事业基金会实行《杭州图书馆事业基金会捐赠办法(暂行)》(详见附录五),规范收到的款、物的用途、受益对象、募集来源、捐赠方式、捐赠程序、捐赠人享受的优惠政策和条件、涉及捐赠的信息公开、捐赠资产的使用和管理、捐赠资产使用的监督以及捐赠的法律保障10项规定。

2. 志愿者

志愿者群体向来是推动杭州地区公共图书馆事业发展的重要民间力量之一,如杭州图书馆,早在2005年就组织发起建设“之友志愿服务者组织”,并向团市委递交了建设申请,之后每年都有招募和志愿者活动。经过几年来的探索、实践,目前,杭州市公共图书馆的志愿者队伍一般分为长期志愿者、短期志愿者和专项志愿者三种。

(1)长期志愿者

是指长期合作的志愿者群体,该类型志愿者队伍具有一定规模,管理相对规范,他们对于部门工作的支持具有持续性。这类志愿者主要负责双休日、固定节假日的基础服务以及常规活动的志愿服务。图书馆一般通过与社会团体、组织等开展合作的方式与志愿者建立长期志愿服务关系。如2012年杭州图书馆响应团市委号召,成为首批杭州市高中生社会实践基地之一,截至2013年6月,共计接待来自10余所学校的35个实践团队,为将近200名高中生提供了实践岗位;并与浙江工商大学、杭州师范大学附属中学、浙江经贸职业技术学院、杭州市滨江第一小学等多所学校的团体签订了协议,成为长期志愿者队伍,组织开展“青苹果在行动——小小志愿者”活动等,让在校学生在学习课本知识的同时,培养社会服务意识,积累一定的社会实践经验。

(2)短期志愿者

是指通过临时招募或者临时联络而形成的志愿者群体或个人,临时完成一些特定事项。这类志愿者主要向社会招募,如2012年6月杭州图书馆与杭州日报联合发起招募“阅读领航员”活动,得到市民的热情支持,总共收到320余名热心市民的志愿报名,通过筛选,最终有170余人分别在杭州图书馆文献借阅中心、社会活动部、专题文献中心等部门进行志愿服务活动,截至2012年年底,累计服务时间达1856.5小时。如杭州少儿图书馆以杭州市各中小学开展志愿服务为契机,吸纳来自于大学青年志愿者协会、职校团支部、中小学生自发组织的志愿服务小队,参加图书馆的各项志愿服务。

(3)专项志愿者

是指具有专业特长或者特殊的志愿者群体或个人,他们参与部门组织的各项活动,不仅成为活动的参与者也可以成为活动的组织方。这类志愿者有的是从读者中发掘而来,有的通过主动合作建立志愿服务联系。如杭州少儿图书馆“小可妈妈伴小时”品牌活动积极发掘有职业专长的家长,鼓励他们成为这一系列品牌活动的志愿主讲人,如一位职业为心理咨询师的家长主讲“如何培养全能宝宝”,由幼儿园专职教师主讲的“缓解幼儿入园前焦虑情绪”,由口腔科医生主讲的“宝宝日常口腔护理和常见问题”,还有来自国外的志愿者进行英文绘本阅读活动,这种来源于读者,走向读者的活动,不仅为图书馆志愿者队伍建设提供了新渠道,其形式和内容也受到家长的热烈欢迎。如杭州图书馆通过与“快乐小陶子流动儿童图书馆”、杭州师范学院、中国计量学院、杭州孔子学堂等机构合作,先后成立了“快乐小陶子流动儿童图书馆杭州站”“杭州幼儿师范学院社会教育实践基地”“杭州青少年语言教育及国际交流体验中心”“经典吟诵社会教育基地”,由来自这些合作单位的志愿者学生、家长,用自己的专业知识和亲身经历为读者们提供文献推荐、阅读分享、亲子互动、生活教育、情感教育等一系列丰富的活动。

在志愿者服务期间,杭州图书馆还会通过发放《志愿者培训手册》(详见附录六)和志愿服务情况记录、评价等方式来规范队伍管理,完善队伍建设,使志愿者真正成为推动图书馆事业发展的一支重要力量。

第四章　点面结合:各具特色的总馆建设

杭州市下辖拱墅、江干、上城、下城、西湖、滨江、余杭、萧山 8 个市辖区(其中拱墅、江干、上城、下城、西湖、滨江被称为主城区),临安、富阳、建德 3 个县级市,桐庐、淳安 2 个县。自 2008 年杭州图书馆开始探索建立"中心馆—总分馆"体系以来,各区、县(市)公共图书馆充分利用作为区域内总馆的优势,发挥中心和纽带作用,针对各区域特殊的政治、经济和文化条件,集中力量,重点突破,努力打造具有独特亮点的公共图书馆服务体系与品牌。

桐庐县作为杭州市"中心馆—总分馆"体系构建中总分馆体系建设的试点,通过政策倾斜、资源保障、多级投入、明确职责的方式,成功完成了具有推广意义的总分馆体系。

江干区是在学习、吸收桐庐经验的基础之上,结合自身的区域特点和紧邻杭州图书馆的优势,在完成总分馆体系区域内全覆盖的基础上,加强其自身的物流体系建设,实现了杭州图书馆和本区三级公共图书馆总分馆体系内所有图书资源的通借通还。

临安市针对区域内自然村分散的特点,不拘一格,采取农家书屋结合文化礼堂的方式,不仅保证了基层服务网络的全覆盖,并且将工作做到了实处。

余杭区为了缓解公共图书馆(室)管理队伍人员不足的现状,积极开拓各方资源,加强志愿者队伍建设与管理,为动员全社会力量参与总分馆体系建设做出了示范。

拱墅区图书馆是与京杭大运河博物馆共建的公共图书馆,充分发挥了公共图书馆服务体系在公共文化服务体系中的主体作用,激活了其他文化设施的文化活力,共同完成支撑社会教育的功能。

建德市图书馆针对农村山区图书文献资源匮乏,少年儿童阅读需求无法满足的特点,将学校图书室纳入公共图书馆服务体系,作为基层服务点,为农村少年儿童提供阅读服务,实现公共图书馆公平教育的功能。

本章选取了杭州市以上 6 个在公共图书馆服务体系中非常具有特色的区、县(市)图书馆的创新做法,每一个案例都既具有自身独特的特点,也具有较普遍的推广价值。

第一节 建设总分馆体系，实现“普遍均等”服务——桐庐试行 江干推广

一、桐庐县的试行

1. 浙西首县——桐庐概况

桐庐县地处浙江省西北部，东接诸暨，南连浦江、建德，西邻淳安，东北界富阳，西北依临安。全境东西长约77公里，南北宽约55公里，总面积1825平方公里，下辖富春江、横村、分水、江南、瑶琳、凤川、百江7个镇，钟山、合村、新合和莪山畲族乡4个乡，城区设桐君、城南、旧县3个街道办事处。桐庐县2011年年末全县户籍人口40.47万人。该县居民以汉族为主，另有畲、苗、土家、侗、蒙古、壮、满、回、藏、布依、高山、维吾尔、俄罗斯、瑶、白、佤、仫佬17个少数民族。

桐庐县属于杭州市的二类地区，其政治、经济综合状况在杭州市所属区、县(市)中属中游水平。2012年，桐庐县加快转变经济发展方式，城乡居民收入快速增长，全县实现生产总值262.25亿元，各项经济指标位列浙西地区各县、市首位，是名副其实的“浙西首县”。

在建设杭州市公共图书馆服务体系之前，桐庐县的广大农村人口是无法享受到公共图书馆服务的。桐庐县图书馆新馆2004年开馆之后，迅速投入到“联盟式总分馆制”的建设中，依托杭州公共图书馆服务体系的资源优势，努力完善本区域内的公共图书馆服务的延伸，将公共图书馆服务惠及更多的社会公众。从2007年开始，桐庐县图书馆着手在全县186个行政村(社区)建立图书流通服务点，经过多年的努力，目前覆盖率已经达到100%。

随着村级图书流通服务点建设的开展，各流通点之间因各地情况不同和管理体制的制约而产生的差距逐渐显现。为了从根本上解决农民“看书难”的问题，保证农村广大农民实现接受教育、参与文化活动、享受科学进步的文化权利，在杭州图书馆的支持下，于2008年年底，桐庐县政府决定在桐庐县创办以县图书馆为总馆、乡镇图书馆为分馆的县级公共图书馆总分馆体系试点。

2009年1月15日，桐庐县首个乡镇分馆——凤川镇图书馆正式挂牌成立，拉开了桐庐县总分馆体系建设的序幕，成为其他乡镇分馆建设的典范。随后，合村乡、莪山畲族乡、江南镇、分水镇、横村镇、瑶琳镇、百江镇、富春江

镇等乡镇分馆建设相继启动,到 2010 年,桐庐县已建成乡镇分馆 12 家,实现了桐庐县总分馆体系全县 100% 全覆盖。

2. 桐庐县总分馆体系的建设经验

(1)政府主导,政策保障

桐庐县图书馆总分馆体系在杭州市范围内试点成功最重要的原因之一,就是政府的大力支持与投入以及所带来的政策性保障。桐庐县政府出台的《桐庐县构建城乡一体化公共图书馆服务体系实施意见》为全面推进乡镇分馆建设提供了良好的政策支持,强调了县、乡(镇)两级政府作为构建公共图书馆总分馆服务体系的责任主体地位,明确了每一级政府相应的责任,在桐庐县图书馆乡镇分馆的建设机制、保障机制、管理机制中实现了全方位主导,为全面推进乡镇分馆的建设创造了良好的政策环境。此后的《桐庐县图书馆乡镇分馆管理暂行办法》《乡镇(街道)分馆合作共建协议书》等规定相继出台,体现了桐庐县政府和各级领导机构对桐庐县图书馆总分馆体系建设的重视。

乡镇分馆挂牌成立之后,桐庐县、乡(镇)两级政府均能及时落实经费,配备工作人员,增添相应设施。各分馆都统一安装了图书馆自动化管理软件系统,读者无论在总馆还是分馆,均可通过统一的检索平台,检索服务网络内全部的文献资源。图书借阅采用"一卡通"的模式,实行总馆范围内的通借通还,不受分馆所在区域的限制,全面实现网络内图书馆的资源共享。读者通过分馆,可以享用到县公共图书馆的电子图书和数据库等数字资源以及全国文化信息共享工程数据等。这种分级投入的方法,适应了现行财政体制,分散了基层图书馆建设的财政压力,促进了乡镇分馆的健康发展。

(2)以县馆为总馆的总分馆体系的建立与实施

在杭州市"中心馆—总分馆"体系的指导下,桐庐县以县公共图书馆为总馆,实行人、财、物的统一管理。总馆负责所有乡镇分馆图书资源的采购、编目、分类、标引、加工,同时指导和协调读者服务工作;乡镇分馆负责图书的借阅管理工作和社区(村)图书室、农家书屋的图书流通工作。总馆负责制定相应的乡镇分馆办证、借阅等规章制度,如《图书外借制度》《办证须知》《阅览室管理规定》《电子阅览室管理规则》《上机须知》《桐庐县图书馆乡镇分馆管理暂行办法》等。总馆与分馆分工明确,各司其职,有力促进了乡镇分馆的建设与发展。

(3)实行网络管理,实现资源共享

总馆的专业技术人员为乡镇分馆安装"图书馆集群管理系统",指导分馆工作人员使用,并定期维护,以实现全杭州地区图书馆书目检索、数字资源的共享共用;乡镇分馆与总馆进行网络系统整合,进行计算机网络化管理,实行"图书信息服务一证通",图书在全县乡镇各总分馆内通借通还;分馆与总馆资源整合,包括纸质图书资源和数字信息资源,分馆图书、报刊资料由总馆统一配置,书刊至少每两个月流通一次,数字资源与中心馆共享。

(4)规范队伍管理,加强绩效考核

在总分馆体系建设过程中,桐庐县图书馆还注重建立分馆管理队伍素质提升机制,总馆增设了专门的服务机构——农村图书流通部,专人负责此项工作。乡镇分馆的工作人员由总馆统一招聘,培训上岗,并定期考核。有关桐庐县乡镇分馆绩效考核指标与标准详见表4-1,分馆定级标准说明详见表4-2。

表4-1　桐庐县乡镇分馆绩效考核指标与标准

序号	考评指标	分值
一、办馆条件(18分)		
1	(1)镇每年补助购书经费人均1元以上 (2)镇每年补助购书经费人均1元 (3)镇每年补助购书经费人均1元以下	5 4 3
2	(1)馆舍面积在300平方米以上,阅览座位50个以上 (2)馆舍面积在200平方米以上,阅览座位40个以上 (3)馆舍面积在150平方米左右,阅览座位30个以上	5 4 3
3	(1)有能力存放纸质文献1.5万册以上,报纸期刊45种左右 (2)有能力存放纸质文献1万册以上,报纸期刊30种左右 (3)有能力存放纸质文献8000册左右,报纸期刊20种以上	3 2 1
4	(1)电脑20台以上,10M光纤连接互联网 (2)电脑15台以上,10M光纤连接互联网 (3)电脑10台以上,10M光纤连接互联网	5 4 2
二、人才队伍(12分)		
5	(1)在职职工3名(含总馆下派人员),均经专业培训 (2)在职职工2名(含总馆下派人员),均经专业培训 (3)在职职工1名(含总馆下派人员),均经专业培训	9 6 3

续表

序号	考评指标	分值
6	(1)高中以上学历占70%,且每年有继续教育学分 (2)高中以上学历占50%,且部分每年有继续教育学分 (3)高中以上学历占50%以下,且部分有继续教育学分	3 2 1
三、基础业务(5分)		
7	(1)书架藏书、报刊整齐,差错率在5‰以下 (2)书架藏书、报刊整齐,差错率在5‰—8‰ (3)书架藏书、报刊整齐,差错率在8‰以上	3 2 1
8	图书、报刊及时上架;旧报刊及时装订;破旧图书及时修补、装订	2
四、读者服务(55分)		
9	(1)坚持连续开放,节假日对外开放,每周开放时间不少于48小时 (2)坚持连续开放,节假日对外开放,每周开放时间不少于45小时 (3)坚持连续开放,节假日对外开放,每周开放时间不少于40小时	10 8 6
10	(1)年外借图书1万册次以上 (2)年外借图书0.5万册次以上 (3)年外借图书0.3万册次以上	10 8 6
11	(1)年流通总人次0.5万以上 (2)年流通总人次0.3万以上 (3)年流通总人次0.2万以上	8 6 5
12	(1)第一年办新证200张以上,年增10%以上 (2)第一年办新证100张以上,年增8%以上 (3)第一年办新证50张以上,年增5%以上	9 7 4
13	(1)每年向读者推荐优秀图书8次以上,开展读者咨询工作15次以上 (2)每年向读者推荐优秀图书6次以上,开展读者咨询工作12次以上 (3)每年向读者推荐优秀图书4次以上,开展读者咨询工作10次以上	3 2 1
14	(1)开设阵地活动项目3个,并建立文化活动档案 (2)开设阵地活动项目2个,并建立文化活动档案 (3)开设阵地活动项目1个,并建立文化活动档案	5 4 3
15	(1)每年馆以上媒体录用宣传报道稿件5篇以上 (2)每年馆以上媒体录用宣传报道稿件4篇以上 (3)每年馆以上媒体录用宣传报道稿件2篇以上	5 4 2

续表

序号	考评指标	分值
16	(1)每月组织播放“文化共享工程”数字资源4次 (2)每月组织播放“文化共享工程”数字资源3次 (3)每月组织播放“文化共享工程”数字资源2次	5 4 3
五、内部管理(10分)		
17	镇分馆领导明确,根据有关规定落实人员和经费,并及时帮助分馆解决出现的问题	5
18	按时进行业务工作统计、财务统计并上报,做到无差错;消防、保卫工作,确保全年无安全事故;保持馆内整洁卫生,环境优美,文化气氛浓厚	5
六、提高指标(10分)		
19	(1)获当年县委、县政府表彰 (2)获当年县文化行政主管部门表彰 (3)获当年镇政府表彰	5 4 3
20	乡镇分馆工作创新	3
21	撰写反映本镇社会文化发展优秀调研报告、理论研究文章及图书馆工作方面的论文	2

表4-2　桐庐县乡镇分馆定级标准说明

定级	必备条件
一级分馆	镇每年确保人均1元以上的购书经费
	分馆馆舍面积在500平方米以上,阅览座位50座以上
	节假日必须开放
	考评总分90分以上
二级分馆	镇每年确保人均1元以上的购书经费
	分馆馆舍面积在300平方米左右,阅览座位40座以上
	节假日必须开放
	考评总分80分以上
三级分馆	镇每年确保人均1元左右的购书经费
	分馆馆舍面积在200平方米左右,阅览座位30座以上
	节假日必须开放
	考评总分70分以上
备注	考评总分70分以下,不予定级

(5)循序渐进,因地制宜

鉴于桐庐县12个乡镇街道经济、环境条件的差异,建设桐庐县总分馆体系工作一直秉持着从本县实际出发,循序渐进、因地制宜的做法,成熟一个,发展一个。根据各乡镇的人居环境、经济条件的差异以及当地居民的学习氛围等因素,优先在条件成熟、能够起到示范作用的乡镇建立分馆。2009年年初,凤川镇新建了文体综合楼,在该楼启用前,桐庐县公共图书馆因势利导,多次与该乡镇的领导协商,得到认可后,又动员镇政府投入10多万元经费,购买书柜、书架、阅览桌、阅览椅和10多台电脑以及2台立式空调等设备,作为新建凤川分馆的前期准备,县图书馆也为凤川分馆的开馆准备了近万册新书。凤川分馆的顺利诞生,为其他乡镇分馆的建设起了带头示范作用。

除此之外,在馆舍的选址上,本着便利、节约、共享原则,因地制宜,注重实效,不拘一格,尽量与乡镇(街道)文体站、"东海明珠"工程用房等共建共享。如合村乡分馆的馆舍就利用原"东海明珠"的工程用房,经过县文广新局及乡镇政府双方的勘察、设计,打破原房屋格局,重新分割、装修。建成的合川乡分馆既有图书外借室,又有阅览自修室,实际使用效果良好。凤川分馆则是选择在人口密集的综合文化楼,百江分馆是安置在已腾空的原小学教学楼。在建设标准上,注重实效,不搞"一刀切",像合村、莪山、新合等总人口不到一万的小乡镇,也从他们的具体实际出发,顺势而为,如对分馆建筑面积不做硬性要求,只要人员容易集聚即可。这样一来,有的分馆使用面积只有二三百平方米,有的分馆则有上千平方米。无论馆舍大小,12个分馆都是建在人口相对密集的中心地带,充分体现了便利原则。

二、江干区的推广

1. 江干概况

江干区东邻钱塘江,西依西子湖,中贯京杭大运河,总面积210.22平方公里,户籍人口31.2万,登记外来人口40.02万,下辖四季青、白杨、凯旋、采荷、闸弄口、下沙6个街道和笕桥、彭埠、丁桥、九堡4个镇。江干历史悠久,风景迷人,是杭州最古老的城区之一,也是一个建设中的新区,更是一个未来的城市中心。近年来,江干区以"四新五化"为目标,全面加强经济、社会、治理、文化、生态现代化建设,全力推进城市化进程,经济一直保持每年两位数的增长,社会各项事业繁荣昌盛,精神文明建设生机勃勃。

2. 江干探索

2009年,随着江干区图书馆新馆的建成,在桐庐县总分馆体系成功拉开杭州市"中心馆—总分馆"体系建设序幕的推动下,江干区开始探索具有本区域特色的总分馆体系建设之路,旨在为全区人民打造"15分钟文化圈",在成功移植、再现桐庐总分馆体系建设经验的基础上,不断创新,形成了自身的地域特色。归纳一下,大致有如下几个方面:

(1)资源共享　通借通还

江干区位于杭州市主城区内部,其下辖的分馆与社区的图书室同江干区图书馆和杭州图书馆的距离较近,这就造成了江干区图书馆总分馆体系建设的特殊性——所有基层图书室的图书资源财产权归总馆所有。江干区图书馆不断探索适合本地区发展的公共图书馆总分馆体系,加强基础设施和服务网络的建设,不仅完成了对全区8个街道(镇)图书分馆、126个社区图书室的全覆盖,更重要的是实现了总馆、分馆和社区图书室之间,以及不同社区图书室之间的"通借通还",这一举措在省内同级图书馆中尚属先例。

江干区图书馆有自己区域内单独的物流体系,每月印发新书、新碟推荐目录,下发至各社区图书室,由各街道(镇)分馆统一统计需求后上报至江干区图书馆,总馆根据需求分配图书,打包并送至各图书室。由于杭州市早已实现了"图书信息服务一证通",在此基础之上,江干区的居民可以在所有江干辖区内的图书馆或者图书室实现"通借通还",这其中也包括杭州图书馆。各基层图书室将居民借还的所有图书,定时用江干区图书馆自己的物流体系打包送至总馆,由总馆分拣出归杭州图书馆所有的图书,经由杭州图书馆和江干区总馆之间单独的物流体系送回杭州图书馆,这样构成了杭州市独特的"中心馆—总分馆"体

江干区图书馆打包即将送到明桂社区的图书

系——中心馆的业务活动只对口到区、县(市)总馆,由区、县(市)总馆单独构建自己的总分馆体系。

“通借通还”工程的全覆盖为全区人民提供免费、平等的公共图书馆服务,也造就了市民获取资源的零障碍。经过多年的建设,江干区图书馆已建成网络健全、资源共享、管理协同、普及均衡的公共图书馆服务体系,真正实现了区总馆、街道(镇)分馆、社区(村)图书室的三级公共图书馆服务网络体

采荷街道文体中心社区图书室

笕桥镇农科院社区图书室

系的全覆盖。进入2013年,江干区部分基层社区图书室上半年最高流通量已达到16 267册,7月份最高流通量达到2000余册,有些图书室的流通量竟然已超过了总馆,基层分馆的作用真正得到了发挥。

(2)统一规范　一体运作

江干区图书馆在对各分馆和社区图书室的管理上,根据规范制度、统一实施的原则,对各分馆及社区基层图书室的制度规范、硬件配置和管理要求都下发了具体、细致的标准,要求在三级图书馆内都要“制度统一上墙、管理统一标准、运作统一平台”,这样统一的标准,可以使三级公共图书馆网络的服务质量同步提高,真正为全区人民构建“15分钟文化圈”。

江干区区级财政每年下拨给总馆100万元购书经费,由总馆根据本辖区文献资源建设规划、三级图书馆(室)的馆藏结构和读者需求,统一采购、统一加工、统一配送,使全区三级图书馆(室)的文献配置合理,利用率提高,有效地整合了资源,减少了文献资源重复采购造成的浪费,同时也为各分馆、基层图书室减轻文献资源配置的资金压力。

针对市民白天上班,下班才能来馆的作息时间特征,江干区图书馆统一制度规范,落实开放时间,按要求分馆每周开放49小时,其中晚上开放时间不得少于8小时,社区(村)图书室每周开放24小时,其中晚上开放时间不得少于3小时。

(3)以奖促优　激发动力

为有效促进社区(村)图书室的运作,确保图书室“大门开起来、有人管起来,百姓进得来”,江干区图书馆作为总馆,每年都对全区范围内的基层图书室进行不定期巡查。为了鼓励认真开放的基层图书室,2012年起,江干区图书馆开展了“书香钱塘”基层示范、达标图书室评选活动,并为此下发了《江干区文化广电新闻出版局关于开展“书香钱塘”基层示范、达标图书室评选活动的通知》,通知中明确了评选要求和奖励机制,即评选活动采取基层申报(江干区“书香钱塘”基层示范、达标图书室评选申报表详见表4-3),考评小组采取实地考察、考评的方式,按照基层图书室全年流通量排名,根据其开放情况,对示范、达标的图书室分别给予2万元、1万元的奖励,奖励经费主要用于本图书室人员配备的补助。有关2012年江干区“书香钱塘”基层示范、达标图书室奖励情况详见表4-4。

表 4－3　江干区“书香钱塘”基层示范、达标图书室评选申报表

<table>
<tr><td>图书室
创建时间</td><td></td><td>图书室
地址</td><td></td><td>对外开放
情况</td><td>每周（　　）小时，其
中夜间（　　）小时</td></tr>
<tr><td>藏书量
（册）</td><td></td><td>报纸杂志
种类</td><td></td><td>月平均流通情
况（册次）</td><td></td></tr>
<tr><td rowspan="2">人员情况</td><td>专职（人）</td><td>兼职（人）</td><td rowspan="2">申报
类型</td><td>示范型</td><td>达标型</td></tr>
<tr><td></td><td></td><td></td><td></td></tr>
<tr><td>申
报
理
由</td><td colspan="5">（从场地设施、管理服务、活动培训等方面作简要说明）</td></tr>
<tr><td>乡镇、街道
意见</td><td colspan="2">（盖章）
年　月　日</td><td>区级
文化
部门
意见</td><td colspan="2">（盖章）
年　月　日</td></tr>
</table>

表 4－4　2012 年江干区“书香钱塘”基层示范、达标图书室奖励汇总表

序号	社区村名称	奖励金额（万元）
1	笕桥镇农科院社区	2
2	凯旋街道景新社区	2
3	闸弄口街道万家花园社区	2
4	丁桥镇明珠社区	2
5	四季青街道钱塘社区	2
6	凯旋街道景华社区	2
7	闸弄口街道红梅社区	2
8	九堡镇魅力之城社区	2
9	采荷街道红菱社区	2

续表

序号	社区村名称	奖励金额(万元)
10	凯旋街道景湖社区	2
11	凯旋街道景芳社区	2
12	闸弄口街道闻皇庙社区	2
13	凯旋街道南肖埠社区	2
14	凯旋街道庆春门社区	2
15	丁桥镇美辰社区	2
16	凯旋街道凯西社区	2
17	凯旋街道金兰池社区	2
18	凯旋街道景坛社区	2
19	凯旋街道庆和社区	2
20	凯旋街道金秋花园社区	2
21	凯旋街道景秀社区	1
22	闸弄口街道机神社区	1
23	笕桥镇机场社区	1
24	九堡镇新江花园社区	1
25	采荷街道青荷苑社区	1
26	闸弄口街道春晖社区	1
27	采荷街道新凯苑社区	1
28	采荷街道江汀社区	1
29	采荷街道绿茗社区	1
30	闸弄口街道三华天运社区	1
31	四季青街道运新社区	1
32	九堡镇八堡社区	1
33	采荷街道夕照社区	1
34	采荷街道洁莲社区	1
35	采荷街道双菱社区	1
36	九堡镇多立方社区	1

续表

序号	社区村名称	奖励金额(万元)
37	采荷街道芙蓉社区	1
38	凯旋街道华家池社区	1
39	四季青街道钱杭社区	1
40	闸弄口街道京惠社区	1
41	笕桥镇同心村	1
42	彭埠镇新塘社区	1
43	九堡镇金雅苑社区	1
44	闸弄口街道蓝天社区	1
合计		64

第二节　村级基层服务网络建设的探索
——临安农家书屋角

一、杭州的后花园——临安概况

临安市是太湖水系的源头,地处浙江省西北部天目山区,位于杭州市西北部,距杭州市区 46 公里,东邻余杭,南连富阳和桐庐、淳安,西接安徽省歙县,北界安吉及安徽省绩溪县、宁国市,杭徽高速公路贯穿全境,交通便捷。总面积 3126.8 平方公里,是浙江省陆地面积最大的县级市。

临安市下辖 5 个街道、13 个镇、298 个行政村,截至 2011 年年末,共有常住人口 56.67 万,全市有畲族、苗族、回族、满族、壮族、朝鲜族、侗族、高山族、傣族、蒙古族、藏族、白族、彝族、黎族、土家族等 26 个少数民族,少数民族人口占全市总人口 1.25%。

临安山清水秀,植被良好,森林覆盖率达到 76.55%。近年来,临安相继获得了中国竹子之乡、中国山核桃之乡、国家级生态示范区建设试点市和中国优秀旅游城市、国家卫生城市、国家森林城市等荣誉。因境内有天目山、清凉峰两个国家级自然保护区,景观类型丰富,集名山、名水、名谷、名洞、名刹、名人古迹于一体,已成为长三角地区生态旅游的首选地之一。

2012 年,临安市全市实现 GDP 380 亿元,城镇居民人均可支配收入 30 890元,农村居民人均纯收入 15 764 元,其中农村居民收入增幅连续三年高于城镇居民,这主要是因为"农家乐"已成为临安乡村旅游的重要业态和主打品牌,它以生态环境和旅游景点作支撑与依托,至 2011 年,全市共有 770 户农户经营"农家乐",涉及 11 个乡镇(街道)、34 个村。

临安作为吴越王钱镠的出生地和归息地,文化底蕴深厚,郭璞、谢安、昭明太子、李白、白居易、苏轼、郁达夫、周恩来等名人的足迹和诗文,孕育了临安独特的历史文化。

二、临安市公共图书馆总分馆体系建设

临安市图书馆坐落于临安市钱王文化广场,2004 年完成了与杭州地区公共图书馆联网的"图书信息服务一证通"工程,实现了杭州地区公共图书馆资源共享。随后,临安市图书馆在做好内部服务的基础上,努力拓展服务渠道,不断扩大服务区域,将公共图书馆服务延伸到企业、学校、乡镇和村组,建立了多个企业、乡镇、村组"图书信息服务一证通"服务点,至 2009 年年底,全市范围内行政村图书室已达到全覆盖。

2010 年,临安市图书馆在杭州市"中心馆—总分馆"体系的指导下,开始探索本地区公共图书馆的总分馆体系建设,争取上级业务主管部门及本地财政的支持,在辖区内乡镇(街道)普遍建立分馆。2011 年 6 月 28 日,临安市首个集图书外借、报刊阅览、电子阅览、文化信息共享工程服务等功能于一体的公共图书馆分馆——高虹镇分馆开馆。

高虹镇分馆是按照杭州市"中心馆—总分馆"体系建设的统一标准开办的,占地面积 200 多平方米,拥有藏书 15 000 册,具备图书外借、报刊阅览、电子阅览、共享工程服务等配套功能,实行书刊借阅的"图书信息服务一证通"服务。随后,昌化镇、太湖源镇、河桥镇、龙岗镇、青山湖街道、锦南街道、湍口镇、太阳镇等 12 个分馆也按照统一标准陆续开馆,临安市公共图书馆总分馆体系建设进入到全面发展的阶段。

进入 2012 年,在 2011 年已建成 13 个分馆的基础上,临安市又完成了清凉峰镇、岛石镇、玲珑街道 3 个分馆的建设,并对前一年建设的分馆进行了评估和考察。此外,在开展总分馆体系建设的同时,为了真正将"普遍均等"的公共文化服务辐射到基层,临安市图书馆还将农家书屋纳入到杭州市公共图书馆"中心馆—总分馆"四级网络体系的建设中,并将其同文化礼堂等公共文

化服务设施结合起来,真正实现了杭州市中心馆、临安市业务总馆、乡镇(街道)业务分馆、村(社区)图书室四级公共图书馆服务网络的全覆盖。有关临安市各乡镇(街道)分馆建设现状,详见表4－5。

表4－5　临安市各乡镇(街道)分馆建设现状

名称	建立时间	占地面积(平方米)	馆藏文献(册)	电脑配置(台)
高虹镇	2011.6	420	15 000	11
昌化镇	2011.6	350	15 000	12
太湖源镇	2011.7	400	15 000	21
河桥镇	2011.7	150	15 000	10
龙岗镇	2011.10	200	15 000	20
青山湖街道	2011.11	200	15 000	11
湍口镇	2011.12	300	15 000	10
锦南街道	2011.12	120	15 000	10
潜川镇	2011.12	100	15 000	10
於潜镇	2011.11	220	15 000	15
太阳镇	2011.12	100	15 000	28
天目山镇	2011.12	200	15 000	10
锦城街道	2011.12	150	15 000	10
清凉峰镇	2012	200	15 000	－
岛石镇	2012	110	15 000	－
玲珑街道	2012	200	15 000	－
板桥镇	2013	－	15 000	－
锦北街道	2013	－	－	－

三、村级公共图书馆服务网络建设发展

在临安市的公共图书馆总分馆体系建设中,最有特点的是村级公共图书馆服务网络的建设。2010年,临安市图书馆开始了本区域公共图书馆总分馆

体系建设的探索，首先将乡镇作为工作重点。2011 年，杭州市人民政府办公厅出台了《杭州市人民政府办公厅关于进一步加快推进农家书屋工程建设的通知》，要求 2011 年年底杭州全境内完成 70% 的农家书屋建设任务，2012 年 6 月 30 日前实现农家书屋在所有行政村的全覆盖的目标。临安市图书馆于是将农家书屋、行政村图书室和乡镇分馆的建设齐头并进，将农家书屋建设纳入到临安市公共图书馆总分馆体系建设之中，于 2012 年 5 月 10 日实现了临安市农家书屋在 298 个行政村全覆盖的任务。由此形成的极具临安特色的以临安市图书馆为总馆，乡镇（街道）图书馆为分馆，村农家书屋为亚分馆的三级公共图书馆总分馆体系网络，实现了在全市范围内临安市图书馆所有的图书资源的通借通还。

在实现了作为临安市图书馆总分馆体系基础的农家书屋全覆盖的前提下，临安市图书馆及时将工作重点从“建好”转到“用好”上来，努力畅通图书信息，减少体系网络内图书流动的障碍，着力破解农家书屋管理使用中的难题，如在“农家乐”中设立“农家书屋角”，结合文化礼堂，发挥联动作用等，充分发挥农家书屋在充实农村文化生活中的作用，保障农民“普遍均等”获得文化服务的权益，完善公共图书馆总分馆体系建设。具体而言，临安市公共图书馆总分馆体系建设的特点主要有：

1. 畅通信息　流动图书

针对山区农村地处偏僻、交通不便的现状，努力让农村群众在最短的时间内了解到最新书讯，阅读到最新书籍。临安市图书馆采取了多种办法来破解新书少和阅读不便的问题，真正让农家书屋的图书用在实处。

首先，临安市建立了“村组—乡镇（街道）—市”三级信息汇总网络，由各农家书屋管理员登记群众所需要的书籍，每月上报给乡镇（街道）分馆，乡镇（街道）分馆在汇总各农家书屋所需书籍后，根据需求，将图书打包配送至各农家书屋。如分馆资源不能满足需求，则汇总上报至总馆，由总馆提供相应的图书资源，配送至分馆，再由分馆分别发送到各农家书屋。通过这种三级信息汇总网络，临安市图书馆能够准确掌握全市农村群众的阅读需求，及时将村民想看、爱看的图书送到他们手中。

其次，在《今日临安》《临安宣传》两种纸质媒介上推出“好书快递”栏目，在临安新闻网和手机报中开设“好书推荐”和“读周刊”，由临安市图书馆制定推荐书目清单，介绍新上市的好书，并通过各种渠道及时将新书的资讯传递给广大有需求的民众。

最后,建立良好的图书流动渠道,让图书及时送到有需要的群众手中。临安市图书馆向区域内的分馆和基层图书室全面推广了锦南街道的“流动书箱”做法,要求各乡镇(街道),按自然村而非行政村的数量制作“流动书箱”,再按党建、文学、科技、艺术等类别,分别选取图书,送至各自然村,以方便群众借阅,提高图书使用率。

2. 建设“农家书屋角”

临安市298个行政村于2012年就实现了农家书屋的全覆盖,但因为临安地势特殊,再加上近年来持续的村庄合并,同一个行政村中的各自然村并不集中,彼此分散,因此,设立在中心村的农家书屋可能就不能得到充分的利用。为了真正实现“普遍均等”的公共图书馆服务理念,2013年,临安市图书馆考虑到本地大部分山区群众经营“农家乐”的特点,因地制宜,做出了让农家书屋进“农家乐”,在各自然村成立“农家书屋角”的决定。以潜川镇的青山殿村、过水村、鱼潭村、高坪村4个自然村为单位,以“农家乐”户主主动申请为前提,经镇文化站、三产办上门对“农家乐”所坐落的位置、场地安排、户主责任心等方面进行综合考察后,最终确定首批“农家书屋角”的设置场点。

“农家书屋角”所需的书架支出,由定点后的“农家乐”自行支付,“农家书屋角”牌子由镇政府统一制作悬挂,图书由村里的农家书屋统一调配,定点的“农家乐”对图书享有免费使用权,图书所有权归村所有,图书损毁均按照原价实行赔付。“农家书屋角”拥有明确的管理员制度和借阅制度,并配有图书借阅登记花名册,镇文化站每季度根据图书借阅、归还、管理等情况,对定点“农家乐”进行检查。如发现定点的“农家乐”存在诸如态度不端正、使用不合理等情况,镇文化站可以取消该“农家乐”设

潜川镇青山殿“农家书屋角”及图书借阅登记花名册

立“农家书屋角”的资格，图书、牌子等全部收回。

“农家书屋角”是针对临安市自然村分散导致的农民借书难、看书难问题而推出的，这实际上是将农家书屋用到实处、发挥实效的探索与创新。现在每个“农家书屋角”通常分配有行政村农家书屋的藏书200余册，内容涵盖政治、历史、文学、经济、人文、社会等各方面，图书在同一行政村中的自然村之间流动，更新图书的频率原则上是每月一次，实际情况根据定点“农家乐”的需要而定，由定点“农家乐”主动到村农家书屋向图书管理员登记领取。放置于“农家书屋角”试点的图书，不仅服务于本自然村的村民，也为当地的游客提供服务，因此，“农家书屋角”所借阅的图书需要由图书管理员、试点“农家乐”以及本自然村其他“农家乐”户主共同负责。外借的图书如发生损坏或遗失，游客没有赔偿的，由定点“农家乐”户主和游客所住“农家乐”户主各按50%承担赔偿责任。

3. 精神家园　文化礼堂

2012年年初，为了满足临安市农民对精神文化生活的需求，临安市政府决定建设56个具有示范意义的村级文化礼堂，作为农村村民在生产生活中陶冶情操、获得信息、传承文化的精神家园，并将其列入政府的十件实事之一。同年6月，临安市委和市政府通过了《临安市村级“文化礼堂”建设方案》，指出文化礼堂是集文化设施、文脉传承、文明传播于一身的综合性文化载体，是构建临安市农村公共文化服务体系的关键环节。

临安市图书馆敏锐地感觉到，作为公共文化服务体系主体的公共图书馆总分馆服务体系，其第四级的农家书屋，可以利用文化礼堂的空间来共同建设，产生内在关联、相互支撑、相互促进的作用，可以共同为丰富并满足农村群众的文化需求服务。

临安市文化礼堂统一设计为“两堂五廊”，是在各村庄原有礼堂、书堂、祠堂等设施的基础上进行的改建、扩建或者新建。“五廊”分别为村史廊、民风廊、励志廊、成就廊、艺术廊，让农村群众在文化礼堂中传承本村文化，挖掘本村特色，建设本村乡风，为村民提供一个可以相互学习、相互探讨的空间。“两堂”为礼堂和学堂，礼堂主要供村里群众安排红白喜事、召开大会、举办文艺活动使用；学堂主要以农家书屋和天目学堂为主体，是向群众提供文化传播、参加培训、继续教育的场所。

临安市三口村文化礼堂

临安市文化礼堂为村民提供了休闲、娱乐、学习的文化空间，体现了杭州市公共图书馆服务体系所倡导的第三文化空间的特征，也是临安市图书馆在公共图书馆总分馆体系建设中寻找第四级基层服务网络建设最恰当结合点的尝试。充分利用村级文化礼堂和农家书屋的结合，提供一个让村民觉得舒适的“客厅”，使其具有吸引力，让村民喜欢并且自愿来到这个“客厅”，使用这个客厅中的资源，接受文化的熏陶，最后形成一个自觉学习的氛围，才能使基层公共图书馆网络的功能得到充分实现，才能使公共图书馆作为一个公共文化服务体系的主体，将传播文化、开展社会教育的职能发挥到实处。

第三节　社会参与完善公共图书馆服务体系建设——余杭志愿者服务

一、文化古邑——余杭概况

1. 古韵新貌

杭州市余杭区位于浙江省北部，地处京杭大运河的南端，西依天目山，南濒钱塘江。全区总面积为 1402 平方公里，下辖百丈、鸬鸟、黄湖、瓶窑、径山、塘栖 6 个镇和临平、东湖、南苑、星桥、五常、乔司、运河、崇贤、仁和、良渚、闲林、余杭、仓前、中泰 14 个街道。余杭区从东、北、西三面形成弧状拱卫杭州市主城区，东接海宁，西邻临安，分别与桐乡市、德清县、安吉县和富阳市接壤，交通十分便利。根据 2011 年全国第六次人口普查的结果，余杭全区有常住人口 117.03 万人。

过去的余杭以农业发达著称，改革开放以来，余杭区加快调整经济类型，工业经济已经成为了经济的主体。2012 年余杭区全区实现 GDP 834.94 亿元，人均 GDP 为 94 499 元，自 1990 以后多次进入全国经济百强县的行列。在经济不断发展的同时，余杭的社会事业也在加速发展。"文明余杭"已经逐渐成为余杭区各项社会活动开展的中心主题，全力推进"文化名区"建设，打造余杭品牌，深化精神文明建设，为余杭区人民创造一个底蕴深厚且充满生机的文化氛围，已成为余杭区历届政府社会事业建设的重中之重。

2.“文化之邦”

余杭素有"文化之邦"的美誉，亘古开天的良渚文化、源远流长的运河文化、蜚声海外的禅茶文化，共同构筑了余杭深厚的历史文化底蕴和丰富的文化积淀①。

被誉为"文明的曙光"的良渚文化主要集中在长江中下游的太湖流域，属于新石器时代。2007 年，考古人员宣布在杭州市良渚遗址，即余杭区良渚、瓶窑、安溪三镇组成的遗址群中，发现了一座距今 5300 年至 4300 年的古城，这关系到中华文明的起源，成为证实中华文明已存在五千年的重要发现。

融汇了南北文化的运河文化是中华民族多元一体文化的重要组成部分，它不仅吸纳了吴越、荆楚、齐鲁和燕赵时期的文化精髓，还融合了秦晋文化及外来文化的优点。正是因为如此多样的包容性极强的运河文化凝聚在运河余杭段，所以才孕育了独特的塘栖古镇文化、超山梅文化和江南水乡文化。运河流域余杭段因此而成为具有浓郁吴越文化底蕴的人才荟萃之地。

余杭径山是著名的"茶圣著经之地，日本茶道之源"，相传茶圣陆羽的《茶经》就是在径山完成的。"正、清、和、雅"的禅茶文化源于径山，千百年来影响着余杭、杭州乃至全国，更传入日本，逐渐演变为日本茶道，径山也由此成为中日茶文化重要的交流圣地。

二、余杭区图书馆志愿者队伍建设

余杭区自 2006 年开始建设城乡一体化图书馆服务网络体系以来，就不断探索构建布局合理，以区级图书馆为总馆、乡镇(街道)图书馆为分馆、村(社区)图书室为基层亚分馆的三级图书馆服务网络。随着总分馆体系在杭州其

① 余杭政府网[EB/OL].[2013-08-13]. http://www.yuhang.gov.cn/class/class_1115/list_1.html.

他地区试行并推广开来,余杭区也已实现了乡镇(街道)图书分馆在19个镇(街道),农家书屋在179个行政村的全覆盖。有关余杭区各分馆建设的情况,详见表4-6。

表4-6　余杭区各分馆情况一览表

名称	占地面积(平方米)	文献数量(册)	电脑配置(台)	开放时间
百丈镇	150	11 000	10	周三至周日9:00—17:30
鸬鸟镇	120	11 000	20	周一至周日8:00—11:30 12:00—16:30
黄湖镇	130	13 000	10	8:00—11:30 13:00—16:30 周二休息
径山镇	120	15 000	10	周三至周日8:00—17:30
瓶窑镇	130	15 000	10	周一、周二8:30—11:00 12:00—16:00 周三至周五8:30—11:00 12:00—16:00 18:00—20:00 周末12:00—16:00 18:00—20:00
塘栖镇	130	10 000	10	周二至周日8:30—11:30 13:00—17:00 18:30—20:30
仁和街道	200	10 000	10	周一至周五
余杭街道	150	20 000	10	8:00—11:00 13:30—16:30
中泰街道	150	15 000	10	周一至周五8:30—16:30
仓前街道	130	15 000	10	周三至周日8:30—11:45 13:30—17:00
五常街道	120	11 000		8:30—17:00
闲林街道	150	15 000	10	12:00—16:30 18:00—21:00
良渚街道	100	13 000		9:00—17:00
崇贤街道	130	16 500	10	周二至周日9:00—20:00
运河街道	100	18 000	10	8:00—11:00 13:30—17:00 周三、周五晚上18:00—21:00
临平东湖街道	120	16 800	10	夏令8:30—17:30 冬令8:30—17:00

续表

名称	占地面积（平方米）	文献数量（册）	电脑配置（台）	开放时间
星桥街道	300	13 000	10	周二至周五 8:30—11:30 12:30—16:30 周四、周五晚上 17:30—20:30
南苑街道	150	5000	6	周二至周日 8:30—20:30
乔司街道	100	16 000	10	8:30—17:00

构建合理的公共图书馆服务体系是为了能够提供一个公益性的文化平台，来保障全区人民“普遍均等”的文化权益，更是为了拓宽公众的知识面，提高国民素质，实现公共图书馆支撑社会教育的职能。为了实现这个职能，转变公共图书馆的管理理念，由“为群众提供服务”到“让群众自己参与服务”是关键环节。因此，组建一支完善的图书馆志愿者服务队伍，让读者转变成为图书馆的主人，参与管理与服务，不仅能缓解公共图书馆服务体系中管理队伍人员不足的现状，更重要的是能够凝聚读者的智慧，营造读者自己喜欢的文化氛围，不断完善公共图书馆服务，吸引更多的读者到馆读书、学习、参加活动，这样才能真正将支撑社会教育的职能落在实处。

近年来，余杭区图书馆在余杭区团工委、文广新局团委等单位的支持下，建立并不断完善着志愿者服务队伍，动员鼓舞了广大读者参与到公共图书馆服务体系的建设中来，取得了长足的发展，不仅为公共图书馆服务体系建设注入了新鲜的血液，也为广大的志愿者搭建了一个实现价值、奉献爱心的平台。

1. “书之家”带动社会力量参与公共图书馆体系建设

2008 年，余杭区图书馆到余杭区团工委进行备案，正式挂牌为“书之家”志愿者服务基地。随后，在余杭区各级公共图书馆中，到处都可以见到一个充满生机和活力的群体，这就是“书之家”的志愿者。余杭区图书馆的志愿者们一直努力践行着“团结、互助、进步、奉献”的志愿者精神，不论是在读者服务工作、解答咨询，或是整理书架和加工装订图书报刊等方面，都一丝不苟，热情周到。“书之家”的志愿者已经成为余杭图书馆一道靓丽的风景线。

为了感谢志愿者们热情周到的服务，也为了向更多的人展示余杭区志愿者的风采，吸引更多的读者加入到志愿者的队伍中来，余杭区图书馆设计了“志愿者宣传栏”板块。在图书馆一楼大厅制作的志愿者风采展板，每半年对内容进行一次更换。展板用纪实照片的形式展现志愿者们在馆内服务读者的情景,用志愿者自己的文字来表达他们在志愿者服务过程中的收获和感想。这不只是从一名志愿者的角度,更是从一名读者的角度,讲述因为身份的转变而带来的心态变化,让更多的读者看到"享受服务"和"参与服务"的区别,呼吁更多的读者加入到志愿者的队伍中来,参与管理,做图书馆的主人。

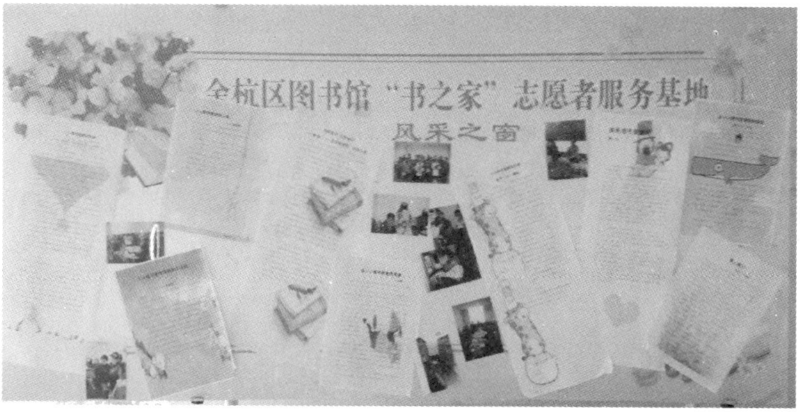

余杭区图书馆"志愿者宣传栏"板块

除"书之家"之外,也有许多热心公益的人士,积极参与到余杭公共图书馆服务体系的建设中来,社会力量的支持也是余杭区图书馆普遍开展志愿服务的强大动力。

在余杭区仁和镇云会村,有一家"西南山少儿图书馆",自 2001 年创办起就一直免费向社会开放。这座免费开放的民间图书馆是年届 90 高龄的退休老教师庞汝勋先生创办的,10 多年来,他用每个月三分之二的工资订购图书和报刊,建设图书室,目前藏书量已达到 18 000 余册。图书室每天早上 8:30 开门,下午 16:30 关门,完全免费向社会开放。当地孩子经常来图书室看书学习,时间久了,许多热心的小读者就开始帮忙打扫、整理图书室,帮助其他小朋友找书,推荐好书,自发地形成了一支小小志愿者队伍。这样的氛围,不仅吸引了更多的孩子来图书室读书,更让孩子们在助人和自助之间不断学习发展,取得人格上的进步。

庞老先生为了提高图书室的业务质量,还主动联系余杭区图书馆,希望图书馆给予相应的指导,让山区的孩子们能够阅读到更多的好书,掌握更多有用的知识。余杭区图书馆也十分重视图书室的建设，根据庞老先生的需要，采购并送书上门，鼓励庞老先生将图书室一直办下去。2005 年，在余杭区委宣传部、文广新局、教育局、余杭新闻传媒中心主办，余杭区图书馆承办的余杭区第四届“十佳藏书家庭”中，庞汝勋家庭获得“十佳藏书家庭”称号。2008 年，庞汝勋家庭获得了余杭区“农家书屋”称号。庞老先生表示，他会执著地将图书室办下去，争取更多的支持，为孩子们提供更好的阅读环境。

2013 年元旦，余杭区余杭街道碧景路上的孙石林老先生的竹影书屋正式对外开放，这也是一家乡村公益图书馆，藏书 4000 多册，完全免费对社会开放，免费办理图书 IC 卡，办卡也不收费，只要记录下姓名，联系方式和个人爱好就能凭卡阅读。每次刷卡阅读，电脑会记录阅读的时间，阅读时间换取的积分积累到一定数量，就可以领到一张借读卡，将自己想读的书借回家阅读。

孙老先生退休前是一名物理教师，退休后萌生了开办一家免费图书馆的念头，于是就在余杭街道租了一间地理位置一流的店铺，自己出钱装修后将自己收藏的 100 册图书和网上订购的 4000 册图书放在店里供人免费阅读。孙老先生希望更多爱书的朋友来店里阅读，充实自己。他一直认为，课堂外的阅读比课堂上更重要，真正会使一个人成长。竹影书屋不设限制，无贵贱之分，帮助了很多想要自主学习的朋友充实知识，开阔眼界，可以说，竹影书屋一直践行着图书馆支撑社会教育的职能。免费，就是孙石林先生给社会的承诺。

2. 档案管理　制度规范

为了便于系统地管理志愿者，余杭区图书馆建立了志愿者档案，将经过系统培训的志愿者报名表（见表 4－7）的信息录入自建档案数据库内。档案数据库记录了各类志愿者详细的个人信息，包括姓名、性别、年龄、家庭住址、身份证号码、电话号码、照片、学历、专长等，以项目化和模式化的方式进行管理。未来余杭区图书馆还计划成立图书馆志愿者管理协会，由志愿者自身担任协会的负责人，形成自我管理的良好机制。

为了更好地管理志愿者，余杭区图书馆制定了《余杭区图书馆“书之家”志愿者服务基地志愿者管理制度》和《余杭区农家书屋志愿者队伍管理办法》，规范了志愿者的招募、培训、管理、考核、激励等办法。制度中规定每名志愿者都有一张“志愿服务时间统计卡”，用于年底进行图书馆志愿者的考核评定，在每名志愿者服务时长都不得低于 18 小时的基础上，按照服务时间的长短，评定星级志愿者。除此之外，图书馆也为志愿者们提供增值服务，诸如可以优先参与馆内的活动,给志愿者准备配套的讲座等。

表4－7　余杭区图书馆青少年志愿者报名表

<table>
<tr><td>姓　　名</td><td></td><td>性别</td><td></td><td>年龄</td><td></td></tr>
<tr><td>出生年月</td><td></td><td>年级</td><td></td><td>班级</td><td></td></tr>
<tr><td>学　　校</td><td colspan="5"></td></tr>
<tr><td>联系地址</td><td colspan="3"></td><td>邮编</td><td></td></tr>
<tr><td>联系电话</td><td colspan="3"></td><td>E-mail</td><td></td></tr>
<tr><td>专业技能或特长</td><td colspan="5">□ 写作
□ 外语(请注明语种)
□ 美术(绘画、书法、美工等)
□ 表演(主持、舞蹈、乐器演奏等)
□ 其他(请具体注明)</td></tr>
<tr><td>志愿服务意向(请志愿者事先预约,在图书馆管理员的安排下确定、填写)</td><td colspan="5">□ 图书整理　□ 文明督导　□ 读者咨询、导引
□ 读书交流　□ 活动接待、讲解　□ 公益读书活动策划组织

具体服务内容:
(加粗部分由管理员填写)</td></tr>
<tr><td>志愿服务时间(请志愿者事先预约,在图书馆管理员的安排下确定、填写)</td><td colspan="5">日期:
□　周二　□周三　□周四　□周五　□周六　□周日
时间:
□ 8:30—11:30　□ 13:30—16:30　□ 一天

具体服务时间:
(加粗部分由管理员填写)</td></tr>
<tr><td>志愿履行情况(请每三小时的志愿服务完成后,到图书馆管理员处盖章填写)。</td><td colspan="5">□ 第一次　□ 第二次

□ 第三次　□ 第四次</td></tr>
<tr><td>备　　注</td><td colspan="5"></td></tr>
</table>

3. 分类多元　层次清晰

余杭区图书馆志愿者队伍分为区图书馆、乡镇(街道)分馆以及农家书屋三个层面。区图书馆的志愿者分为青少年学生志愿者和社会人士志愿者两类。青少年学生志愿者以社会实践为主,主要负责图书的上架、整理和咨询服务。目前余杭区图书馆与余杭高级中学、余杭第二高级中学等保持合作关系,挂牌为“余二高综合实践基地”。除此之外,还接受来自其他各个学校的学生志愿者,如杭州高级中学、杭州第二中学、杭州外国语学校,以及相关高等院校的学生、国外留学生等。

大学生志愿者正在进行图书上架整理

余杭区图书馆目前有注册的社会人士志愿者 20 余名,这些志愿者主要参与讲座、各类主题沙龙、“向日葵”绘本阅读故事会以及“美丽洲”故事会等读书活动的组织与实施。这些志愿者中有教师、外企员工、银行职员等,还有许多带着小朋友来参加活动的妈妈们,图书馆为他们提供了一个展示自己特长的平台,他们可以同更多的读者分享知识,分享快乐。“读者讲给读者听”,不仅能够节省图书馆举办活动的开支,更重要的是能够激励读者积极参与到图书馆活动中来,共同创造一个分享、学习、交流的空间,让读者真正成为图书馆的主人。

为了更好地将基层农家书屋的作用发挥到实处,针对多数农家书屋管理员身兼数职所造成的开馆时间不能保证的现象,2012 年 9 月,余杭区图书馆联合杭州市文广新局团委开展了村组(社区)农家书屋(图书室)志愿者服务体系建设的调查研究,通过发放调查问卷和实地调研、走访的形式,采集数据、收集资料,分析总结了农家书屋志愿者服务队伍组建、管理、激励制度等长效管理机制建设的可行性。调查主要以余杭区乔司、星桥、崇闲三个街道的宣传文化员及乔司街道三角村、星桥街道星桥社区、崇闲街道龙旋村的村民为样本开展的。

调查显示,农家书屋采用志愿者管理的形式具有一定的可行性,也受到村民的欢迎。农家书屋完全可以建立一支由宣传文化员专人负责、牵头管理,由村民组建的志愿者管理队伍,每个农家书屋作为管理的支点,最终形成一张志愿者服务的大网①。随后,余杭区图书馆出台了《余杭区农家书屋志愿者管理办法》,对招募要求、组织管理、工作时间、培训方式、经费支持、奖惩办法 6 个方面进行规定,并要求农家书屋志愿者每人每周工作时间不少于 4 小时。根据办法中的规定,余杭区图书馆立即在乔司街道三角村、崇闲街道龙旋村开展试点,组建了一支农家书屋的志愿者管理队伍,并建立农家书屋志愿者个人信息数据库,开展培训,发放统一标牌。这样一来既能够弥补农家书屋工作人员不足的现状,也可以让村民自主管理农家书屋,吸引更多的读者来到农家书屋阅读,真正实现农家书屋的作用。

第四节　充分发挥公共图书馆激活文化活力的作用——拱墅图博综合体

一、运河文化风景线——拱墅概况

1. 富强、秀美、文化、和谐的新拱墅

坐落于京杭大运河最南端的拱墅区是杭州市的主城区之一,也是杭州市市委、市政府所在地。拱墅区东南与江干、下城接壤,西北与西湖、余杭为邻,南临西子湖,北依皋亭山,穿境而过的京杭大运河,让拱墅成为了南北水陆交通要道和繁华的商埠。

拱墅区因境内有最古老的拱宸桥和最繁华的湖墅地区而得名。现辖拱宸桥、米市巷、湖墅、小河、和睦、大关、上塘、康桥、半山、祥符 10 个街道,全区

① 应晖,罗素洁. 在农家书屋服务网络中引进志愿者服务体系的思考[J]. 图书馆研究与工作,2013(1):21 -24.

总面积87.73平方公里。截至2012年年底,有常住人口55.86万,其中户籍人口31.64万,人口以汉族为主,有少数回、满、蒙古、畲、壮、布依、朝鲜、侗、瑶、土家等少数民族。

2012年,拱墅区全区实现GDP 386.47亿元。其未来目标是要建设“富强、秀美、文化、和谐新拱墅”,充分利用拱墅自身资源,发挥全区人民的积极性和创造力,将拱墅区全面建设成“繁荣发达的现代产业强区、环境优美的生态宜居城区、底蕴深厚的运河文化名区、和谐幸福的生活品质之区”。

2. 运河文化名区

拱墅因运河而繁华,拱墅的文化更离不开运河。京杭大运河沿岸分布着众多历史遗存,近年来我国一直致力于京杭大运河申报世界文化遗产的工作,在申报预备名单中,大运河杭州段所存的“七遗珠”,其中4个属于拱墅区,分别是洋关旧址、通益公纱厂旧址、杭州拱墅运河历史街区(桥西直街、小河直街)、富义仓遗址。除此之外,历史悠久的拱墅还有众多名胜古迹,有三大历史街区(小河直街历史街区、大兜路历史街区和桥西历史街区)、五大国家级博物馆(京杭大运河博物馆、中国刀剪剑博物馆、中国伞博物馆、中国扇博物馆、杭州中国工艺美术博物馆)、水田畈遗址、半山石塘战国墓遗址、拱宸桥、香积寺石塔、湖墅八景、欢喜永宁桥、祥符桥等文物保护单位,这些都为拱墅留下了宝贵的文化遗产。

大运河养育了拱墅人,繁华了拱墅区。自1997年拱墅区政府确立了建设拱墅运河文化的工作思路以来,“建设运河文化风景线”一直是拱墅区近年来,也是未来几年的主要任务之一。除了不断加强运河两岸的商业、旅游、园林等多方面文化于一体的建设,更重要的是完善公共文化服务体系的建设,丰富人民群众文化活动的种类,促进拱墅区运河文化的繁荣。因此,拱墅区致力于打造运河文化学习长廊,建设运河文化广场,集图书馆、博物馆于一体,重视非物质文化遗产的建设,吸引了广大市民参与到运河文化的建设中来,共同打造“文化拱墅”的品牌。

二、拱墅图博综合体

1. 运河文化广场

拱墅区运河文化广场占地面积5.2万平方米,建筑面积5万平方米,是一个集商贸、旅游、文化、休闲于一体的综合性广场,拱墅区图书馆和中国京杭大运河博物馆就坐落于其中。

拱墅区图书馆

拱墅区图书馆是由拱墅区政府拨款建设的完全公益、开放的区级公共图书馆,于2007年正式开馆,是杭州市主城区首家区级图书馆。目前藏书20多万册,内容涉及政治、经济、历史、文学、艺术、社会、地理、语言、教育等方面。自开馆以来,拱墅区图书馆就不断努力完善公共图书馆服务体系的建设,目前基本形成了以拱墅区图书馆为总馆,街道图书馆为分馆、社区图书室为亚分馆的三级总分馆服务体系,并加入了杭州市“图书信息服务一证通”服务体系,实现了通借通还全覆盖。

除了满足本地居民的文化需求,拱墅区图书馆还将公共图书馆服务覆盖至新杭州人,即外来务工人员。由于拱墅区独特的地理、经济和文化环境,外来务工人员在全区人口中的比重越来越大,因此,2012年,拱墅区图书馆针对外来务工人员进行了一次问卷调查,结果显示大部分务工人员年龄在21—30岁之间,有一定的文化基础和文化需求。随后,拱墅区图书馆选取试点,开展工地图书馆的建设,为工地的工友们送去图书和光盘,内容涉及法律、经济、管理、文学等,除了定期更新资源,还争取将展览、讲座也送到工地。

2013年,在2012年5家工地图书馆的基础上,又建立了一家新的工地图书馆,并向其输送近千册图书与两台电脑,用于图书借阅、资料查询。送文化进工地的举措,受到了广大工友们的欢迎,丰富了他们的精神文化生活,更是公共图书馆基层服务网络的延伸。

拱墅区图书馆也是杭州图书馆运河文献分馆，与京杭大运河博物馆共用一幢馆舍，主要处于二楼，总面积3000平方米，分为服务大厅、借阅区、报刊阅览区、电子阅览室、少儿阅览室、报告厅等不同的功能区块，还特别在二楼东侧另辟一间运河专题文献典藏室，专门负责研究、收集与运河相关的珍贵历史文献，在当今的运河文化研究中，发挥着举足轻重的作用。

运河专题文献典藏室

中国京杭大运河博物馆于2006年10月1日正式开放，它毗邻于京杭大运河的最南端——拱宸桥，总建筑面积为10 700平方米，展区面积5500余平方米，是目前国内第一家正式开放的以运河文化为主题的大型专题博物馆。运河博物馆旨在全方位、多角度地收藏、保护、研究运河文化资料，反映和展现大运河自然风貌与历史文化。它以“运河推动历史，运河改变生活”为陈列主题，分为“大运河的开凿与变迁”“大运河的利用”“大运河(浙江段)申遗展示”和“运河文化”4个展厅，目前所收集、展出的文物和史料达上千件，充分展示了大运河在中华民族发展历程中的地位和作用。

2. 你中有我　我中有你

拱墅区图书馆和京杭大运河博物馆不论是在地理位置、收藏主题，还是文化内涵上都紧紧相连，脉脉相通。为了更好地发挥公共文化服务体系的作用，满足全区人民的文化需求，吸引更多的公众加入到运河文化的建设中来，两馆于2013年上半年，通过联合的方式，创新性地从多个角度实现了“图博综合体”的设计,即图书馆里有博物馆,博物馆里包含着图书馆,两馆相互补充,资源共享,融为一体。

(1)人才共享

两馆在领导班子成员上实现了“一个馆长,主持两馆工作,配套两个副馆长,分别负责两馆日常工作”的模式。这种模式的形成,是两馆资源调配与共享的保障与前提。同时,根据两馆的特点,实现两馆人才的通用,如财务人员通用、活动策划人员通用、安全消防人员通用、新闻报道人员通用、技术人员通用等,并且实现了两馆一个党支部、一个团支部,紧紧地将两馆人员融为一体,最大限度的发挥每个人的特长,实现人才资源的共享。例如博物馆聘任了图书馆新引进的留学归来人员做博物馆的兼职讲解员,主要负责向外国游客和贵宾讲解京杭大运河的历史及相关的文献典藏的研究。此外,还利用部分馆员的绘画专长,在两馆内特别开辟了一间画室开办“运河画院”,教小朋友画画。

(2)馆藏共享

“运河”这一主线,将两馆紧紧相连。博物馆以收藏、保护、研究运河文化资料,反映和展现大运河自然风貌与历史文化为主题;图书馆的馆藏特色也是运河文献资料。两馆的馆藏主题是统一的,博物馆的文物和各种展示都是图书馆特色馆藏的实物体现,而图书馆的文献资料不仅仅详细记录了博物馆中每一件馆藏背后的历史和文化,更重要的是体现了一种文明的传承,一种对运河文化的尊重。

(3)活动、场地、服务对象的共享

两馆人员的通用、共享,充分为活动、场地,甚至于服务对象的共享,提供便捷。如以运河为主题的“运河大讲堂”“运河少儿影评院”“运河画院”等,就是利用图书馆报告厅等场地,两馆共同策划的活动。而“吴理人运河风情画室”“笔绘运河画展”“运河申遗门券展”“京杭大运河人文休闲卡展”“京杭大运河纪念火花展”等活动,则是利用博物馆场地大的优势开展的相应活动。两馆利用各自的优势,实现了最大限度的资源共享。

(4)激活相关文化活力,实现共赢

京杭大运河博物馆的建设,自始至终都得到了拱墅区政府的重视,建成后多次接待国家和省级领导,服务群众的范围也十分广泛。2007 年,为了打造“文化名城”品牌,满足全区市民的文化需求,拱墅区政府决定利用京杭大运河博物馆二层 3000 平方米的空地,建设拱墅区图书馆,这是杭州市主城区的第一家区级公共图书馆。2007年9月28日，拱墅区图书馆正式开馆，之后每日到馆的读者数量都在刷新纪录，火爆场面出人意料。每天开馆前半小时，门前就排起了长龙，很多时候馆内300个阅览座位(包括60个少儿座位)一座难求，许多读者只能坐在楼梯台阶或者过道里阅览。从少儿到老年读者，拱墅区图书馆有一批忠实的读者，不论春夏秋冬，图书馆已经和他们的家一样，有的读者说，“一天不来，浑身不舒服”。

正是拱墅区图书馆这种出人意料的受欢迎的程度，让拱墅区政府，甚至杭州主城区其他区的政府意识到，市民的文化需求已经十分迫切，建设一个完善的、能够覆盖到基层的公共图书馆服务体系，可以给市民带来新的文化福祉。随后，其他主城区也开始考虑建设自己的公共图书馆，并不断完善总分馆体系，以满足市民的文化需求，保障市民的文化权益。拱墅区政府还决定在新的一年里另辟新址，与青少年活动中心共建图书馆新馆，相互依托，以便更好地发挥公共图书馆服务大众、支撑社会教育的作用。

拱墅区图书馆选择同博物馆或青少年活动中心共建，形成一个综合体，从另一个角度来看，这实际上是对公共图书馆总分馆体系的一种补充，特别适合像拱墅区这样位于地级市主城区的公共图书馆。由于经济比较发达，群众居住比较集中，公共图书馆服务体系基层的覆盖情况与其他区、县(市)有所不同。有些区、县(市)由于公共图书馆服务体系覆盖完善，已经出现基层图书馆流通量超过总馆的情况，因此，区、县(市)级公共图书馆建设有些需要大而全，有些也需要细而精，要根据不同的地域特征和社会需求来决定。拱墅区图书馆能够结合地方特色，依托运河博物馆，在为广大市民提供综合性图书服务的基础上，加强特色馆藏的建设，从特色馆藏的角度开展展现特色文化的活动，为有特殊需要的市民服务，更将自己与其他区、县(市)公共图书馆区别开来，形成独特的拱墅图书馆文化，是难能可贵的。

公共图书馆作为公共文化服务体系中最具有人气的场所，对其他的文化场所具有带动、激活文化活力的作用。拱墅区图书馆建成后，络绎不绝的读者不仅打响了图书馆的名声，更带动了更多的市民来到京杭大运河博物馆参观，了解运河文化；运河博物馆也不再是单纯接待游客和领导，仅仅作为一种文化名牌而存在，而是真正地服务于市民，使他们增长知识、开阔眼界。拱墅区图书馆和博物馆举办的儿童观影活动场场爆满，到了暑期，家长们也选择带着孩子走进博物馆，让小朋友们从小就接受拱墅深厚文化底蕴的熏陶。运河博物馆成为杭州市青少年学生第二课堂活动基地，不断推出适合青少年的社会活动,如“运河探索之旅”,并不断向成年人发展,让图博综合体真正成为惠及市民的公共文化设施。

相对于博物馆、美术馆等需要一定知识和艺术基础才能参观并理解的公共文化服务设施,公共图书馆只要是具有阅读能力的人就可以进入,这就决定了公共图书馆作为公共文化服务体系的主体,具有带动、激活其他公共文化服务设施文化活力的功能。只有在公共图书馆中,读者才能接触到丰富的文化资源,接受任何一个领域的初级教育,这也就是公共图书馆社会教育功能的体现。只有接受了初级的入门教育,读者才会有更进一步接受提升教育的需求,才会有意愿进入博物馆等更高层次的文化场所,来满足自己高层次的文化需求。因此,在开放、免费的公共文化服务理念的带动下,以公共图书馆为主体的公共文化服务体系综合体,能够更好地服务社会大众,发挥公共文化服务设施的教育作用,这已经成为一种共识。

第五节　携手农村学校图书室
——建德基层服务网点建设新思路

一、黄金旅游线上的璀璨明珠——建德概况

建德市地处浙江省西部,钱塘江上游,杭州—黄山黄金旅游线的中段,全市总面积2321平方公里,市府所在地距杭州市区108公里。建德是杭州通往浙西的门户,也是杭州连接金华、衢州的重要节点城市。根据杭州市新一轮市域总体规划,建德被定位为“杭州西部综合交通枢纽和区域级旅游集散中心”。

建德市下辖3个街道、12个镇、1个乡,有232个行政村、24个社区、15个居民区。截至2010年年末,全市有户籍人口51.02万人。全市有蒙古族、回族、藏族、维吾尔族、苗族、彝族、壮族、布依族、朝鲜族、满族、侗族、瑶族等32个少数民族分布。

2012年,建德市全市生产总值达到247.2亿元,比上年增长8.5%。城乡居民生活较快增长。据2012年抽样调查,城市居民人均可支配收入28 801元,比上年增长11.5%;人均消费性支出21 279元,比上年减少0.6%。农民人均纯收入13 059元,比上年增长13.2%;人均消费性支出8708元,比上年增长14.2%。

建德气候温暖湿润，适宜农作物生长，主要经济作物有茶叶、蚕桑、柑橘、严州白梨、里叶白莲、新安江牌草莓、板栗等。建德是全国茶叶重点生产县之一，是浙江省柑橘、板栗、生漆重点产区；里叶白莲洁白如玉，质地优良，为浙江省名土特产；严州白梨晶莹如雪，肉质细嫩，南宋时即为皇家贡品。

建德历史悠久，人文荟萃，山清水秀，资源丰富，素有“锦峰绣岭、文化之邦、旅游胜地”的美誉。近年来，相继获得了中国优秀旅游城市、国家卫生城市、全国绿化模范城市、国家级生态示范区、全国十大世外桃源、中国特色魅力城市200强、华东地区十大旅游休闲风情城市等称号。

二、建德市农村地区少年儿童阅读现状分析——以航头镇为例

1. 学校图书室文献资源匮乏，无法满足中小学生的阅读需求

建德是个“八山一水一分田”的山区市，经济发展水平在整个杭州地区相对较弱。由于财政收入有限，市财政在各行各业的财政投入相对不足，表现在教育行业，农村中小学图书室图书匮乏现象尤为严重。缺少了精神食粮，在校少年儿童的阅读需求无法得到满足，少年儿童的阅读现状不容乐观。下面以航头镇为例进行分析。

航头镇辖区内共有4所学校，其中2所小学，2所初级中学，每所学校都配有图书室，馆藏情况见下表：

	学生人数(名)	藏书总量(册)	人均藏书量(册)
航头镇初级中学	816	20 178	24.7
航头镇石屏中学	274	4204	15.3
航头镇中心小学	728	20 067	27.6
航头镇大店口小学	192	3052	15.9

这些图书的种类包括文学类、科技类、工具书、综合性图书等，但大多数是为了应付上级部门的检查而凑数的。在内容上主要以与课程学习相关的辅导类图书为主，而且这些图书大多是六七年前出版的，复本数多在15册以上。此外，还一些根本就不适合少年儿童阅读的图书，其中包括一些党政机关捐赠的图书，甚至不少政治理论读物。目前学校图书室的新增图书主要由建德市教育局进行统一配送，由于这部分经费相当有限，所以学校图书室的图书更新速度和数量受到严重制约。

在实际调查过程中,航头镇石屏中学校长直言不讳地讲道,由于学校图书室图书数量不足,为了防止图书丢失,很多时候学校也不敢鼓励同学们外借图书。此外,学校图书管理员都是非专业人员、兼职人员,这些人员缺乏专业的图书管理知识,图书室开放时间也具有随意性,从而在图书资源极其有限的情况下也影响了学校图书室的有效利用。

2. 乡镇公共图书馆的馆藏资源中,适合少年儿童的读物明显不足

从2010年起,建德市图书馆在杭州市“中心馆—总分馆”体系的指导下,开始探索本地区公共图书馆的总分馆体系建设,按步骤、分阶段在辖区内先后建立乡镇(街道)分馆。2012年5月,随着航头镇分馆等最后一批分馆建成开放,乡镇(街道)一级的网点布局全部完成。

由于乡镇(街道)分馆以服务成年读者为主,在图书内容选择上更倾向于成年人,多数不适合少年儿童阅读,因此也就无法引起他们的阅读兴趣。加之乡镇(街道)分馆一般面积不大,藏书不多,留给少年儿童的选择余地就更小了。

但是,目前农村真正的阅读主力军却恰恰是少年儿童。以航头镇为例,通过走访、调查发现,目前全镇常住人口基本上以妇女儿童、老弱病残和文化程度较低的农民为主。通过对这些人群进行分析,我们发现具有以下特点:第一,文化程度较低的大多是老年人。虽然他们有阅读的时间,但是基本上没有阅读的习惯,地方戏曲和棋牌类文娱活动是他们的兴趣所在。第二,农村妇女每天大部分时间忙于家务,闲暇时最主要的娱乐方式是看电视。第三,少年儿童有着强烈地阅读需求。少年儿童好奇心强,面对未知的世界脑子里总是充满了“为什么”,能给他们提供答案的渠道固然有很多,但是书本的魅力还是毋庸置疑的。在兴趣的驱动下,图书阅读对他们来说是一种乐趣。

3. 家庭经济困难,无力为孩子添置课外读物

近年来,我国农村居民人均收入增速快于城镇居民人均收入增速,但由于农村居民人均收入基数小,所以农村居民的实际人均收入远远低于城镇居民。这导致了我国农村少年儿童图书购买力长期处于低水平。虽然随着经济和文化水平的不断提高,农村的家长越来越重视对子女的教育,教育消费日益增加,但往往也是过于注重功用性。在经济承受能力有限的情况下,家长主要购买教材和与课程相关的辅导类图书,真正意义上的课外书却被家长认为是“闲书”,基本不予考虑。

以航头镇中心小学为例,通过抽样调查发现,其中有近三成学生家中藏

书低于20本,超过半数的学生家中藏书在20—50本之间。这其中,在内容方面,课外辅导书占比超过七成。可见,本地区农村少年儿童真正感兴趣的属于自己的课外读物实在是少得可怜。

三、农村学校图书室纳入公共图书馆服务体系的探索——航头镇试点

学校图书室作为农村少年儿童使用最方便的场所,有着天然的优势。为了能够切实服务好农村图书阅读的主力军,破解农村少年儿童缺乏课外读物这一瓶颈,建德市图书馆开拓公共图书馆服务思路,决定把农村学校图书室纳入到本地区公共图书馆服务体系,实现通借通还,并依托自身的专业优势,为农村学校图书室提供优质图书资源、电子化借阅改造、人员培训、业务指导、技术支持等服务。通过对在校学生、家长、老师、学校进行走访,选取6个乡镇的学校图书室进行了实地调研考察,最终选取航头镇4所中小学图书室为试点对象。

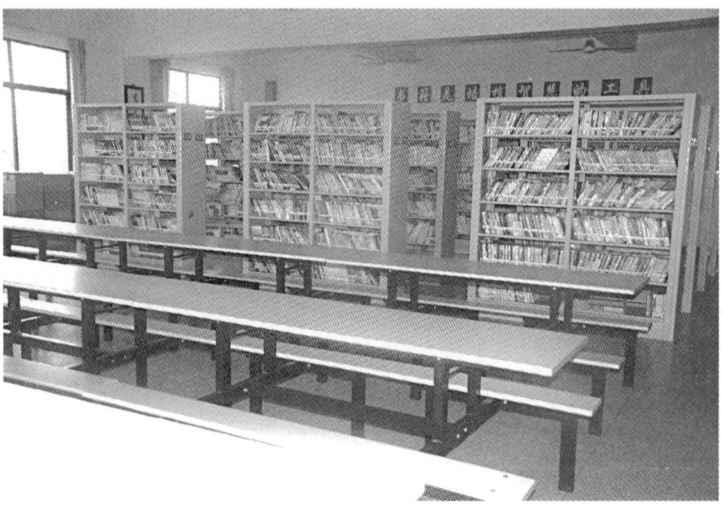

航头镇农村学校图书室

1. 学校图书室作为基层服务网点,实现通借通还

航头镇4所学校图书室纳入建德市公共图书馆体系,作为建德市公共图书馆体系的基层服务网点,实现通借通还,对于双方来说都有益处。

首先,扩大了建德市图书馆基层服务网点的覆盖范围。建德市图书馆原有的总分馆体系由市级总馆、乡镇分馆和村级农家书屋组成。把农村学校图

书室纳入本地区总分馆体系,扩大了服务网点的覆盖范围,增加了服务网点的覆盖密度,同时农村学校图书室与村级农家书屋形成优势互补,从而更好地服务农村读者。

其次,丰富了建德市图书馆总分馆体系建设的理论和实践。原有的总分馆体系建设遵循着简单的自上而下的思维模式,即按照区县市、乡镇、村逐层分级进行布点。把农村学校图书室纳入总分馆体系,突破了体制限制,实现了不同系统之间的分工合作,为后续总分馆体系建设创新突破提供借鉴经验。

再次,对于航头镇中小学生而言,实现通借通还后,可以凭借书证在杭州地区公共图书馆体系覆盖的所有网点进行图书借还,极大地拓宽了图书资源可利用的空间。对于航头镇 4 所学校图书室而言,图书可以在本地区各学校图书室之间自由流动,促进本地区学校图书室图书资源共享,同时有利于提升本校图书室图书资源的使用效率。

2. 优化资源配置,改善馆藏结构

农村学校图书室由于经费原因,严重缺乏图书资源。此次作为试点的航头镇 4 所中小学图书室则可以免费获得建德市图书馆投入的图书资源。建德市图书馆向航头镇 4 所中小学图书室首次提供图书的数量为 3.5 万册,其中两所中学图书室各 1 万册,两所小学图书室分别为 1 万册和 0.5 万册。

图书资源的质量直接影响少儿读者的阅读兴趣,为了保证提供的图书为适合少年儿童阅读的优质图书资源,考虑到初次投入的图书数量较大,建德市图书馆借助杭州地区公共图书馆服务体系的力量,特向中心馆杭州图书馆提出申请,请求调拨相关图书文献予以支持。图书投放到位后,学校图书室的藏书结构得到优化,在图书内容、数量、质量以及新旧程度上都有很大的改观。

需要说明的是,此次投入的图书不是简单的捐赠,学校图书馆仅仅获得了图书的使用权,因此资产所有权归属不存在变更问题。这样的做的好处是不存在资产流失,有利于长期持续地进行合作。在首次帮助航头镇 4 所中小学图书室补充图书后,建德市图书馆还将定期为这 4 所中小学图书馆更新图书内容,从而为学校图书室注入新鲜血液,同时解决了合作的可持续发展问题。

3. 提升学校图书室服务水平与管理水平

航头镇 4 所中小学图书室被纳入建德市图书馆总分馆体系的举措,极大地提升了学校图书室的服务水平和管理水平,具体表现在以下几个方面。

首先,有助于提升农村学校图书室管理员的业务水平。在被纳入建德市图书馆总分馆体系之后,航头镇中小学图书室可免费享受由建德市图书馆总馆,甚至杭州图书馆提供的业务培训和业务辅导。经过专业培训的中小学图书室管理员必将在图书分类、整理、查询、阅读推广、读者活动等业务技能方面得到提升,从而为中小学生提供更为专业的服务。

其次,有助于提高农村学校图书室的服务效率。目前航头镇 4 所中小学图书室仍然采用传统的手写式借还登记方式,这种方式严重影响到借还手续办理的效率,同时也不方便管理人员快速掌握图书借还情况。在试点期间,建德市图书馆会帮助航头镇中小学图书室进行电子化管理系统改造,帮助学校图书室安装电子化系统软件,并配备相关硬件设备。由于借还、查询一体化,新的系统将有助于中小学图书室管理员方便、快捷地掌握本校乃至本地区图书的借还情况。同时,新系统的使用也方便管理员对新采购图书进行加工处理。

再次,有助于提升农村学校图书室的管理水平。作为试点的航头镇 4 所中小学校图书室,将参照《建德市图书馆乡镇(街道)分馆考核办法》进行管理,这将有效地规范学校图书室的开放行为,避免了业务工作的随意性。

四、实现普遍均等的图书信息服务

1. 让农村孩子阅读到好书、新书

少年儿童时期是人生成长的关键时期,也是阅读的黄金时期。这个时期,大脑正在发育,所以阅读越充分,对后天思维的发育、智慧的开启越有益处。阅读积极向上的具有审美价值的书籍,对于少年儿童人格的养成、情感的熏陶、心灵的塑造、视野的开阔都有关键意义。

但是,要想让孩子多读书、读好书,就必须有充足的图书来源。目前农村少年儿童课外读物的严重缺乏成为制约他们阅读的主要因素。让农村少年儿童能像城里孩子一样有好书读、有新书读,是此次建德市图书馆携手农村学校图书室最直接的目标。借助公共图书馆图书资源的优势,改善农村学校图书室图书陈旧、内容不适合学生阅读以及学生缺乏阅读兴趣等现状,为农村中小学生提供适合他们阅读的好书、新书,从而为他们创造良好的阅读氛围,满足他们的阅读需求。

2. 培养农村孩子的阅读习惯

由于农村少年儿童长期缺乏课外读物,大部分孩子没有养成良好的阅读习惯。因此,培养农村少年儿童的阅读习惯也是此次建德图书馆携手农村学校图书室的基本目标之一。

要实现这一目标,必须做好以下几个方面。首先,提供农村少年儿童感兴趣的图书。这一任务由建德市图书馆来完成。“几乎所有的习惯,都开始于兴趣。”只有少年儿童感兴趣的图书,才能吸引他们去阅读,并且容易在内心打开情感的闸门,使他们在阅读过程中体会到阅读的快乐。其次,有计划、有目的地开展形式多样的阅读推广活动。这一任务主要由学校图书室管理员负责完成,建德市图书馆可以予以协助。学校图书室可以确定读书主题,定期举办阅读活动。朗诵、演讲、讲故事比赛,或举办读书报告会,交流读书所得所想,或举办展示会,展示课外阅读成果,或开展读书征文活动等,各项活动均可设立奖项,并张榜公布。在有趣、丰富的活动中,让学生体会到课外阅读的乐趣,养成自主阅读的好习惯。

3. 关注农村孩子的教育公平问题

教育公平是指每个社会成员在享受公共教育资源的时候能够受到公正和平等的对待。但是,教育公平只是一个相对的概念,并不等于绝对的平均。在现实中,地区差异、城乡差异严重影响我国的教育公平。

关注农村孩子的教育公平问题也是此次建德图书馆携手农村图书室的基本目标之一。当然,建德图书馆的关注焦点主要在学校图书室的图书资源配置和人员管理方面。在目前建德市农村学校图书室普遍缺乏图书资源,缺少专业管理人员的情况下,建德市图书馆主动帮助学校图书室配置优质图书资源,并对图书室管理人员进行专业的培训,从而在整体上提升学校图书室的服务水平和服务能力,客观上也为解决本地区城乡教育公平问题贡献出自己的一份力量。

第五章 专业和主题分馆:服务体系的多元化、专业化、个性化发展

第一节 作为服务体系组成部分的主题分馆和专业分馆

当今的公共图书馆,面临着社会转型和科技进步的挑战,必须适时调整和准确定位,方能适应社会、满足公众日益增长的文化需求。杭州图书馆近年来的所有努力,正是抓住了社会发展、文化繁荣、人类进步之所需,因此,走出了一条公共图书馆可持续发展的道路。

杭州图书馆以“免费、平等、无障碍”为理念,努力降低门槛,向社会公众提供丰富、便捷的阅读资源和温馨、开放、舒适的阅读环境。为了实现覆盖城乡、全民共享的文献保障体系,杭州图书馆以“图书信息服务一证通”工程为基础,构建以“中心馆—总分馆”为模式的全市公共图书馆四级服务网络体系。在“中心馆—总分馆”的实践过程中,一个内容丰富多元、网点布局合理、文献通借通还、资源共建共享、服务高效便捷的城乡一体的公共图书馆文化服务体系已基本建成,公共图书馆服务也已遍及杭州全境。

杭州图书馆四级服务网络体系中的各层级图书馆,由于服务对象、服务内容、服务方式的同质性需求,使以满足这些需求为目标的各层级图书馆建设,只能采取综合性图书馆的形态。中心馆、总馆、分馆之间大约只有馆藏规模的区别,彼此间特色不明显,难以满足社会公众多元化、专业化、个性化的阅读需求,而多元化、专业化、个性化从某种意义上说,又是当今公共图书馆活力的最佳表现形态。

有鉴于此,长期以来一直追求最大限度满足公众需求、提升图书馆服务水准和服务质量的杭州图书馆的领导们敏锐地意识到,仅仅依靠“中心馆—总分馆”的四级网络服务体系只能满足公众的一般性需求,距离政府、社会和公众对杭州图书馆的期许、距离建设一个完全现代意义上的公共图书馆,尚有很大差距和努力空间。在经过充分思考、论证的基础上,为了进一步充实、完善杭州市的公共图书馆服务体系,提升服务的专业性和多元化,结合杭州

的地方文化特色和市民需求的迫切程度,以主题强化的形式,依靠政府支持和社会力量,陆续建成了极具杭州文化特色的音乐分馆、佛学分馆、棋院分馆、印学分馆、盲文分馆、生活主题分馆、科技主题分馆、杭州少儿图书馆的8个主题分馆。在遍布全市的"中心馆—总分馆"四级网络服务体系提供基础信息服务的基础之上,使综合性的中心馆、总馆、分馆与专业分馆均衡发展,强化特色服务,以此来唤醒、挖掘和满足公众多元化、个性化、专业化的文化需求。

主题分馆和专业分馆是通过特定领域(某一领域或数个领域)的专藏和服务来满足人们对专类知识和信息的需求的图书馆①。主题分馆和专业分馆的建设,体现了城市图书馆公共文化服务体系建设普及基础上的提高,提高引领下的普及;体现了图书馆事业发展中以人为本的服务理念;体现了图书馆服务个性化、多样化、专业化的发展趋势;体现了城市文化记忆的积淀、整合、催发;体现了公共图书馆公益性知识服务体系的创新,已经并将在图书馆事业的发展中不断体现出其生命力、创造力和服务力②。

杭州图书馆主题分馆和专业分馆从读者需求出发,以特色馆藏为基础,辅以丰富多彩的主题活动,结合杭州地方文化特色,立足平等服务、贴近大众,关心弱势群体,充分发挥公共文化服务大众的功能。现有的8个分馆各具特色,主题文献相对集中,专业服务贴心惬意。各主题分馆依托杭州图书馆及其公共图书馆服务体系的资源与服务优势,可以迅速调集散落在杭州各处以及国内的各类资源,开展较大规模、主题明确的品牌活动。极大地丰富了杭州市民的文化生活和精神世界,提升了社会公众的价值品位与专业素养,展示了杭州文化的多元姿态。

现已建成的8个主题分馆的管理模式也呈现出多元化的特征,从管理体制的角度来看,大致有4种类型:直属、委托、共建和共管。音乐分馆、佛学分馆和生活主题分馆属于杭州图书馆直属类型,人、财、物均由杭州图书馆统一管理;棋院分馆、盲文分馆和印学分馆属于共建类型,依分馆的性质不一样,双方共建投入的内容与范围也不完全一致;科技主题分馆属于委托管理模式,由杭州市科技工作者服务中心委托杭州图书馆所建,杭州图书馆负责日常运行,杭州市科技工作者服务中心参与建设管理、提供后勤服务;杭州少儿图书馆与杭州图书馆属于共管模式,两个实体,一个馆长,实行人、财、物的资源共享与共管。

---

①② 王世伟. 主题图书馆述略[J]. 山东图书馆学刊,2009(8):36 - 38.

第二节　多元化、专业化、个性化的主题分馆和专业分馆

一、音乐分馆——用音乐打开“悦”之门

2008年9月30日,位于钱江新城杭州图书馆二楼的杭州图书馆音乐分馆正式对公众开放。音乐分馆作为杭州图书馆重要的主题分馆之一,形成了普及、提高杭州市民的音乐素养与鉴赏能力,丰富市民的精神生活,提升读者对于高雅艺术的欣赏水平,提升整个城市的文化品位的办馆宗旨。音乐分馆依托丰富的馆藏、一流的设备和专业的工作人员,精心为公众打造最舒适的音乐空间。

贝多芬曾说过:“音乐是比一切智慧、一切哲学更高的启示。领悟音乐的人,能找到超脱世俗的快乐。”音乐不需要话语和文字,是最好的情绪倾泻、美好的音乐能突破语言和文化的障碍,让人们产生无限的共鸣。作为全国少数音乐主题图书馆之一,音乐分馆不仅硬件条件领先于国内平均水平,还定期收集优质音乐类文献,拥有丰富的音乐主题图书、期刊和影像资料。

在为所有读者免费提供阅读、试听、音乐制作、音乐研究等基础服务之外,音乐分馆还定期开展音乐赏析、讲座、音乐会、音乐沙龙等形式多样的活动。邀请音乐院校老师、资深音乐人、音响器材玩家等为音乐发烧友、音乐爱好者开展音乐知识的普及讲座、唱片鉴赏和音响器材点评等活动,为他们搭建学习音乐知识、互通专业信息和情感交流的平台,共享对音乐的热爱和理解。由此形成了音乐图书馆的系列品牌服务——“总有一种声音打动你”。

2009年1月1日,“总有一种声音打动你”首场活动——“打动之旅”开启。活动的成功举办和良好的市民反应,坚定了音乐分馆工作人员陪伴市民踏上音乐之旅的信心。音乐分馆对“总有一种声音打动你”品牌形象进行了精心包装,设计了品牌LOGO。在活动策划中,以“通俗音乐经典化、古典音乐流行化、民族音乐国际化”为原则,提出了“让音乐的声音畅响杭城”的口号,通过“音乐普及知识小讲座”“音乐沙龙”“音乐鉴赏会”三大系列活动,将品牌活动延伸到市民中去,让市民有机会和高雅音乐零距离接触。

“总有一种声音打动你”品牌活动启动之初,就是意图通过音乐赏析,为那些渴望欣赏音乐而又不得要领的人们提供一个叩响音乐之门的机会,为一些对音乐学科一无所知、充满好奇的公众传授最基础的音乐知识。随着基础活动的推广,人们音乐欣赏水平日渐提高,音乐馆员工根据不同群体的不同

需求，差异性地将品牌活动区分为三个层次：

（1）音乐普及。主要通过音乐基础的识谱、音乐分解及各种音乐类型风格的欣赏与认识，达到音乐普及的目的。

（2）音乐讲演。主要通过观众亲临多功能报告厅或图书馆小广场欣赏乐队现场演奏，体验各种音乐风格的演绎，聆听资深讲解员的讲解，达到提高市民音乐修养及综合素质的目的。

（3）音乐沙龙。主要为音乐爱好者提供一个相互交流沟通的平台，并邀请知名音乐人、音乐界教授、音乐 DJ 等与大家近距离接触，努力打造一个属于音乐人的自由天堂。

为了能让更多的公众感受到音乐的魅力，促进“总有一种声音打动你”的品牌宣传，音乐分馆的工作人员还主动走出大门，将音乐的魅力传至四方。2011 年以“非物质文化遗产保护大课堂——昆曲艺术”的主体，音乐分馆与浙江昆曲团精诚合作，并进一步联合民间昆曲力量，推出“昆曲保护大课堂”活动，走进富阳、建德、淳安等区、县（市）小学和社区，通过表演加解说的方式，普及昆曲艺术，让昆曲的根再次深深扎进民间。音乐分馆积极推出“流行歌曲大家唱”等系列广场纳凉晚会，“随意化、群众化、亲民化”地呈现出“原生态”的演出方式，打造了一个钱塘江畔的市民音乐角，以市民自娱自乐、自愿参加的形式，给热爱音乐、喜欢音乐的市民提供了一个展示自我、唱响音乐、享受生活的舞台，也为外地游客、外来务工者等打开了一扇用音乐增进了解、用音乐感受杭州品质和幸福的窗口。

杭州图书馆音乐分馆

此外，在坚持为普通读者服务的同时，音乐分馆还注重服务功能延伸，推出个性化和人性化的服务。2011 年被杭州市残疾人联合会和第八届全国残运会杭州市筹委会办公室联合授予首批“杭州市残疾人无障碍试听体验基地”，音乐分馆充分发挥公共图书馆的作用，利用先进的视听设备为残疾朋友举办了 20 多场视听服务活动。依托音乐图书馆所拥有的丰富的影视音像资料，工作人员还深入各级残联，残疾人托安养机构、康复中心、特教学校、街道（社区）残疾人服务站等残疾人福利机构开展“爱心观影”活动，提升了残障朋友的生活品质，为其提供了一个沟通、交流的空间。

音乐可以承载记忆和情绪，音乐可以触及人们的心灵，有音乐陪伴的生活，会变得更加有声有色、丰富多彩。音乐分馆为读者打开了心灵的一扇窗，拨动了读者心中的那根弦。“听，就是享受音乐、音乐能让我在孤独寂寞中更加成熟”；“音乐让我沉静在自由国度中”；“音乐让我有了梦想、音乐让我生活得更加美丽”。这些都是公众在参加完音乐图书馆组织活动后的感言。杭州图书馆音乐分馆带着读者殷切的期望，在今后的音乐服务之旅中，将不断创新服务理念，深化服务层次，拓宽服务领域，以服务创品牌，以品牌带服务。

表 5－1　音乐分馆 2013 年 1—8 月品牌活动一览

活动类型	活动主题
音乐	歌剧与红酒
	百老汇四大音乐剧欣赏之《悲惨世界》
	百老汇歌舞剧赏析之《芝加哥》
	百老汇歌舞剧欣赏季之《妈妈咪呀》
	百老汇四大音乐剧欣赏季之《猫》
	百老汇经典歌舞剧欣赏季之 *WICKED*
	百老汇音乐剧欣赏季之 *In The Height*
	百老汇音乐剧欣赏季之《拜访森林》
	百老汇音乐剧欣赏季之《合唱队》
	浪漫民族乐派专题之阿尔贝尼兹作品导析
	浪漫民族乐派专题之西贝柳斯作品导析
	浪漫民族乐派专题之穆索尔斯基作品导析
	舞剧《胡桃夹子》赏析
	“总有一种声音打动你”琴润书香 2013 中国杭州古琴新年音乐会

续表

活动类型	活动主题
	听遍中国
	维也纳新年音乐会
	后浪漫主义专题之古斯塔夫·马勒作品导析
	后浪漫主义专题之格拉祖诺夫
	后浪漫主义专题之拉赫玛尼诺夫作品导析
	后浪漫主义专题之福莱作品导析
	后浪漫主义专题之爱德华·埃尔加作品导析
	贝多芬第6交响曲,卡拉扬与柏林爱乐
	喜歌剧《唐·帕斯夸勒》戏剧分析
	舞剧《睡美人》欣赏
	《听音寻路——寻回消失中的根源》谭盾·地图
	2013唱响杭城　夏日流行音乐风广场系列活动
	新古典主义音乐专题之卡塞拉作品导析
	新古典主义音乐专题之欣德米特作品导析
	新古典主义音乐专题之普朗克作品导析
	林忆莲音乐会欣赏
	中国交响世纪之经典民谣赏析
	男声组合——八只眼歌曲赏析
	“向已故音乐大师致敬——迈克尔·杰克逊”音乐欣赏赏析
	“总有一种声音打动你”西湖读书节之“广场流行大家唱”
	“总有一种声音打动你”送音乐进社区
	莫扎特第41交响曲,卡拉扬与纽约爱乐
	德沃夏克大提琴协奏曲赏析——杜普蕾
	埃尔加大提琴协奏曲赏析——杜普蕾
	20世纪民族主义乐派专题之波兰作品导析
	20世纪民族主义乐派专题之匈牙利作品导析
	20世纪民族主义乐派专题之席曼诺夫斯基作品导析
	20世纪民族主义乐派专题之巴托克作品导析

续表

活动类型	活动主题
	20世纪民族主义乐派专题之法利亚作品导析
	背后的故事之郎朗
	百老汇音乐剧
	音乐电影 *This is it*
讲座	歌唱的艺术
观影	2013春节联欢晚会

二、佛学分馆——白云深处品禅味

寺院藏书在杭州有悠久的历史，远离世间尘嚣的寺院，通常都建有藏经楼，在系统收藏佛学典籍的同时，兼藏一些其他宗教和世俗类图书，包括一些著名文人的文集，其中清朝中叶在杭州出现的“灵隐书藏”就是其中的代表。然天不遂人愿，据清末藏书家丁丙《焦山藏书记》载：“清咸丰十一年（1861），杭州再陷，文澜阁书摧毁六七，而‘灵隐书藏’亦随龙象俱灰。”①

虽然“灵隐书藏”不再，但杭州的佛教藏书文化并未消逝，并呈现出多种形态。坐落于西湖景区天竺路317号的杭州图书馆佛学分馆即是其中非常有特色的一个，它融通了1600余年东南佛国的人文传统，秉承“平等、免费、无障碍”的杭州图书馆理念，是公共图书馆专题收藏、集中展示、提供服务的一种新的形式。占地400余平方米的佛学分馆，与灵隐寺、法喜寺、法静寺等诸多佛教名胜毗邻，旁有流虹溪蜿蜒而过，犹如一个清幽院落，以木结构屋顶配置木质家具，有着东方的拙朴韵味，自然精妙，远播书香。馆藏图书约7000余册，涵盖佛教经典、学术文集、佛教艺术、禅茶、素食等，可以满足不同读者群体对佛教文化相关图书资料的需求。佛学分馆传播多元文化，倡导禅意生活。曾有法师咏佛学分馆：“天竺山房金经藏，流虹桥畔妙莲香。雷音狮吼惊醉梦，东南佛国美名扬。”

佛学分馆2012年5月试开放，9月正式开放，被众多网友盛赞为“最美读书地”。在天竺的山岚云影之中，在蜿蜒的上香古道之前，佛学分馆开门迎接

① 李希泌，张椒华．中国古代藏书与近代图书馆史料（春秋至五四前后）[M]．中华书局，1982：84.

杭州图书馆佛学分馆

众多热爱阅读、对佛教文化心生向往的公众和游客。其所藏图书分为外借和馆内阅读两部分,通过书上的颜色标签即可区分,橙红色可供借阅,蓝色的则供阅览。

在佛学分馆,读者不仅可以阅读、品茶,还可以参加图书馆不定期举办的各类沙龙活动、展览与讲座。“天竺书香”便是佛学分馆品牌活动。“天竺”乃印度之旧译,东晋慧理法师开山灵隐,见飞来之峰,曰:“此乃中天竺国灵鹫山之小岭,何年飞来此地耶?”此后,山称“天竺”,峰号“飞来”。自飞来峰往南,依天竺山,循路而进,沿溪流而上,分别坐落着法镜寺、法净寺、法喜寺三座寺庙,又称为下天竺、中天竺和上天竺。“书香”源自为防虫蛀而用芸香草对图书的保藏,引申为读书人对书的嗜好之情,甚至有“花香何及书香远”之说。佛学分馆既是藏书之所,也是书香弥漫之地,加之其坐落于花香、佛香缥缈之地。“天竺书香”寓上述诸意于一体,既指其场所——位于上、中、下三天竺之地,也指其实质——藏书之所,更指其内涵——充盈佛教意蕴。清静心灵是“天竺书香”活动的重要主旨,无论是书画沙龙还是佛学系列讲座,佛学分馆都希望与读者分享书画技巧、文化知识,以期读者能体会到心灵的安宁,并在此基础上,向社会传递佛学知识、中国传统文化及智慧、经验、礼仪等。

“天竺书香”涵盖了沙龙、讲座、小型展览等各种形式的读者活动,其主讲人、主持人和召集人来自社会各个层面,有本馆员工、高校教授,还有寺院法师等,形式有书画沙龙,“一期一会”之佛学分馆禅茶会等,讲座有浙江大学张家成教授的“东南佛国系列”、中国计量学院人文社科学院院长邱高兴教授的“家训文化系列之《了凡四训》解读”、天钟禅院道法法师的“心病还需心药医之佛教心理学漫谈”、浙江大学李杰教授的“佛文化电影探讨”等，开启了佛学分馆与读者分享佛学、哲学与生活禅意之旅。

古语云“佛法在世间，于世出世间”，当今社会，“佛法在世间”就是“佛法在都市”。佛教不仅是宗教，还是文化，佛教在杭城，更是杭州城市文化不可分割的一部分。佛学分馆的建立，就是希望可以经由这一载体，体现杭城丰厚的文化底蕴，传播杭城文化，逐渐将佛学文化和城市文化融合，汲取佛学文化对城市文化发展和城市居民生活的积极影响。

佛学分馆可以被认为是集天地灵气、书香气和人文气为一体的“第三文化空间”，读者既可以利用自己的学习和热忱服务于大众，更可以在此得到心灵的片刻宁静，还可以了解更多的佛学知识和中国传统文化。古老的佛教文化通过佛学分馆得以传播，“天竺书香”赋予了传统文化以时代内涵，在禅意诗性中，丰厚的杭州城市文化底蕴和地方文化得以传承。通过一本本图书、一场场讲座、一次次展览，佛学分馆从一个个别开生面的角度，为读者解读杭州，促进了民间信仰的理性化，提高了杭州特有文化的品位。

表 5－2　佛学分馆 2013 年 1—8 月品牌活动一览

活动类型	活动名称
沙龙	天竺书香——佛学分馆禅茶会
	天竺书香——佛学分馆书画沙龙（篆刻专场）
	天竺书香——佛学分馆书画沙龙（书法专场）
	天竺书香——心病还需心药医（佛教心理学漫谈）
	天竺书香——家训文化系列之《了凡四训》解读
	天竺书香——佛学分馆书画沙龙
	天竺书香——佛学禅修学习交流沙龙
	天竺书香——中华经典诵读会
	天竺书香——东南佛国系列
	天竺书香——佛学交流沙龙
书法展	云起时——静隐庐主徐戎“欢喜与想念书法大展开幕式”
书展	天竺书香——弘一法师主题书展

三、生活主题分馆——生活的艺术、艺术的生活

杭州图书馆生活主题分馆的前身为坐落于浣纱路的杭州图书馆老馆。2008 年 9 月,杭州图书馆钱江新城新馆建成后,老馆一直作为综合性分馆为市民提供服务。2011 年,在杭州市委、市政府的大力支持下,杭州图书馆对原馆舍进行装修改造。2012 年 7 月 7 日,修葺一新的杭州图书馆老馆以“生活主题分馆”的定位,重新面向杭州市民开放。作为“杭州城市生活文化互动交流体验中心”的生活主题分馆,总建筑面积 5228 平方米。一楼是社会科学、考试用书借阅区;二楼为报刊、音像资料借阅区;三楼设有自然科学、生活主题借阅区;四楼是文史艺术借阅专区,少儿借阅区会在不久之后对外开放。

林语堂在《生活的艺术》一书中写到:“我们不去追求完美的理想,不去寻找那势不可得的事物……最重要的问题是怎样去调整我们的人生,使我们得以和平地工作,旷达地忍耐,幸福地生活。”在全社会经济水平和生活质量飞速提升的今天,社会公众的精神需求也需要随之提升。处于转型期的公共图书馆,理应顺应时代要求和公众需求,为他们提供多元化的高品质服务。

“生活的艺术,艺术的生活”是生活主题分馆在为市民生活、休闲服务的过程中探索、提炼出的办馆口号,“生活的艺术”的提出,源于精神层面,旨在告诉公众应该如何更好地、游刃有余地生活,让丰富的人生经验充实精神的内涵,让生活变得更加有意义。“艺术的生活”则可解读为用“艺术”包装生活。此处的“艺术”并不是普通意义上的艺术,无关乎高雅,而是城市人们追求精致、健康、时尚的生活方式和生活态度,追求高品质的生活水平,追求对美好事物的关注。

立足于杭州城市生活的生活主题分馆,想市民之所想,不仅为杭州市民和游客提供有关生活、美等与品质生活有关的图书、刊物、报纸和音像制品,还定期举办“生活的艺术,艺术的生活”系列活动,以此来展现东方生活品质之城的具体形态和生活知识技能,使读者在参与的活动中感受、理解并认同时尚、健康、精致品质生活的理念和内涵,在活动体验中获得生活知识技能,得到精神愉悦,提升休闲文化品位和生活幸福感。围绕这一主体,生活主题分馆开展了诸如味蕾碰撞美食、“时光之旅”摄影活动、红酒品鉴、悦尚摄影、“花艺那些事儿”等主题活动。

此外,咏秋社京剧活动也是生活主题分馆深入读者内心、为读者深为认可的另一项重要活动。每年一次的京剧大型演出,是生活主题分馆传播传统

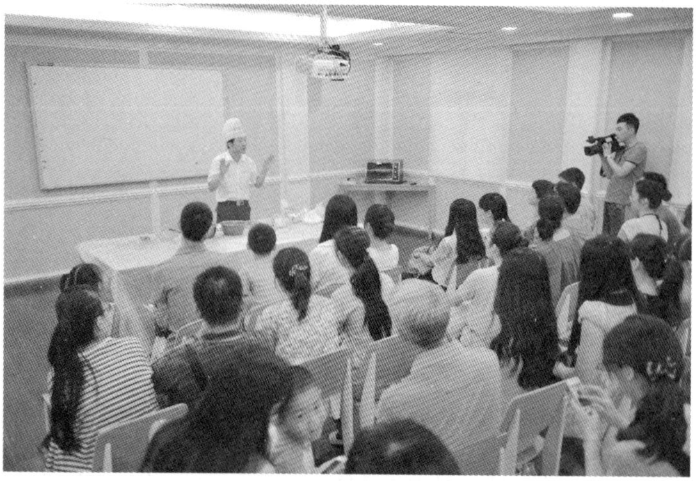

杭州图书馆城市生活分馆

文化及京剧艺术文化的重要手段。2013 年，生活主题分馆走出图书馆，走进高校，以“揭开京剧后台神秘面纱”为主题的京剧舞美讲座，揭开了京剧服装、化妆的神秘面纱，利用“民族风”“戏曲风”的时尚元素，吸引了在校大学生对京剧的不同层次的美产生兴趣，从而喜欢上京剧。

生活主题分馆的每一本图书、每一项活动，都是为了唤起城市居民对于生活的热忱。生活是什么？怎样面对生活才会快乐？生活中的美在哪里？人们对于生活的理解更加透彻，幸福的生活在生活主题分馆与读者携手共进的道路上也越走越宽。

表 5－3　生活主题分馆 2013 年 1—8 月品牌活动一览

活动类型	活动名称
摄影展	“时光之旅”摄影展（杭州图书馆及所属区县及各主题分馆 2011—2013 年历史变迁摄影作品展示）
摄影	时光之旅老年摄影队生活主题分馆拍摄活动
	时光之旅老年摄影队系列作品点评会——7、8 月皇城寻踪系列
	悦尚摄影研习社创意摄影体验活动
	浣纱分馆悦尚摄影研习社外拍活动
	摄影让生活更有“质感”——人像摄影讲座

续表

活动类型	活动名称
摄影交流	浣纱分馆悦尚摄影技巧交流会
	悦尚人像摄影交流会
	摄影达人技能巧支招——浣纱悦尚摄影研习社摄影技巧交流会
	“时光之旅”摄影作品点评会(皇城寻踪系列作品点评)
摄影分享会	悦尚摄影研习社分享旅行摄影的乐趣、介绍旅行前器材的准备,旅行中的摄影秘诀等
	悦尚摄影研习社人像作品分享会
	行摄路上的故事——亚欧行摄之旅分享会
少儿	小鬼宅家:用微波炉做菜系列之牛奶泡饭
	小鬼宅家:管理自己　分类归纳
	小鬼宅家:杨微波炉做菜系列之粽叶排骨
	小鬼宅家:环保生活、垃圾处理系列
	小鬼宅家:夏日饮品之西瓜奶昔
体验活动	“舌尖之旅”美食体验活动系列之三明治
	“舌尖之旅”美食体验活动抹茶蛋糕
	“舌尖之旅”美食系列体验活动之二——纸杯蛋糕
	“舌尖之旅”美食体验活动水果塔
	“拼出绚烂生活”系列体验活动布艺篇——SHOW 出你的成果
	“拼出绚烂生活”系列体验活动布艺篇之可爱碎花零钱包
	“拼出绚烂生活”系列体验活动黏土篇之生活小摆件
	“拼出绚烂生活”手工布艺系列体验活动之一马卡龙零钱包
	红酒品鉴体验活动——盲品体验
	园艺系列体验活动——多肉植物篇之生石花
	“鱼”乐生活系列体验活动
讲座	“听医生讲故事”系列活动
旅行分享会	梦之旅——肯尼亚野生动物摄影体验分享会

续表

活动类型	活动名称
生活主题分馆试开放活动	观赏鱼系列活动之鱼类放生
	美食体验系列之烘焙篇
	儿童活动之立体模型手工制作篇
	园艺系列之多肉植物篇——初识多肉
	咏秋社之体验京剧
	时光之旅作品展
	摄影系列之婚纱拍摄现场体验
沙龙	玩转 PS
	浣纱分馆手绘思维导图分享活动
	悦尚摄影研习社作品分享会
	悦尚摄影研习社摄影交流会
京剧	咏秋社京剧俱乐部
讲座	闪光灯，教你玩高阶的！——浣纱分馆悦尚摄影研习社技巧交流会
音乐	歌剧与红酒

四、棋院分馆——从容谈兵、坐看钱潮

围棋在我国历史悠久、源远流长，经过千年积淀，早已成为中国传统文化的重要组成部分，更是中华哲学思想的重要表达。正所谓“黑白演绎如世事，纹枰对弈悟人生”，自古以来就有“世事如棋”“棋如人生”的说法。

坐落于钱塘江畔天元大厦的杭州图书馆棋院分馆，由杭州图书馆和中国棋院杭州分院共同建设，杭州图书馆提供文献信息资源，派遣管理人员、场地和设备，维护由中国棋院杭州分院负责。

方的棋盘、圆的棋子寓意天圆地方，纵横 19 条线连起 361 个交叉点。棋院分馆的内部装修和装饰，无不体现出天圆地方的文化涵义。入口处即是一座棋盘，水源在棋盘上方生生不息，顶部的圆形灯饰与其巧妙呼应，相得益彰。周边的墙面由素雅的浮雕组成，写满了生动的围棋历史，古香古色而又韵味十足。一进棋院分馆的木格门，便是 180 度全幅一线江景。棋界名宿金光熠熠的签名，以折扇的形式呈现在读者眼前。

杭州图书馆棋院分馆

在棋院分馆200平方米的空间内,馆舍在布局和风格上都可谓是匠心独运,线条明快的博弈区,古典雅致的书画区,功能划分紧凑、融合。棋院分馆目前所藏专业棋类图书已逾4000册,期刊、报纸30余种,内容涵盖广泛,部分书籍是直接从日本、韩国等国家采购的原版图书。穿过书架,在一间中式的内屋深处,屋子中央放着一张习字的长桌,笔、墨、纸、砚一应俱全,两旁的博古架上,陈列着数百种围棋古籍和私家棋类珍贵文献,供读者查阅。

棋手、作家赵之云与夫人许宛云合著的《围棋词典》是当今围棋界最系统的资料之一。赵之云生前酷爱围棋事业,留下不少珍贵的文献资料和围棋文物,许宛云将赵先生生前所藏悉数捐赠给棋院分馆。现今读者在博古架上,还可以欣赏到赵之云、许宛云夫妇所藏图书和文物。

徜徉在棋院分馆专业图书的海洋之中,读者可以全面系统地了解围棋的起源、发展现状。尽管围棋类图书相对小众,全国每年出版的新书种类也不过200余种,但棋院分馆尽可能地多方搜集,方便读者查阅。此外,围棋信息库是棋院分馆颇具特色的自建数据库,内容包括围棋讲座视频47个,PDF格式讲座、棋谱44个,供读者在线学习,提高棋艺。

围棋将科学、艺术和竞技融为一体,可以发展智力、开启心智、纯洁性情、培养意志。除去棋院分馆馆藏文献的吸引力外,为大众提供切磋交流的场所也使它成为读者喜爱的服务平台,更多的读者来此是为了和棋友对弈、交流。打开临江的窗户,和三两棋友听着远处潮水的低吟,慢慢思索着下一步的棋局,内心宁静、思维活跃。棋院分馆组织了中国围棋图书馆(杭州图书馆棋院分馆)棋友社,现有社友27名,各位社员在网络上切磋、交流,互相促进棋艺。未来棋院分馆还将组织社员面对面交流、对弈。

前来棋院分馆阅读、交流、博弈的读者,在图书馆流连忘返之外,还可以参观天元大厦。这座34层的建筑,每一层都与棋文化息息相关,每一层都有一个主题:棋韵、棋境、棋事、棋情、棋思、棋道、棋美……目光所及之处,都能与棋文化邂逅。

著名作家金庸曾比喻围棋为“头脑体操”，他说下棋有五得：得好友、得人合、得教训、得心悟、得大寿。以“推动围棋事业和其他棋牌事业的发展，大力普及棋文化”为工作指导方针的棋院分馆，是棋友休闲、博弈、交流的好去处，更是围棋文化推广的载体。在未来的工作中，棋院分馆会将“棋”中浓缩提炼出的艺术符号，渗透入各个空间，以更多元化的活动形式呈现出围棋文化的光彩。

五、印学分馆——印学文化惠杭城

杭州有“三西”：西湖、西溪湿地、西泠印社。坐落于西湖景区孤山西麓的西泠印社创立于清光绪三十年(1904)，是我国现存历史最悠久的文人社团之一，今日的西泠印社，秉承了“保存金石、研究印学、兼及书画”之宗旨，融合书、画、印于一体，有“天下第一社”的美称。

在源远流长的中国文化中，印章与笔墨纸砚共同营造出了文人书房的雅致情调，并和琴棋书画一起养成中国文人的儒雅气质。借助西泠印社得天独厚的资源优势，国内第一家印学图书馆——杭州图书馆印学分馆于2006年4月24日成立，最初的馆藏来自“福连精舍”，它是西泠印社专门收藏两浙图经、志乘、乡邦掌故、先贤著述及考论金石、古器、书画等的著作的藏书之所。

印学分馆所藏图书源自西泠印社自身的藏书体系。为提倡印学学术研究，西泠印社建立了“图书资料室”，配备专人负责，不断购买和接收捐赠。1999年，印学博物馆建成，西泠印社副社长刘江先生呼吁建立印学图书馆与之配套，共同推动印学研究。2006年，杭州图书馆印学分馆的建立。印学分馆由杭州图书馆和西泠印社共同建设，所有图书均由西泠印社购置，编目等图书加工工作由杭州图书馆负责，场地、设备和维护均全权由西泠印社负责。

今日的印学分馆集收藏、借阅、研究为一体，专收一切考论金石、古器、书画等的书籍，面向公众提供阅览、外借、咨询服务，并与杭州图书馆实现信息资源共享、通借通还。与综合性图书馆相比，印学分馆更加“专”而“精”，可谓是“印人粮仓”，所藏图书涵盖印谱、印学史论、美术期刊、书法、绘画，亦不乏印学研究领域的善本、孤本，颇具研究价值。特色馆藏是西泠印社社员的文献成果以及专业丛书、日版文献、拍卖图录。馆内被列入文物保护管理的文献资料有书籍1175件、印谱777件、碑帖522件。按照图书馆标准管理的篆刻、书法、美术、拍卖图录及其他五大类图书有9000余种。

由于所藏图书馆的专业性较强，印学分馆自然形成了相对固定的读者群体——研究课题或出书论传的学者，艺术研究者、从业人员及金石篆刻爱好者也是印学分馆主要的读者群体。中国美术学院、杭州师范大学美术学院的师生是印学分馆的常客，而从外地前来的研究者，均能在印学分馆搜寻到梦寐以求的权威资料。

考虑到读者群体的特殊性，印学分馆购置了不少经典的大套系图书，这类书籍大多富含收藏价值，但往往处于陆续出版之中，出全的时间跨度较大。为了方便读者第一时间获取最新资料，大套系图书中若有单册出版的，印学分馆都会在第一时间采购上架。面对数量繁杂的资料，为避免读者查找的盲目性，印学分馆的工作人员会协助读者筛选、并提供相应的推荐指导，以增加阅读效率。读者也可以事先电话预约，提出阅读需求，再根据预约前往印学分馆享受服务。这种"一对一"的服务，凸显了杭州图书馆的人情味。

作为公共文化服务的新平台，印学分馆通过不定期举办高水准"艺术讲堂"等形式的活动，拓展了图书馆服务功能，普及了印文化。"艺术讲堂"由西泠印社副社长陈振濂教授以"近百年书画篆刻创作的演变"为主题精彩开讲，一方面为普通市民提供了了解印文化的平台，同时也为西泠印社的工作人员提升专业素养提供了帮助。

杭州图书馆印学分馆

今后，为了惠及更多读者，印学分馆将完善网络平台的建设，为遍布世界各地的读者答疑解惑，促进学术交流，扩大受众面，最大限度地实现资源共享。

六、科技主题分馆——科技入民间

科技类图书馆作为弘扬先进文化，普及科学文化知识，提高公众科学文化素质的公共文化机构，大力推进科普教育、为科技创新提供服务是其重要的职能。

始建于1972年的杭州市科技工作者服务中心，主要职责是为科技工作者搭建学习、交流、互助合作的平台。科技主题分馆由杭州市科技工作者服务中心委托杭州图书馆建立。它依托杭州图书馆丰富的资源，结合杭州市科协工作的特点，实现了资源共享，互促共进，为广大市民和未成年人开辟了新的科普知识窗口,为科普知识的传播,打造了新平台、开拓了新途径,为科技创新提供了信息支持,进一步推进和繁荣了杭州市科普工作,提升了公众的科学文化素质。

科技主题分馆位于杭州市科技交流大楼二楼,建筑面积约800平方米,内部三层。二楼为文献借阅中心,向读者提供自然、科学普及、综合百科等文献的阅览和外借服务,以及相关的参考咨询服务。一楼与三楼分别作为展览大厅和数字资源检索中心与报告厅,为读者获取各类科普信息,提供了先进的设备和便捷的途径,也为普通读者和专业科技工作者搭建了交流、学习的平台。

科技主题分馆全面开放后将实行365天无间断开放,每周开放65小时,是杭州科技文献资源保障、科学普及教育、科学研究服务的基地,主要为科研人员、科技管理和决策者提供有关自然科学基础学科、边缘交叉学科和高技术领域的科技文献的资源保障,学科化信息服务和战略情报研究服务。

科技主题分馆与杭州图书馆建立了基于网络的文献信息联合服务体系,初步实现了基于用户环境、情景敏感的学科化服务模式和战略情报服务模式,为科技工作者及科教工作者提供多层次、跨专业的参考咨询服务,搭建专业交流平台,为杭州市科技和科教事业的发展提供专业支持。

科技主题分馆以环境保护、航空航天、智慧城市、智慧生活等相关主题文献为特色馆藏体系,以文献服务为基础,引入多元文化服务,广泛开展面向全社会所有人群的各类科普、讲座、展览、阅读推广等主题活动,让公众认识科学、理解科学,不断提升杭州市民的科学文化素质。

科技主题分馆立志做到:根据用户的实际需求,编制各类专题数据库,提供更专业的信息咨询服务;开通图书"点菜式"服务,读者只要提出图书需求,图书馆就将透过"绿色通道"免费提供;代理查询普通图书、期刊和报纸的信息内容,包括全文和题录;特别为科技工作者所在单位相关课题、项目的研究、开发,免费提供全方位的文献、情报和信息支持;在线免费提供"方正电子图书数据库""中国期刊全文数据库""中宏数据库""中国资讯行"和"中国人民大学资料中心复印报刊资料"等数字资源;通过专业网络咨询平台,向每一位科技工作者提供个性化服务。用户可以登录全国大中型公共图书馆组建的"联合参考咨询网"和杭州图书馆独立运行的"咨询平台"等专业网络空间,提出自己的文献信息需求,接受高效、便捷的文献推送服务。

专业文献信息资源丰富,数据库覆盖面广的杭州图书馆科技主题分馆,将秉持杭州图书馆"平等、免费、无障碍"的宗旨,努力服务于杭州市民,成为杭城科技信息交流平台，不仅为普通市民提供与科技亲身接触机会，更为广大科技工作者提供诸多信息支持和保障，努力成为其坚强的文献供给站和信息智囊团。

七、盲文分馆——盲人信息交流无障碍平台

1994 年，联合国教科文组织和国际图联（IFLA）共同颁布的“公共图书馆宣言”向全世界发出呼吁：“对任何不能享受常规服务和资料的用户，必须向其提供特殊服务和资料。”2007 年 6 月，在充分调研盲人群体阅读需求的基础之上，杭州图书馆与浙江省盲人学校合作，将杭州图书馆盲文分馆建在盲人集中的学校内，加强了盲人的文化建设，丰富了盲人的精神文化生活，保障了盲人的文化权益，让盲人也有权利享受普遍均等的图书馆服务。

盲文分馆属于共建类型，杭州图书馆提供管理人员和相应经费，并逐年提供部分文献资源，盲人学校则提供场地和维护费用。盲文分馆现设立在浙江省盲人学校教学楼一楼，面积约 200 平方米。现有图书、视听资料、音像制品等不同载体形式的盲文图书 6000 余册，并逐年增加。另有 8000 余册普通图书供学校的教师使用，同时还配备有视障人士专用电脑、盲文刻印机、盲文点显器、供视弱人员使用的放大器、低幼儿智能玩具等设备，以满足不同年龄、不同层次读者的文化活动需求①。

盲文分馆自开馆起，就实行计算机自动化管理，所藏图书均由杭州图书馆统一分类编目，编印盲人可触摸的目录，建立盲文图书的书目数据库，并作为杭州图书馆书目数据资源库的一部分，保证读者可随时随地通过网络检索到想要的图书。

盲文分馆实行全免费服务，浙江省盲人学校的师生可免费办理借书证，学生的借书证由工作人员统一保管，借阅过程由工作人员提供全程协助与指导，已踏入社会的校友和其他有阅读需求的普通读者，亦可前往浙江省盲人学校免费办理借书证。每证目前可借阅图书 3 册，借期 30 天。如读者本人不便前往盲文分馆，可通过邮寄或电话借书的方式完成借阅，具体而言，可委托他人，也可自己来函或通过发送电子邮件的方式，提交邮寄借书的申请，同时提供书名、姓名、详细家庭地址、邮编、电话号码等真实信息。经核准后，邮寄手续将会在两天内办理完毕。

---

① 朱峻薇. 为盲人读者搭建信息交流的无障碍平台——以杭州图书馆盲文分馆的建设为例[J]. 图书馆建设，2008(11)：15.

视障者在信息获取和使用上存在很大障碍,无法享受现代信息技术的高效和便利,不易获取正常的就业机会。秉持着"提升盲人群体的文化生活质量,提高其就业技术水平"理念的盲文分馆,在提供普通借阅服务之外,还可为盲人读者提供信息咨询服务,服务范围包括就业、培训、学习、生活等方面,读者可通过信函、电子邮件、电话、到馆等方式进行咨询,工作人员会以最快速度认真受理,并给予解答。咨询内容不受任何限制,解答途径主要包括电话解答、现场解答和盲文书面解答。

将学生的阅读课搬到图书馆,是盲文图书馆的特色服务之一。图书馆作为学校的第二课堂,是开展素质教育的重要场所。盲文图书馆一方面根据阅读群体的年龄特点,开展专题图书推荐活动,如向低年级学生推荐故事书,向高年级学生推荐计算机、推拿类书籍,拓宽盲人获取知识的途径;另一方面,又针对学生喜欢在阅览室内探讨文学、摘录文摘的情况,特设了"读者阅读排行榜",以此进一步激发其阅读的热情。此外,盲文分馆还和学校任课教师保持联系,及时了解课程进度,结合课程需要,有计划地挑选有关图书进行阅读指导,加深学生对课文的理解,扩大阅读范围,丰富学习内容。工作人员还定期向学生深入浅出地讲解图书的功能、图书的分类和文献信息检索技巧,使学生对图书馆有一个较为全面的认识①。

杭州图书馆盲文分馆

① 朱峻薇. 为盲人读者搭建信息交流的无障碍平台——以杭州图书馆盲文分馆的建设为例[J]. 图书馆建设,2008(11):15.

盲人读者眼盲心不盲,他们也渴望更多地了解世界。为此,盲文分馆利用杭州图书馆丰富的多媒体资源,分系列定期播放有声资料,为读者创造一个用声音构建起来的精彩世界,陆续开设文学系列、科普系列、音乐欣赏系列、电影大篷车、休养娱乐等。讲座《中国文化与中国人》、电影《凌云壮志》《一个都不能少》以及《旅游欣赏》等为盲人开启了一个全新的认识世界的角度。

为丰富盲人读者的业余生活,盲文分馆还组织盲人学生艺术团体参与社会的文艺活动,定期举办故事会、报告会、讲座等,以多元化的文化活动,为视障者提供了阅读、教育、交流和休闲的无障碍文化场所。

八、杭州少年儿童图书馆——孩子的乐园,知识的殿堂

毗邻西湖名景“黄龙吐翠”的杭州少年儿童图书馆,成立于 1982 年,是一座花园式图书馆。总建筑面积 5482 平方米,整体建筑分为地下一层,地上三层。2012 年 6 月改建一新的馆舍重新对外开放。

修葺一新的杭州少年儿童图书馆将四层区域合理划分:地下一层是多媒体视听区、家长学习区,这两个区域陈列有多媒体光盘和儿童保健、家庭教育及教育伦理类图书;地面二层东侧为少年图书区,所藏为适合少年阅读的图书以及明德英文原版图书;儿童图书区设在一楼和二楼大厅西侧,陈列有动漫、艺术、教育、自然科学、社会科学类图书、拼音读物、中外文学图书;低幼图书区设在一楼大厅东侧,不仅有绘本、亲子读物、幼儿教育类及其他图书,还提供玩具供小朋友玩耍。此外,少年儿童图书馆还结合少儿的爱好和特点,本着开发少儿潜能的宗旨,设置了舞蹈室、展览区、培训室,让进馆的小读者们身心愉悦的同时,整体素质得到全方位的提升。

杭州少年儿童图书馆主要服务群体为 0—16 周岁未成年人。在为小读者提供纸质文献和学习、玩耍、交流的场所之外,少年儿童图书馆还为小读者和家长提供在线阅读数字资源。无论在何处登录图书馆网站,即可点击到“中华连环画数字阅览室少儿版”和“中少快乐阅读平台”。“中华连环画数字阅览室少儿版”内含“青少年古文学习连环画阅览室”“世界名人专题阅览室”“中国史记连环画阅览室”“青少年数理化连环画阅览室”等。

“青少年古文学习连环画阅览室”按照体裁和朝代分类,将先秦至清代词、散曲、传奇、寓言、杂剧、辞赋、诗歌、神话、散文、小说、南戏、民歌、楚辞、民谣和话本,以图文并茂的方式呈现给读者,普及古代文学知识。

“世界名人专题阅览室”按照“政治家”“思想家”“军事家”“文学家”“艺

术家”“科学家”“发明家”“其他”的类别区分，再按照国别，分别对名人生平事迹做简单介绍。

“中国史记连环画阅览室”以连环画的全新形式，诠释了被鲁迅誉为“史家之绝唱，无韵之离骚”的《史记》，扫除了低龄读者的阅读障碍，为小读者拨开历史的云雾，自先民处学得处事之道、治世之理。

“青少年数理化连环画阅览室”紧扣数理化的教材内容和进程，用连续故事的形式，生动形象、通俗易懂地解释数学、物理、化学在日常生活和科学发展、生产建设中的作用；将各种严肃、枯燥的定理、运算规律、形态变化、成分变化等内容，化解于幽默趣味之中①。

“中少快乐阅读平台”则按照年龄段，划分为乐悠悠婴儿馆、红袋鼠幼儿馆、小学低年级馆、小学高年级馆、初中馆、高中馆。为小读者提供各类期刊、报纸、图书的电子版本，供小读者在线阅览。

“中华连环画数字阅览室少儿版”和“中少快乐阅读平台”在杭州少年儿童图书馆内属于“动漫屋”。除“动漫屋”之外，杭州少年儿童图书馆的电子资源还包括“英语角”“小读者风采”两个大板块。“英语角”提供“冰果英语”和“新东方（中小学版）”；而在“小读者风采”中，读者可以一览杭州地区少年儿童读者的风采。

丰富的纸质文献和电子资源是杭州少年儿童图书馆吸引读者的一部分，另一个让小读者们深爱上杭州少年儿童图书馆的因素是其提供的丰富的活动。杭州少年儿童图书馆认为，图书馆是属于每个孩子的知识殿堂、阅读乐园和梦想舞台，是属于每一个家长的亲子乐园、家长学校和交流空间，属于社会的每一个人，是一个尊重孩子、关心孩子的社会志愿服务平台。

正因为有了“打造孩子的乐园、家长的知心人”这一理念的支撑，才有了杭州少年儿童图书馆多姿多彩的活动——讲座、征文比赛、游学参观、绘本阅读等。仅2012年“六一”儿童节期间，杭州少年儿童图书馆配合浙江省未成年人读书节活动，组织开展了一系列覆盖杭州地区的未成年人读书推广和文化娱乐活动，共54场。例如联合各区、县（市）图书馆和学校共同开展的杭州地区“快乐创作、我心目中的少年儿童图书馆”的征文和征画活动、“与蚕宝宝共度这个夏天”夏日海洋科普嘉年华、“悦读经典、感受书香——诵读经典”

---

① 青少年数理化连环画阅览室宗旨[EB/OL].[2013-08-05].http://slh.gxiang.net/show/intro.aspx.

“以闲置图书换取经典名著舞台剧观赏票”以及“漫友天下”的漫迷猜动漫、小小图书漂流等丰富多彩、好玩有趣的活动,深受小读者欢迎。

此外,杭州少年儿童图书馆还结合特色节日,推出主题活动,向少年儿童普及传统文化,倡导优良传统。如“回忆激情岁月,共享美好生活——我和老革命家过‘八一’”活动以及“赏秋话月饼”系列活动。“赏秋话月饼”系列活动设置了月饼 DIY 制作、“中秋赏月——诗词朗诵会”、中秋主题图书展、月饼知识图文展、月饼知识答题等环节。在系列活动中,11 名小读者带来了自己创作的与中秋节有关的诗歌,整场活动古朴典雅又不失活泼浪漫。活动结束后,图书馆将小读者们原创的诗词制作成电子杂志并在网站上发布,为传统的中秋佳节带来集学习、阅读、实践、创作为一体的全新活动模式。

为了辅助家长教育,图书馆开设了“父母课堂”,推出了倡导亲子教育的“小可妈妈伴小时”主题活动。“父母课堂”为家长带去了“父亲的角色”“孩子你吃对了吗?——孩子的营养与健康”“小升初,你准备好了吗?”等主题讲座。“小可妈妈半小时”每周 4—6 次,活动对象被细分为 0—3 岁和 3—6 岁的儿童,活动通过绘本阅读、趣味手工、快乐游戏、动听音乐四大活动,增进亲子关系,开发幼儿智力,让家长逐步掌握亲子互动的方式、方法,促进孩子的阅

杭州少年儿童图书馆

读启蒙和阅读习惯的养成,为其以后的健康成长打下坚实基础。该活动受到了广大家长的积极响应,场场爆满。

为了帮助家长了解2013年杭州市小升初的情况,针对小升初等教育热点问题,杭州少年儿童图书馆联合杭州网及其他相关单位,邀请中学校长主讲了4场专题讲座,为家长在孩子升学这一关键期,提供了指导和帮助。

杭州少年儿童图书馆不仅关注普通儿童的阅读问题,还希望通过图书馆的服务,让弱势儿童群体也能享受到阅读的乐趣,逐渐培养他们良好的阅读兴惯。图书馆特别组建了“带你飞翔”等弱势儿童群体阅读推广活动小组,小组通过与杭州地区各区、县(市)公共图书馆的互动合作,将多样的阅读活动带到全杭州地区每一个需要关爱的孩子身边,尽最大努力保障每一个孩子的阅读平等、信息平等和文化权利的平等。

“带你飞翔”活动现已走进余杭区乔司镇、丽水市松阳县望松乡等地的民工子弟学校,为当地儿童送去了儿童剧表演、讲座“写作的小秘密”、趣味文学知识竞答、快乐游园会、原创手抄报展览等阅读推广活动。此外,还为富阳市的常绿镇小学送去了“儿童作家面对面”专题讲座,为该校学生在馆内举办了手抄报优秀作品展览,带领他们参观杭州少年儿童图书馆,与杭州少年儿童图书馆的小读者互动交流。2012年暑假期间,杭州少年儿童图书馆举办了“小手拉大手、温暖杭少图——关爱‘小候鸟’之牵手”活动,参与活动的15名外来务工子女与15名城市小朋友,通过活动拉近了距离、结下了友谊。

2012年,杭州少年儿童图书馆与浙江省文学志愿者中心签署了《浙江省文学志愿者服务基地协议》,此后,杭州少年儿童图书馆会借助浙江省文学志愿者中心在资源和服务方面的优势,将省内优秀作家请进馆内,在更大程度地发挥杭州少年儿童图书馆在教育儿童、阅读指导中的公益价值。11月8日,儿童文学家鹤矾老师受邀在上城区少年军校讲述淞沪会战这段历史,让孩子通过一个个具体的故事了解历史。

在未来陪伴少年儿童成长的旅途中,杭州少年儿童图书馆会加强区、县(市)联动,通过各区、县(市)的图书馆平台,在乡镇小学建立少儿阅读分馆和服务点,实现覆盖全市、方便快捷的少儿阅读服务网络的构建,全面推动杭州市少儿图书馆服务进农村、进学校,充分发挥杭州少年儿童图书馆在未成年人思想道德建设中的重要作用。

此外,杭州少年儿童图书馆还会通过社会化合作方式,一方面依托场馆优势,组织多样实践活动,为青少年提供一个安全规范、内容丰富的课外实践平台,鼓励中小学生参与杭州少年儿童图书馆读者管理和服务设计,让他们在实践活动中,开发智力、提升能力、发展情感。另一方面吸引学校、公益组织、个体志愿者等社会力量参与少儿读者服务,建立志愿者队伍,打造志愿服务平台,努力营造有利于未成年人健康成长的良好环境。

表 5-4　杭州少年儿童图书馆 2013 年 1—8 月品牌活动一览

活动主题	活动名称	活动内容	适合对象
“带你飞翔”系列活动	啦啦音乐	啦啦音乐课堂——快乐学乐理	5 岁以上对音乐有兴趣学生
		啦啦钢琴沙龙	有一定钢琴演奏基础的学生
		钢琴公益培训	暑假夏令营外来务工子女
	快乐 ABC 英语沙龙	志愿者妈妈带你学英语	有一定英语基础的学生
		体验大自然动物生活习性	10—13 周岁学生
		快乐 ABC 英语沙龙英语梦工厂	有一定英语基础的学生
	彩虹梦剧场	观看《鼠来宝明星俱乐部》	6 岁以上学生
		观看《大闹天宫》	6 岁以上学生
		观看《富贵吉娃娃》	暑假夏令营外来务工子女
		全国儿童摄影大赛(浙江赛区)作品收集、评选	中小学生
“家有儿女”系列	-	“我的柠檬”青春期少年心理关爱——留下中学心理健康关爱活动	中学生
		家有儿女——不要定义你的孩子:著名儿童教育专家陈婕与你面对面	亲子
		“我的柠檬”青春期少年心理关爱——亲子爱的语言团辅	亲子
		家长读书会	亲子

第六章　自身定位:第三文化空间

第一节　第三文化空间概念的提出

21 世纪初,杭州图书馆在国内公共图书馆界率先践行“公共图书馆是市民的第二起居室”的理念,经过一系列的努力,获得了市民的普遍欢迎,得到了政府的高度认可,赢得了业界的广泛呼应,引起了学界的持续关注。

2009 年,国际图联大会及卫星会以“作为第三空间的图书馆”为主题,聚焦了图书馆建筑和设备。这一主题的提出,在国际图书馆界刮起了一股全新的第三空间旋风。在 2011 年召开的世界图书馆与信息大会(WLIC)暨国际图联第 77 届年会上,“第三空间的图书馆”仍然是与会代表热切关注的议题,芬兰代表在题为“What and Why Libraries”的发言中指出:作为第三空间的图书馆应该是“亲爱的图书馆”(darling library),其战略是“你的生活,你的梦想,你的图书馆”①。

2011 年 1 月,我国文化部、财政部共同颁布了《关于推进全国美术馆、公共图书馆、文化馆(站)免费开放工作的意见》,全国公共图书馆积极响应,努力为广大公众提供全方位的文化与信息服务。公共图书馆已日渐演变成一个文化要素表现综合体,需要面向全社会最大程度的开放,其功能也不再局限于图书资料的馆内典、藏、阅,而更多地应当承担起社会公众娱乐、休闲、交流、学习、文化传播等重任,是人们在家庭生活、工作之余享受阅读、培养乐趣、赏析艺术的公共文化空间,这与第三空间的内涵不谋而合。

一、第三空间

对于空间的非地理学概念的研究,即将空间作为一个哲学问题来讨论,始于 20 世纪 70 年代的国外学术界。1974 年德国哲学家亨利·列斐伏尔(Henri Lefebvre)在《空间的形成》一书中,将对日常生活、城市变迁与异化等

① 李秀娟. 作为第三空间图书馆社会价值的实现[J]. 公共图书馆,2012(3):13.

现象的观察置于"空间"之中,这意味着,作为一个叙事主题,空间的概念不再囿于地理学和几何学,而拓展成为关于社会关系与社会秩序的命题。在这一命题产生之前,人们对世界的认识仅仅建立在时间/历史的维度上。之后,人文生活中的许多问题都被转移到空间维度上,学术界将这一转变称之为"空间转向"①。

亨利·列斐伏尔强调空间问题是当代人文社会科学必须认真对待的重大问题,空间性与社会性、历史性的思考,应该同时成为人文社会科学的内在理论视角。他认为,空间不仅仅是物质的存在,也是形式的存在,是社会关系的容器,由此他从哲学角度将社会空间划分为"感知的"(第一空间)、"构想的"(第二空间)、"生活的"(第三空间)。其中第一空间是实际存在的物理空间,比如家庭、建筑、邻里、村落、城市、地区、民族、国家等;第二空间是内省的、哲学的、个性化的活动空间,最具代表性的形式是艺术;第三空间是将第一空间和第二空间功能有机融合的,可以说是一种文化的空间。

美国后现代地理学家爱德华·索杰(Edward W. Soja)在1996年出版的《第三空间:去往洛杉矶和其他真实和想象地方的旅程》中,提出第三空间既是生活空间,又是想象空间,是作为经验和感知的空间的第一空间和表征的意识形态或乌托邦空间的第二空间的本体理论前提,可视为政治斗争你来我往、川流不息的战场,人们就在此地作出决断和选择②。

在后殖民语境中也包含着第三空间的概念,一般是指超脱于二元对立之外的知识与抗拒空间,如贝尔·胡克斯(Bell Hooks)通过黑人奴隶在公共与私下、有与无的二元对立因素之外所形成的另一种发声空间,来探讨以往被压抑、被片段化或是被忽略的场景,并对其重新加以发展,用以扩展斗争或抗拒的可能性③。

雷·奥登伯格(Ray Oldenburg)在《绝好的地方》一书中规范了第三空间(the third place)的概念。他认为,第一空间是指人们居住的家庭空间;第二空间是工作环境,也是人们待的最多的地方;第三空间是能给人以安全的环境,更富于创造性。任何社会都需要非正式的会见场所,当今社会,寻求第三空

① Soja E W. 第三空间——去往洛杉矶和其他真是想想地方的旅程[M]. 陆扬,等,译,上海:上海教育出版社,2005:1 -4.

② 吴治平. 空间理论与文学的再现[M]. 甘肃人民出版社,2008:227.

③ 生安锋. 霍米·巴巴的后殖民理论研究[M]. 北京大学出版社,2011:79 -80.

间是符合社会之需的。

雷·奥登伯格在书中将第三空间的特点概括如下：

- 免费或者不昂贵(Free or inexpensive)
- 食物和饮料,虽然不是必需的,但却很重要(Food and drink, while not essential, are important)
- 步行距离短,且为众人所备(Highly accessible: proximate for many)
- 拥有常客(Involve regulars—those who habitually congregate there)
- 温馨舒适(Welcoming and comfortable)
- 既会老友,又交新朋(Both new friends and old should be found there)

在雷·奥登伯格看来,若要符合第三空间,大约需要具备以下条件:

①中性立场(Neutral Ground):第三空间并非是特定的,它们与经济、政治、法律条件无关,来去随意;

②平均(Leveler):第三空间对于个人在社会中的地位并无影响,一个人的社会和经济地位并不决定他在第三空间中的地位,进入第三空间没有任何条件限制;

③谈话是主要活动(Conversation is Main Activity):尽管并非是唯一的活动,第三空间主要活动是富有趣味性和乐趣十足的交谈,交谈的语调都是轻松、幽默的;

④可接触性和可容纳性(Accessibility and Accommodation):对附近居民完全开放,且具备较高的容纳度,居民的需求都能在此得到满足;

⑤常客(The Regulars):第三空间必须拥有一批常客,这批常客可以促进形成这个空间的风气,老顾客也会为第三空间带来新鲜的血液;

⑥低姿态(A Low Profile):第三空间有益健康,杜绝浪费,且有家的感觉,并欢迎社会各阶层的人;

⑦气氛愉快(The Mod is Playful):第三空间永远不会充满紧张和不友善的气氛,相反,风趣幽默的对话总会受到好评;

⑧像家一样(A Home Away From Home):成员们在第三空间会感到温暖,如同在家一样,在此,他们会获得精神的重生①。

雷·奥登伯格的"第三空间"理论提出后,迅速得到了全社会的响应,以至许多计算机和互联网行业的从业人员还强调,第三空间已经转移到了虚拟

---

① Third Place[EB/OL].[2013-08-06].http://en.wikipedia.org/wiki/Third_Place.

世界和虚拟第三空间。这个描述又很快为人们所接受,因为人们在现实世界和虚拟世界之间找寻到了许多相似性。

随着工业革命的推进,信息媒介由大众空间转换到家庭等私人空间中,人们可以在家庭中享受到更多原先只能在公共区域享受的娱乐活动。得益于网络科技,第三空间的概念逐渐被线上社区和多媒体游戏所运用。

二、第三空间与公共图书馆

第三空间作为人类基本需求的重要保障,人们在此无须被工作压力所束缚,也远离家庭的纷扰,是自由释放自我的绝佳之处。公共图书馆在当今社会中,其服务形式越来越趋于多样化、服务内容也更加丰富多彩,这就为人们提供了工作和家庭生活之外阅读、充电、休闲、娱乐、交流的大好去处,同时,公共图书馆的免费性、平等性、开放性的属性也与第三空间的特点不谋而合。因此,将公共图书馆的定位提升到第三空间的高度,既体现了公共图书馆无门槛的免费服务性,展示了公共图书馆的多元化,更满足了社会大众日益提高的精神与文化需求。

第三空间理论赋予了公共图书馆新的使命,对公共图书馆的发展提出了更高的要求,与之相适应,公共图书馆也逐渐将关注目光转移到如何实现第三空间上来。

传统图书馆一般将服务对象称为"读者",即阅读、利用图书馆所提供纸质文献的公众群体。然而,随着时代的变迁、社会的发展、人们需求的多样化,社会公众到图书馆,尤其是公共图书馆,并非单纯是为了获取纸质文献,利用图书馆的公众人群的身份定位也逐渐由"读者"转换到了"用户"。据美国独立性民调机构皮尤研究中心(Pew Research Center)2013 年 1 月公布的"数字时代的图书馆服务"调查报告显示,在借阅纸质图书之外,公众访问图书馆的目的还包括:浏览在架的图书或媒体资源,研究感兴趣的话题,向馆员求助,坐坐、阅读、学习,或者观看、聆听资源,利用研究型数据库,借观影 DVD 或录像带,参加隶属的团体聚会等。这充分说明,使用图书馆的用户的需求是分层次、多元化的,图书馆若要利用有限的空间和资源最大限度地为他们提供优质服务,就必须尽可能地发挥其"公共文化空间"的作用。对于第三空间与公共图书馆的对应关系,学术界也有诸多讨论,主要观点如下:

(1)图书馆作为第三空间的存在价值包含四方面内容,一是图书馆作为公共文化空间的社会价值,二是图书馆最为公共学习空间的社会价值,三是图书馆作为公共交流空间的社会价值，四是图书馆作为公共休闲空间的社会价值。

（2）图书馆是人们交流的社会空间，是知识共享空间，是文化空间，是人们紧张学习、工作后向往的第三空间①。

（3）第三空间是自由、宽松、便利的，没有家庭角色的束缚，没有职场的等级压力，人们可以自由地释放自我。公共图书馆作为非功利性的社会机构，具有第三空间自由、平等的特点和积聚资源、提供服务的功能，是第三空间的重要载体。

由此可以看出，图书馆一系列服务内容的拓展、服务方式的多样化、服务理念的创新，都可以视为是根植于公共图书馆对于第三空间理念深化和拓展的实践与探索。

三、第三文化空间

1. 第三文化空间的概念

虽然公共图书馆与第三空间在相当程度上存在着交织，但由于本概念提出之初，并不是专门用来描述和概括公共图书馆的，第三空间的内涵和外延都超出了公共图书馆的范围，无法准确凸显当今公共图书馆所承担的公共文化服务职能，更不能精准定位公共图书馆在当今公共文化服务体系中不可忽略的支柱作用。尤其是“无纸化”社会进程的加速，弱化了公共图书馆纸质文献的典、藏、阅功能，公共图书馆需要承担起全社会的公共文化服务职能，进而演变为促进人与信息交流、人与人交流、信息共享、知识共享、社会教育的第三空间。在这一空间中，无论是文化活动的举办、文化氛围的营造，还是文化交流空间的构建，公共图书馆的“文化性”属性和特征都日益凸显。也正是由于公共图书馆文化功能的强化，让物质需求得到满足，转而寻求更高精神文明生活的社会公众更加愿意走进图书馆、参与图书馆建设、与图书馆良好互动。

杭州图书馆长期以来一直秉承的“平等、免费、无障碍”的服务理念，与第三空间的自由、平等、开放等特性相吻合。作为全社会公共文化服务体系支柱的公共图书馆，业已成为履行社会公共文化服务职能的中坚，仅仅以第三

① 牛红艳．图书馆营造“第三空间”的实践探索［J］．图书馆营造“第三空间”的实践探索，2012（3）：93.

空间来定义当今的公共图书馆,已不够准确。因此,我们认为,只有具备开放、自由、多元、交流、学习、创新特征的第三文化空间,才能够精准概括出当代公共图书馆的属性、功能、作用、价值。

美籍德裔心理学家K. 勒温于1936年将物理学的"场论"概念引入心理学领域,用来解释人的心理、行为和周围环境的关系。他用拓扑学和物理学的概念(场、力、区域、边界、向量等)描述人在周围环境中的行为。根据第三空间的理论背景,我们发现第三空间的理论在某些地方和勒温的场论有着相似之处。勒温的基本概念是生活空间,认为个人活动于其中的空间是一个心理场。这个场内的全部情况决定着某一时间内的个人行为。心理场并不必然是物理场,既包括物理场(人和物理环境),也包括个人感知。物理环境中那些未被觉察的或在个人理解情境上不起作用的东西不属于生活空间。生活空间可以分解为以边界划分的不同区域。

而第三空间的理论也是将人们的生存环境以空间的形式体现,一个空间即是一种可以对人们造成某种独特心理体验的物理环境场,比如第一空间是"家庭",包括住所和家人,而个体在"家"这个纯私人环境下获得的生存安全感、情感支持是只有这个空间可以给予的;再比如,第二空间是"工作环境"包括工作场所、同事和客户,这一空间所带来的生存保障、生产力制造和竞争激励是只有这个空间才能给予的,虽然"家庭"和"工作环境"都涉及保障生存的问题,但是这二者给个体的心理影响是完全不同的。而这种不同就是因为每个空间所承载的社会属性不同。这个空间的社会属性决定了个体在这一空间之内的时间段中的心理体验和行为。这些空间依据不同的社会属性被划分为不同的区域,即第一空间、第二空间和第三空间。这样看来,场论是从心理学角度以个体为坐标,以一种从场内向外发散的视角来看待场;而第三空间是从社会学角度,由高向低的宏观视角来划分社会生活空间,并且第三空间理论中暂时没有涉及力、向量等概念。

根据这一理论,我们可以将图中的文化带(文化空间)解释为三个空间中被人们所察觉或理解的文化方面的物理环境(三个空间中作用于人们文化感知或文化理解的物理环境)。整个文化带包含在整体空间中,即每个空间都占据一部分文化带,而文化带的归属则是基于三大空间的划分标准,将文化带依据不同的社会属性作为第一文化空间、第二文化空间和第三文化空间。第三文化空间是基于完整的场和成型的空间划分标准得出的。

首先,文化空间整体包含在空间中,三个子文化空间又分别完整地包含在三个子空间中。这种划分是完全划分,三个文化空间既相互联系又彼此独立。

其次,三个文化空间的划分标准严格按照三大空间的特征界线——即这三个空间所承载的不同社会属性。根据三大空间主要社会属性,我们将其划分界线概括为私人属性、劳动力属性、公共共享属性。

这样概括的主要原因是基于雷・奥登伯格在《绝好的地方》一书中所提及的社会学意义上的"第三空间"理论。雷・奥登伯认为第三空间是一种客观存在的活动场所,是人们可以自由到达的公共场所。"从今以后第三空间将被用来解释我们过去说的'非正式公共生活的核心环境'。第三空间是针对非常多样的公共场所的一个一般名称,这些公共场所接待那些周期性的、自发的、非正式的并且被愉快期待的个体聚集活动,这些活动远离家庭和工作领域。""它是中立的、简单的、温和的。""因此,第一空间'家庭'是所有空间中最重要的地方。它是成长中的孩子第一个有规律、可预期的环境,并且是一个给予更多努力在他或者她的发展上的地方。它在职场对个体感兴趣之前和职场把他们抛弃之后保护个体。第二空间是工作环境,这里把个体缩减成一个单独的、生产性的角色。它培养竞争性并且激发人们超越他们的同事。但是它也有提供生存,提高生活物质质量的意义,对不能自己组织时间的大多数人构建了连续的时间。"①

最后,第三文化空间包括了第三空间中各种能在个体文化感知和理解情境上起作用的物理环境。如果某个个体所感知到的物理环境是单个样本,那么整个文化带就是全体公众的感知到物理环境的总体。图书馆是这个整体物理环境中主要的、典型的文化功能载体。但是当今世界,图书馆的功能是非常多元化的,可以集教育、科学、文化、体育等为一体,这样图书馆还有可能成为其他空间带的环境载体。其实,不仅第三空间,各个空间中的物理环境可能因为对人们感知作用的角度不一样,或多或少都承载着若干个环境带的功能。

综上所述,我们将三个文化空间解释为:第一文化空间是指以家庭为背景的文化空间,它以家庭亲情为纽带,以家庭伦理为基本文化内涵,能满足人

① Oldenburg R. The Great Good Place: Cafes, Coffee Shops, Bookstores, Bars, Hair Salons, and Other Hangouts at the Heart of a Community[M]. Cambridge: Da Capo Press, 1997: 20-42.

们个性化、私密性的文化需求;第二文化空间是指以职场为背景的组织文化空间,它是人们谋生和事业的主要社交空间,其文化特性更具社会性,也更具功利性,能满足人们作为一个社会人和职业人的文化需求;第三文化空间则包罗了除第一和第二文化空间以外的所有社会文化空间①,其主体就是公共图书馆。当然,"第三文化空间"作为一个全新的概念,学术界对其认识也在不断地发展、完善之中。

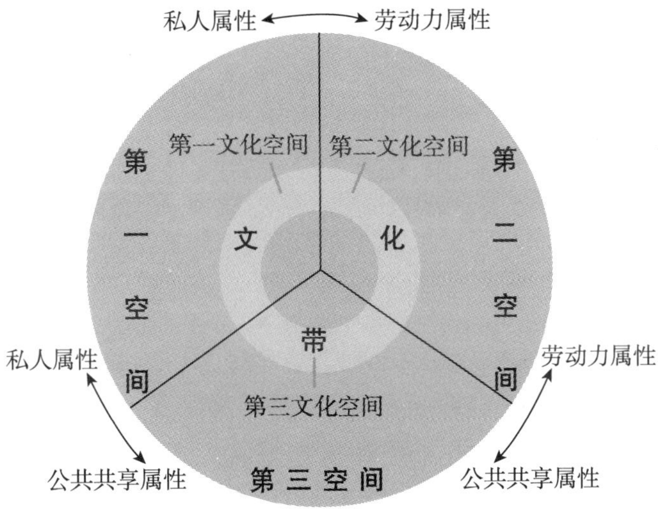

图 6－1　三个文化空间示意图

2. 第三文化空间下的图书馆

丹麦皇家情报学院的研究小组曾经提出过一个图书馆理想模型,主要描述了图书馆所包含的四个空间:学习空间、灵感空间、交流空间和演出空间。在我们看来,这一模型基本反映了作为第三文化空间具体体现的公共图书馆的内涵,指明了公共图书馆今后的努力方向,展示了公共图书馆的发展前景,实际上也就较为充分地概括了第三文化空间的基本点。

在第三文化空间中,图书馆、尤其是公共图书馆通常被描述成一个集物理维度和数字维度为一体的新概念。这一概念,通过杭州图书馆近几年来的努力与实践得以具象化而日益丰富。作为全力践行第三文化空间的杭州图

① 汪东波.公共图书馆概论[M].国家图书馆出版社,2012:364.

书馆,在实践中日益感受到:作为一个现代意义上的公共图书馆,应该充分关注用户个性、自我、价值、创新的实现。

总结杭州图书馆近年来的实践经验,我们认为,作为第三文化空间具体体现的公共图书馆,通常具有以下五个特点。

(1)开放:公共图书馆表现形式无论是物理形态还是虚拟形态,都在社会中展现着开放的姿态,这是它产生的基础与社会发展的必然。它的开放性主要表现在其伸出广阔的臂膀,接纳各方的利用。“平等免费”“普遍均等”的理念成为公共图书馆发展的永恒,也是其开放性的具体体现。

(2)自由:公共图书馆为公众利用营造了宽松的环境,任何人都可以随意进出图书馆,就像在家里一样,将图书馆打造成“公民大书房”“文化大舞台”,努力将图书馆建设成为像商场、书店一样可以给用户轻松感受的空间,这就需要图书馆消除对用户的制约性约束。

(3)多元化:公共图书馆面向着不同种族、不同群体的多元化对象,其收藏着多种文化样式的资源,资源的表现形态也呈现多样化趋势。

(4)交流:公共图书馆是公众交流的空间,人们可以在这个空间里和谐相处,交流各自的想法与信念,从而消除矛盾与积弊。也正因为交流,人们的思想可以碰撞,从而产生革新的火花,推动人类社会的发展。公共图书馆为所有公民提供了这样一个交流空间,且在此空间中,人们平等相处,弥合了阶级、地位和社会差异。

(5)学习:图书馆从来都被视为社会教育的大学校,承担着人们再教育以及自我教育的社会使命。图书馆以其开放、自由、多元、交流的特质与空间,包容怀有各类求知欲望的用户,为他们提供丰富的资源与技术、环境与设备,为用户的学习搭建好良好的平台①。

随着社会经济文化的发展,读者和用户的需求越来越多元化和个性化,运用一切手段、创造一切条件、提供一切便利,充分满足他们的各种需求是公共图书馆的本分和职责的最终所在。这既是第三文化空间精神的具体体现,也是杭州图书馆开展各项工作秉持的根本原则。

实践的丰富与多元,在某种程度上也充实了第三文化空间的理论内涵。通过大量具体而繁复的工作,通过读者对我们努力的认可,我们越来越感受到:创新是第三文化空间的另一个重要要素,此处的“创新”,既包括公共图书

① 汪东波. 公共图书馆概论[M]. 北京:国家图书馆出版社,2012:365 – 366.

馆理念的创新、公共图书馆业务工作的创新、公共图书馆为读者与用户服务内容与形式的创新、公共图书馆自身管理的创新,也包括服务读者与用户,使他们在充分享受公共图书馆所提供的贴心服务之中,获得自身的提升与发展,这就是第三文化空间指导下公共图书馆创新的真谛之所在。

自觉在第三文化空间理论指导下开展工作与服务的杭州图书馆,在保持现有服务水准的同时,还将不断开拓进取,努力尝试新的思路,开辟新的服务领域,总结新的经验,在充分满足政府、社会、公众对杭州图书馆不断增长的需求与期望的同时,丰富和发展第三文化空间的理论与适用范围。

第二节　杭州图书馆第三文化空间实践

杭州图书馆一直以来都十分注重图书馆内涵的丰富和服务的拓展,致力于为市民提供尽可能丰盛和多样的信息和文化服务。新馆开放以后,将图书馆打造成为市民生活第三文化空间的理论逐渐形成并被付诸实践,取得了良好的效果。

一、丰富的资源和泛在化的服务

杭州图书馆拥有各类文献资源 430 多万册(件),载体有图书、报纸、杂志、特藏转藏、试听文献、数据库资源,内容涉及各门类学科,已逐步形成了文史哲、艺术、法律、旅游、经济、教育、音乐为特色的馆藏体系。馆藏古籍、民国图书达 4 万余册,包括善本古籍 634 种,5058 册,碑刻拓片 1400 余种。此外,拥有杭州地方文献近万余册/件,载体形式有图书、古籍、期刊、报纸、拓片、光盘,内容涉及杭州发展的各个方面,已逐步形成杭州地方文献专藏,同时建设"杭州文化"数据库,编辑出版杭州文化期刊《文澜》(季刊),为杭州经济、文化发展提供文献参考服务。

馆藏资源是服务的基础,杭州图书馆充分利用种类繁多的文献资源,以"中心馆—总分馆"模式的全市公共图书馆四级服务网络为依托,建立起了以市馆为中心,区、县(市)馆为分中心,乡镇(街道)、社区(村)为基层点的公共图书馆文献保障体系,实现了文献资源的全市无障碍流通,形成了一个内容丰富多元、网点布局合理、文献通借通还、资源共建共享、服务高效便捷的城乡一体化公共图书馆文化服务体系。

随着信息技术的发展，人们学习、掌握、运用知识的速度逐渐加快，这一变化对公共图书馆的服务方式提出了挑战。杭州图书馆顺应时代潮流，秉承“有限资源、无限服务”的思路①，将计算机技术、互联网技术、物联网技术运用于图书馆服务，在全馆范围内实现无线网络全覆盖，为读者提供自助借阅等更多、更便捷的服务，同时，将数字电视平台、智能移动终端与网站平台整合成综合性杭州数字图书馆——“文澜在线”，开拓了通过手机、电脑、平板电脑、电视等多媒体传播渠道提供服务的新模式。

“文澜在线”通过技术合作与创新，成功突破了传统图书馆在服务范围、服务方式、用户终端等方面的局限，充分发挥了数字图书馆超越时空限制的优势，达到了服务的免费、无限制、无障碍和全覆盖。全媒体、多终端的服务方式满足了用户随时、随地使用数字图书馆的需求，极大地提高了服务的便利性，实现了“用户在哪里，服务就延伸到哪里”的图书馆服务泛在化，使得图书馆变成了一个“触手可及，无处不在”的文化空间②。所有拥有杭州地区 IP 地址的用户（高校系统除外），不需要任何注册信息，都可以通过“文澜在线”网站免费获取杭州数字图书馆的各种资源；所有杭州图书馆的注册用户，不论是否在杭州地区，都可以通过杭州数字图书馆的手机平台使用数字图书馆服务；所有杭州有线电视用户，都可以在任何时间点击文澜在线电视图书馆的服务，同时，还将不熟练或不习惯使用电脑、手机的用户，通过电视这个大众媒体平台纳入了数字图书馆的用户范围中，颠覆了数字图书馆是年轻人专属的传统观念，扩大了数字文化服务的人群覆盖面。

“文澜在线”实现了两个突破：它是全国第一家实现全天候，无任何限制、非注册向全地区市民免费开放数字资源的图书馆，实现服务的到家庭、到桌面、到身边；它是全国第一家通过社会各界协作，实现社会化大合作，融合多终端资源服务的数字图书馆。

在数字资源建设方面，杭州图书馆发挥自身资源优势，着眼于杭州本地特色文化及最新国内外文化动态，开发多样化资源，力求打造多元的综合性文化平台。目前，杭州图书馆自建的资源主要有“良渚文化特色数据库”“古老京剧牵手时尚动漫”“建德乡土建筑与民俗”“咏秋社”“杭州文史资料”“杭

① 杨向明，寿晓辉.全媒体时代图书馆建设与服务创新——以杭州数字图书馆“文澜在线”为例[J].河南图书馆学刊，2012(2)：77－79.

② 褚树青.把公共还给图书馆[J].图书馆，2011(3)：11－12.

州老字号”“杭州历代地方志”“西湖古今揽胜”“总有一种声音打动你”“良渚文化特色数据库”等。此外,杭州图书馆充分发挥作为全国文化资源共享工程市级支中心的作用,融合文化共享工程的各类资源,提高数字资源容量,更大程度上满足了广大市民的需求。

二、多元的文化活动

杭州图书馆“百名琴童齐奏会”活动

作为打造第三文化空间的一个重要内容,杭州图书馆在继承传统的基础上力求将多种文化内容、文化样式、传播形式容纳于公共图书馆的大空间中。讲座、会展、演出、沙龙、音乐欣赏、阅读推广、文献出版、视频制作不一而足;生活保健、心理健康、教育辅导、时事点评、科学普及、历史人文、旅游休闲、手工劳技、文艺汇演、交流比赛、艺术欣赏、中外文化交流等涉猎广泛;参与人群囊括未成年人、中老年人、残障人群、农民工等各个年龄层和阶层。这些个性、多样的文化服务,从各个方面拓展了公共图书馆作为公共文化空间的功能,满足了不同阶层和文化背景人群的文化需求。

1. 大书房·小书房——将知识与文化引进市民家门

杭州图书馆秉承“平等、免费、无障碍”的服务理念,志在将杭州图书馆打造成“平民图书馆、市民大书房”,以及杭州市民接受社会教育、终身教育的“基地”。这种理念,带动了杭州图书馆的发展,提升了市民的综合素养,同时,也在杭州掀起“家庭小书房”建设高潮。在此基础上,杭州图书馆于2012年4月策划开展了“大书房·小书房”活动。所谓大书房,即为城市公共图书馆,而小书房则是市民家中的阅读空间。该活动的主要流程如下:

(1)邀请全市读者在2012年4月17日至5月6日,拿起摄像机,拍下家里的书房照片或视频,并写下不少于500字的阅读收获与体会,通过电子邮件或电话方式报名参加;

(2)初步筛选,挑选出其中15组家庭,进入网络投票环节;

(3)5 月 14 日至 27 日,在“文澜在线”上公开评选,接受市民投票;

(4)结合网友与专家意见,评选出“最佳书房”“最古典书房”“最现代书房”“最可爱书房”4 个奖项。

本次活动在设立奖项的同时,还制定了每个奖项的评价内容、具体细则和分值,此外,为了最大限度激发广大市民的参与热情,杭州图书馆还联合浙江省中国旅行社,为获得大奖的家庭提供一家三口的“中远之星台湾环岛八日游”,其他奖项则是由杭州图书馆提供的新华书店购书券、VIP 借阅证 B 类(为期一年)等。

2012 年 6 月 3 日,活动落幕,同时举办“大书房 · 小书房”活动颁奖仪式。此次活动展示了杭州市民对图书的热爱及良好的阅读习惯,促进了家庭阅读氛围的营造,大大激发了市民参与阅读的兴趣。让更多人走进城市大书房,打造家庭小书房,让“阅读嵌入生活”逐步成为杭州人的一种生活态度。

2. 公益培训——让学习“快乐”起来

自 2009 年起,杭州图书馆积极联合社会各类团体,聘请热心公益事业的专业人士,为市民提供免费、多样、亲民的公益培训课程。近年来,公益培训的规模越来越大,也越来越受到市民读者的欢迎。公益培训起步之初,仅开设两个课程,2010 年度增至 4 个项目;2011 年度,课程数增至 8 项,开设 13 个班;2012 年度,公益培训有了长足的发展,春季共开设 12 个项目的课程、14 个班级,招收学员 530 名,秋季课程种类增设至 19 个(课程项目:佳能单反、摄影基础、鉴赏类、葫芦丝、编织、越剧、民族舞、踢踏舞、瑜伽、软笔、硬笔、琵琶、钢琴、国画、英语口语、杨氏太极、经典诵读、中国结、梭编),班级数 24 个,招收学员数达到 800 余人。可以明显感觉到,公益培训在市民中的影响力正逐步扩大,优质的师资、融洽的学习氛围带来了好口碑,好口碑又吸引了更多市民,带来了更多志愿者参与这项公益事业。公益培训开展至今,用实际行动践行“人人学习、终身学习”的理念,器乐、书法、结艺、编织、摄影、图像制作、舞蹈、越剧等丰富的课程,在市民读者中掀起了一股学习的浪潮。

3. 阅读疗愈——释放负压力,传递正能量

杭州图书馆深谙阅读对性格塑造、身心成长的作用,同时也了解现代人在生活中、工作中、情感中的困惑和压力,借 2013 年“4. 23 世界读书日”来临之际,以阅读为载体,交流为纽带,联合杭州团市委、杭州 12355 青少年服务台,协同杭州市健康管理专业委员会,共同推出了“阅读疗愈”特色专业文化服务项目。

"疗"在《现代汉语词典》里的解释是"医治"的意思,"愈"的解释是"更,较好,病好了"。活动取"阅读疗愈"之意,就是希望通过阅读来调整人们的工作压力,为人们生活中遇到的问题解惑,因此,"阅读疗愈"有一个更通俗的名字,即"阅读疗法",面对的对象是一切有"情绪病"的读者。

在"阅读疗愈"过程中,杭州图书馆扮演的是阅读材料与读者之间桥梁的角色。首先组织图书馆员、心理治疗师或其他相关专业人员组成"阅读疗愈团队",针对不同群体,选择相应的阅读材料;其次,选择一个安静的环境,以利于读者和专家一对一的交流;最后,专家根据读者的情况,从预先整理的大量的资料库中,为读者推荐阅读书籍,使参与的读者能够透过阅读材料与图书作者产生共鸣和互动,充实与丰富读者的生命,以达到纾解情绪与心理压力,唤醒心中正能量的目的。

2013 年 4 月 23 日,"阅读疗愈"项目暨"轻松备考 12355 与你同行"阳光行动在丁桥丁兰中学正式启动,杭州图书馆、共青团杭州市委、杭州 12355 青少年服务台等 7 家单位,近 10 名领导参加了本次启动仪式。杭州图书馆党总支书记汤汉贤特别介绍了"阅读疗愈"服务项目的意义,指出此项活动的开展不仅是公共图书馆服务方式多样化转变的尝试,也是推进学习型城市建设工作的创新,更是公共图书馆联合社会专业组织在"阅读与生活"方面的探索。

启动仪式结束后,杭州市预防医学会健康管理专业委员会主任委员骆宏博士向丁兰中学即将参加中考的 350 名学生作了"轻松备考 12355 与你同行"专场讲座,向他们讲解了如何利用阅读来缓解考前紧张的情绪,以取得优异的成绩,讲座受到了与会师生的热烈欢迎。随后,"阅读疗愈"走进普通读者的视野。"阅读疗愈"的发起人之一、杭州图书馆借阅中心主任周宇麟介绍,除了一对一咨询,今后,这个项目还会通过阅读会、专家讲座等多种方式长期开展。

4. 小故事大舞台——儿童阅读新气象

2012 年 2 月,为进一步贯彻中共中央、国务院《关于进一步加强和改进未成年人思想道德建设若干意见》精神,推动杭州市少先队员的素质教育,培育少先队员的阅读习惯,营造阅读氛围,促进学生全面协调发展。杭州图书馆、少先队杭州市工作委员会和杭州图书馆事业基金会共同启动了"'小故事大舞台'——首届杭州市红领巾绘本表演大赛"活动。

活动通过近 6 个月的选拔,评选出一、二、三等奖,优秀指导老师奖与优秀组织奖。之后,杭州图书馆利用杭州地区公共文化服务网络,安排获奖节目到各区、县(市)公共图书馆进行巡演,扩大绘本表演比赛活动的社会辐射面,受到了热烈欢迎和高度评价。《都市快报》《青年时报》等媒体都对此进行了跟踪报道。

此次活动主要是借助绘本表演方式,这种方式拓展了新型的阅读方式,延伸了阅读的意义,让阅读不仅仅停留在书本上,而是以更加吸引人的方式——表演来进行,这种立体式阅读能够更好地增强阅读的效果。同时,绘本表演还能增强孩子的想象力,使其更好地领会绘本所包含的寓意,增进亲子间、师生间、同学间的沟通与友谊。这次活动的成功,让杭州图书馆决定将此项活动持续推广下去。目前,这个活动已成为文献借阅中心又一品牌活动。

5. 小书虫阅读包——埋下幸福的种子,让孩子幸福一生

俗话说,"3 岁看大,7 岁看老",这说明 0—7 岁是人一生中比较重要的年龄段。一般来说,3 岁以前是儿童口语发展期,4—5 岁是学习书面语言的关键期,5—6 岁是掌握词汇能力的关键期①。儿童文学博士、儿童阅读推广人、人民教育出版社教材编辑王林曾说过,"读过 32 本书的孩子的语文素养一定强过只读过 32 篇课文的孩子",阅读对孩子成长的重要性可见一斑。

一直以来,杭州图书馆就非常重视少儿阅读的推广,通过开展多种活动,激发孩子们的阅读兴趣,在此基础上,本着"埋下幸福的种子,让孩子幸福一生"的理念,于 2013 年 8 月 8 日隆重推出酝酿了两个多月的"小书虫阅读包"活动。

"小书虫阅读包"活动由杭州图书馆文献借阅中心主办,面向 0—6 岁的学龄前儿童,每个"小书虫阅读包"内有 15 本新书,由儿童心理学家、儿童作家,以及图书馆资深馆员共同选择配置,根据不同年龄段儿童的学习能力、兴趣、沟通能力进行区分,分为"0—2 岁呀呀宝宝""3—4 岁咪咪幼儿"及"5—6 岁蹦蹦幼儿"3 款,每款书包的颜色和图案也不同。以 5—6 岁儿童的阅读包为例,15 本书籍包括有较复杂故事的绘本 8 本、益智游戏书 5 本以及 2 本角色扮演类图书。互动型的游戏、较短篇幅的图书、适合家长与孩子共同参与的节奏与模式,符合这个年龄段孩子已经迅速发展的阅读理解力②。

---

① 儿童阅读讲座[EB/OL].[2013 - 08 - 05]. http://wenku. baidu. com/view/e21e2307de80d4d8d15a4f56. html.

② 浙江新闻网. 杭州图书馆首推"小书虫阅读包"助力早教阅读[EB/OL].[2013 - 08 - 08]. http://news. zj. com/detail/1473645. shtml.

为开展此次活动,杭州图书馆新购入适合0—6岁儿童的图书1500册,同时得到一家教育机构的赞助,解决书包问题,保证每个年龄段的书包数量在33个左右。文献借阅中心的何妨老师说:"这对于我们也是一次尝试,活动结束后,这些书会扩充进我们的书架,小书包也会成为新的便民设施,供读者使用,因为总有市民借完书后找图书馆借袋子装书,如果书包能像图书一样可以外借,自然就能够为市民带来不小的便利。书包外借,会成为杭州图书馆长期推出的一个活动。"

6. 无障碍电影——关爱弱势群体,共同感知世界

在杭州图书馆"平等、免费、无障碍"的服务理念的带动和影响下,2011年8月17日,杭州市推出"无障碍电影"公益项目,杭州图书馆音乐分馆成为首批"杭州市残疾人无障碍视听体验基地"之一。音乐分馆充分发挥音乐图书馆的作用,利用其先进的视听设备为残疾朋友举办无障碍视听服务活动,至今已经成功了开展了20多场,先后举办了无障碍电影《摇啊摇,摇到外婆桥》沙龙以及大型无障碍电影《建党伟业》鉴赏等活动。

在国际残疾人日、国际盲人节等日子里,音乐分馆还会邀请杭州知名主持人现场为残障人士解说无障碍电影。主持人利用情节对话的间隙,将电影里每一处镜头转换、画面色彩、人物外貌、穿着打扮、动作等同步描述出来,配合激情澎湃和富有艺术感染力的表达,让盲人朋友只用耳朵聆听,就能尽情地投入到电影世界中。此外,还曾邀请北京红丹丹教育文化交流中心创始人、中国第一家盲人公益电影院——"心目影院"的创办者和电影讲述人大伟老师为盲人朋友讲电影,此举受到广大视障人士的欢迎和媒体的广泛关注,社会反响十分强烈。众多媒体就相关活动进行了连续跟踪报道。

在第八届全国残运会期间(2011年10月18日),中央电视台记者曾专程来到杭州图书馆音乐分馆,对这里的设备及残疾人无障碍视听活动的开展情况进行了专题采访,并在当天晚上6点至7点的CCTV-5体育新闻中播出。

2012年5月20日,音乐分馆携手浙江昆剧团将昆剧《雷峰塔传奇》以全新的无障碍手语表演形式奉献给"无声世界"的朋友,在为演出配上中英文字幕的同时,特别邀请手语姐姐——毛董莱进行现场手语翻译。此次演出使台下许多处于"无声世界"的聋哑朋友们第一次"听"见了昆曲,该活动也引起广大媒体的关注,新华社、《钱江晚报》、中国戏剧网等20家媒体进行报道、转载。

此外,杭州图书馆还依托音乐分馆所藏的丰富影视音像资料,深入各级

残联、残疾人托安养机构、康复中心、特教学校、街道(社区)残疾人服务站等残疾人福利机构,开展“爱心观影”活动。这些活动不仅提升了残障朋友们的生活品质,还给他们提供了一个沟通、交流的空间,此举受到广大残障人士的好评,很多残障朋友纷纷留下联系方式,希望能够有更多的机会参与此类活动。为了便于联系,音乐分馆工作人员还为残障人士建立信息资料库,每次活动之前逐个通知。目前,很多残疾朋友已经成为无障碍视听基地的固定听众,并在家人、朋友的陪伴下,坚持参加每期活动,该活动还有幸入选“2012 年杭州市文化创意产业项目”。

三、自由开放的读者参与和体验

作为第三文化空间的公共图书馆,读者在图书馆中参与阅读设计、活动组织以及文化创作也是很重要的一个方面。杭州图书馆以开放的管理观鼓励读者参与图书馆业务设计与管理,为读者创造自由开放的文化参与和体验空间,通过“读者演给读者看”“读者讲给读者听”“读者写给读者看”等方式,成功打造出“市民合唱团”“文澜沙龙”“文澜大讲堂之我来做主讲”“咏秋社”“读者之友社”等多个读者自主活动品牌。在杭州图书馆,读者不再是单纯的被动接受服务,还可以主动参与和创造。

1. 市民合唱团——平民的组合,专业的水准

市民合唱团成立于 2012 年 10 月,是“总有一种声音打动你”音乐普及品牌系列活动的一个重要组成部分,其成员来自社会各行各业,有退休人员、学校老师、机关干部、医务人员、银行职员、企业员工、音乐工作者等,年龄最大的是 70 多岁的祖父,最小的是 90 后的孙辈。

市民合唱团一般以一周 2—3 次、每次 120 分钟的训练强度,循序渐进,强化从乐理知识到发声方法的培训,还经常聘请业内专家进行辅导和讲座。合唱团积极参加各类汇演、比赛和交流,增加学习、观摩的机会,熏陶团员的艺术情操和丰富形象思维,从精神文化和专业水平上都不断向专业团体学习和靠近。

2011 年 6 月 26 日,市民合唱团参加了由杭州图书馆、浙江省音乐家协会联合主办,杭州图书馆音乐分馆、浙江合唱协会承办的“军民鱼水情,干群一家亲”——千余市民唱红歌大型广场纪念活动;2011 年 5 月 14 日,参加了由浙江省合唱协会、浙江省群众艺术馆主办的“浙江省 2011 年第三届老年合唱交流演唱会”;2011 年 12 月 17 日,在杭州大剧院举办了轰动业内的新年音乐

会暨成立一周年的汇报演出；2012 年 5 月 13 日，以两首风格迥异的作品在“浙江省 2012 年第四届老年合唱交流演唱会”上取得不同凡响的效果；2012 年 10 月，经省文化馆、省合唱协会的推荐，参加文化部在福建省福州市举办的“永远的辉煌”国内最高级别合唱比赛，获得“闽江杯”第一名的荣誉；2013 年，合唱团取得纪念柯达伊 2013 国际论坛合唱节金奖第三名的好成绩，此次成功的演出向来自国外的合唱团同行们展现了浙江省合唱团以及杭州图书馆的风采。

2. 文澜大讲堂——“我来做主讲”

创建于 2006 年的杭州图书馆“文澜大讲堂”公益讲座，主题包括文学品读、时尚艺术、投资理财、音乐赏析、古都风采、人生智慧等，内容丰富，雅俗共赏。目前“文澜大讲堂”开辟了“名家品读”“时事风云”“幸福人生”“绿色自然”“成长教育”等版块。2009 年“文澜大讲堂”获得“浙江省优秀讲座品牌”的荣誉称号，已成为市民关注度极高的品牌讲座之一。

随着市民对“文澜大讲堂”关注度的不断提高，公益文化品牌的效应日益明显，杭州图书馆本着充分挖掘和利用杭州地方特色文化的目的，立足浙江、面向全国，推出招募“市民讲师”的活动，“市民讲师”通常为各行业、各领域、各阶层具有较高专业水平、较好语言表达能力、较丰富讲座经验和现场掌控能力的个人，在讲座主题上有“一技之长”或形式上有特色更佳。招募“市民讲师”的活动，目的是将“文澜大讲堂”打造成不仅是社会精英、专家学者的舞台，也是市民百姓传播民间智慧、创造民间影响力的园地，更是党和政府、专家学者“问计于民”“积聚民智”的好平台，使其真正成为源于百姓、服务百姓的文化宣传阵地，成为既有名人名家，又有普通市民共同参与、共同成就的雅俗共赏的平台。“文澜大讲堂”招募“市民讲师”的举措，不但获得了市民读者的热情呼应，也引起了政府有关部门以及各大媒体的主动回应，《青年时报》和《钱江晚报》均对此活动进行了大幅的专题报道。

3. 文澜沙龙——沙龙也可以草根

“文澜沙龙”是一个主要由读者负责策划、组织、协调、主讲的沙龙活动。目前，活动主题涉及的内容主要有经济理财、外语学习、幸福人生、法律咨询、心理探秘、视觉艺术、风土人情、科学技术等多个方面。这种读者主导的活动方式，很快得到了众多来馆读者的认可和支持，活动越办越红火，讲课主题也随着参与读者的增多而增加，质量也随之得到了很大的提高。

在沙龙活动走向正规之后，杭州图书馆以及读者会成员认为，应该有一个“外显”的东西来展现“民间主讲人”的成果，让更多的人来分享他们的才学和知识，并且，读者之间也需要一个互动交流的平台。于是，2010 年暑期，沙龙读者在首次聚会时，便提出了兴办杂志的设想，激情澎湃的读者以具体行动落实梦想，《文澜沙龙》在众多参与者的酝酿中诞生了。

《文澜沙龙》完全在沙龙里孕育，秉持公益，致力于服务更多的人。每期《文澜沙龙》纸质本，除发送给优秀主讲人外，还会寄送到全国许多公共图书馆。刊物是另一种沙龙交流的方式，能够让读者会成员有机会与本地、乃至全国各地的朋友交流，传播读者自主、包容与分享的“文澜沙龙”文化，传递平等探讨各种思想的“文澜沙龙”理念。《文澜沙龙》打破了编者与读者的疆界，以开放、自由的形式和丰富的内容，抒发生活的激情，同时，这种体现杭州图书馆开放、现代的图书馆管理理念的具体落实，得到了国际图联主席艾伦·泰塞（Ellen Tise）的高度赞赏。她在首发刊扉页上写下祝语：“作为国际图书馆和信息社区，奉上我对此鼓舞人心的杂志以及你们为所有读者带来的欢乐的祝贺，鼓励他们一定要坚持下去。”①

4. 话剧之家——高校学生与普通市民的“思想对话”

杭州图书馆在开展多元文化教育活动的过程中，从中国话剧的发展历程，准确地把握校园话剧对中国传统戏剧的重要性，认为校园话剧走出校园，应该会给市民和学生带来双赢的效果，于是在 2011 年成立了杭州图书馆之友社“话剧之家”。

“话剧之家”主要通过与高校话剧剧社合作举办演艺活动，演出作品主要是杭州高校剧社联盟推荐的和历届杭州大学生话剧节评选出来的优秀剧目，或演绎文学经典作品，或探讨社会话题，或反映时事热点。目前，合作对象主要由浙江传媒学院 B&G 话剧社、杭州师范大学流霞剧社、中国计量学院子午剧社、浙江大学梵音剧社等。截至 2013 年 7 月，共完成 11 场话剧专题演出。

由于校园话剧一般个性鲜明，对于市民来说，内容比较新颖，而话剧表演之后演员与观众的交流，更能激起读者对现实问题或者中国话剧的思考，同时，读者的认可、意见和争论也能促进学生表演技能的提高。

总之，“话剧之家”的系列活动，进一步拓宽了杭州公共图书馆服务体系

① 杭州文化广电新闻出版局. 首份由杭州读者自行创办的电子杂志《文澜沙龙》日前发表[EB/OL]. [2013 - 08 - 09]. http://www.hzwh.gov.cn/zfxxgk/gzxx/xxkd/201009/t20100909_126888.html.

的服务范围,丰富了杭州图书馆社会文化活动的内容,培养了读者的审美情趣,提高了读者的艺术修养和文化素质,让更多人燃起对话剧的热爱与向往,也让校园话剧走出校园,引起更多的关注。

四、不断深化的信息咨询服务

信息参考咨询是图书馆的基础业务之一,也是图书馆的重要服务形式之一。当今图书馆,在信息社会和知识经济的冲击下,逐渐将参考咨询服务发展为智库。智库俗称“脑库”(Brain),也被称为“思想库”(Think Tank),在欧美国家一般是指独立于政府和企业之外,从事公共政策研究的非营利学术机构。在计算机技术飞速发展的今天,现代信息技术与公共图书馆使得图书馆有了发展智库服务的可能。

对于智库与图书馆的结合,王世伟认为在数据库的发展过程中,已经酝酿了思想库(智库)的萌芽。他认为,图书馆的思想库可以通过三大功能来体现其价值,即储存地功能、交汇地功能和生产地功能。所谓的储存地功能,就是图书馆应发挥其文献库与数据库功能,对人类的思想与智慧进行广泛的采集、整理加工后储存起来,以便人们随时取用参考。所谓交汇地功能,就是图书馆应该成为学术研讨的场所、名人荟萃的场所、信息交流的场所、头脑风暴的场所,使各种人才与思想在图书馆集中、汇集、碰撞、争鸣,从而使图书馆成为动态的思想库。所谓生产地功能,就是图书馆不仅应该成为社会智慧的宝库,而且其本身也应进行创新思维,对信息进行分析研究,向社会提供各类咨询服务,从而为图书馆的思想库添砖加瓦①。

公共图书馆,拥有丰富馆藏,是能通过多种信息咨询方法,为读者提供多种类型服务的信息枢纽,从某种程度来说,可能是未来社会最有潜力的智库之一。2012 年 5 月 10 日,文化部发布的《“十二五”时期文化改革发展规划》指出,鼓励各级公共图书馆开展立法决策质询服务,强调智囊机构的作用和公众参与,为图书馆开展立法决策咨询服务工作提供政策支撑。

杭州图书馆在践行“平等、免费、无障碍”的服务理念的过程中,不断拓展自己的服务视野和范围,编印《动态信息汇编》《时事观察》《舆情信息》,充分考虑信息的全面性、时效性、可靠性和针对性,利用新闻媒体信息源、网络信

---

① 王世伟. 建立思想库是当代图书馆管理与服务的重要思想[J]. 图书馆杂志,1998(4):3.

息源、数据库信息源，搜集大量全面、准确的决策信息，为党政领导机关提供立法决策信息服务。

为政府决策提供信息是杭州图书馆智库服务的开端，在今后的服务中，杭州图书馆要努力成为企业、公众和学者的智囊团，利用丰富的资源、高质量的专业人才、先进的服务手段，充分发挥图书馆在查新、翻译、网络建库、市场调查、竞争情报服务等方面的优势，为企业、公众和学者提供充足的信息服务。

作为杭州地区的信息中心，杭州图书馆抓住机遇，迎接挑战，结合杭州图书馆的办馆方针、信息资源结构和功能定位，开发信息服务的新领域、新途径和新方法，担当起为企业提供知识信息服务的重担，构建面向企业的信息服务体系。

首先，注重搜集商业期刊、图书和数据库资料。为企业用户提供商业会议论文、学术期刊、标准、政府报告、专利信息、统计年鉴和 Osiris 全球上市公司分析库等，从低端的文献咨询走向高端的信息咨询服务，为企业调研提供丰富、完整的信息资源，并提供信息待查、待检联机检索和专题服务。

其次，搭建信息推送平台，实现交互式的知识信息服务。图书馆依靠丰富的馆藏资源和现代化检测技术，通过媒体信息检测、行业分析报告、文献提供与翻译服务、竞争情报服务深化信息服务层次，跳出传统服务范式，从静态被动的信息咨询走向主动的信息推送服务。

最后，信息渗透服务。图书馆的企业信息服务要深入企业的各个要素中，图书馆参与企业的科研立项、产品研发、项目投产和市场预测以及企业的经营和决策等方面，成为企业的信息后盾。

图书馆为公众和学者提供服务，也是杭州图书馆未来发展方向之一。社会教育一直是杭州图书馆的服务侧重点之一，公众整体素质提高，需求日趋多样化。公共图书馆为公众提供的智库服务也要朝着多元化的方向发展。具体而言，要深入了解公众的信息知识需求，努力深入其生活、职业生活的方方面面，主动为用户搜集生活、职业信息，助力公众在生活和职场游刃有余。为学者提供服务，必须注重专业性。图书馆主动推送的信息服务要特别有针对性、权威性才会获得专家学者的信任。具体而言，要在充分掌握学界动态的基础上，为专家学者课题的前期调研、中期写作做好信息调研和推送，让专家学者掌握最丰富的课题资料，从而更好地开展课题研究。

第三节　区县馆的第三文化空间实践

作为杭州市公共图书馆服务体系建设的重要指导思想之一，第三文化空间的理念在区县馆也得到了很好的体现，除了传统的借阅服务，他们同样提供了丰富多彩、生动活泼的信息和文化服务，成为当地市民生活的第三文化空间。

一、萧山图书馆湘湖讲堂

萧山图书馆湘湖讲堂成立于 2007 年，主要依托萧山图书馆丰富的文献信息资源优势、专家讲师优势和日臻成熟的公共文化服务优势，利用区文化中心现代化场地优势，向公众提供公益免费的讲座服务，内容涉及文学、医学、科技、地方历史文化、英语、心理健康、健身等多个方面。

萧山图书馆湘湖讲堂

湘湖讲堂的宗旨是每一位读者的需要就是其工作的目标，只要读者提出要求，萧山图书馆湘湖讲堂必竭尽所能。本着以知识涉及全面性、讲座普及全面性的思路及便民、利民、惠民的目的，这些年来萧山图书馆湘湖讲堂与科协、文联、学校、部队等相关单位机构密切合作。“湘湖讲堂名家面对面”湘湖讲堂公益讲座系列、湘湖讲堂精品沙龙系列、“湘湖讲堂书海送香”等品牌讲座活动收到了市民热烈的欢迎。截至 2013 年 7 月，湘湖讲堂已经邀请 300 余位讲师答疑解惑，给企业乡村开展了 400 余堂讲座，服务了 8 万余名读者，成为萧山图书馆为市民提供多种文化服务的一个重要阵地。

二、余杭区图书馆“向日葵绘本阅读”活动

余杭区图书馆“向日葵绘本阅读”活动

随着社会的发展，阅读成了生活中不可或缺的一部分，广博群书，培养孩子积极阅读的能力，对孩子的成长有着重要的作用。余杭图书馆为了培养孩子们的早期阅读兴趣，帮助孩子开发思维，陶冶情操，增长知识。自2012年6月开展“向日葵绘本阅读”活动，至今已开展23期，深受广大读者的喜爱。

“余杭图书馆向日葵”活动是余杭图书馆利用馆内设施，以书为媒，以阅读为纽带，常年开展的公益性亲子活动，让孩子和家长共同分享多种形式的阅读过程，努力打造孩子健康，快乐成长空间。“向日葵绘本阅读”故事会内容丰富多彩，由浅到深、由易到难，从阅读内容、阅读技巧、阅读方式等不同角度出发，生动而系统。

前期，通过开展“故事妈妈”招募活动，吸纳社会热心人士，成立“向日葵绘本阅读”故事会主讲成员团。现“向日葵绘本阅读故事会”主讲成员分为本馆工作人员与社会热心人士两部分。社会热心人士一般来自专业早教机构，研究语文教育等专业领域，其中姜晓燕是一名专业阅读指导老师，长期为《父母必读》《小学生作文》杂志供稿，至今她在各类教育教学杂志上的文章有70多篇，也曾为《你想当国王吗》《外公的女朋友》《花袜子小乌鸦》等书写过精彩的导读文章。

其次，通过“向日葵绘本阅读”故事会主讲成员团老师沟通、交流，有系统地安排“向日葵绘本阅读”故事会全年活动内容。保证每期活动如期举行，讲课内容丰富新颖。

余杭区图书馆现每月安排在周末开展两次“向日葵绘本阅读故事会”活动，每次家长和小朋友参与人数40人左右。在故事会中，开展经典绘本阅读，动手图书馆DIY、家庭阅读会、阅读技巧指导、音乐互动等读书活动，让孩子家长体会阅读快乐。

余杭区图书馆通过“向日葵绘本阅读”故事会，为父母创造与孩子沟通的

机会,分享读书的感动和乐趣,带给孩子欢喜、智慧、希望、勇气、热情和信心,也为图书馆树立良好的形象。

三、江干区图书馆“钱塘周末”主题沙龙活动

江干图书馆“钱塘周末”主题沙龙活动

“钱塘周末”文化主题沙龙是江干区图书馆三大品牌活动之一。以定期举行小型多样的主题活动满足读者多层次、多类型的文化需求为主要形式,每次活动的人数控制在20人左右,以保证大家可以自愿组合,顺畅交流,实现沙龙社交、沟通、学习的社会意义。目前已成功举办插花、摄影、民乐、名著阅读等多次主题沙龙。

其中以插花为主题的“花香满溢”沙龙活动因定位精准、内容丰富、讲师权威受到广大读者的肯定与欢迎,并应读者要求组织了多期活动。目前,江干区图书馆“钱塘周末”之“花香满溢”插花沙龙已成为花卉爱好者们聚会、交换心得、学习技艺的轻松优美的花艺空间。同时,“花香满溢”插花沙龙还经常举办会员花艺作品展,在展示高水平花艺作品的过程中提升了大众花卉欣赏的档次。

四、西湖区图书馆百万西湖人共享知识系列活动

西湖区图书馆百万西湖人共享知识系列活动

在打造市民生活第三文化空间的过程中,西湖区图书馆越来越注重读者服务和用户参与,服务方式已经从单纯的图书借阅向更广泛的用户参与和互动延伸,服务模式正在发生变化。目前西湖区图书馆除了“西图英语角”之外,还有“西湖人文大讲堂”“外教走进西图和你亲密接触”等互动

活动。此外,西湖区图书馆在假期还会开展“公益性阅读课堂”,借助这些活动,不断推陈出新,把“文献阅读”变成“文化阅读”。活动内容包括讲座、展览、沙龙、读者自主活动、免费观影等。

西湖区图书馆还多次调研市民的文化需求,不断扩展主题活动的内容和范围,如开展西湖人文大讲堂走进村社活动,把讲座带到居民家门口,深受好评。同时还加强“图书信息服务一证通”网点服务建设,完善了市馆、区馆、镇(街道)文化站、村(社区)图书室的四级服务网络,力求使图书馆的文化服务渗透到西湖的各个角落,让广大市民享受到文化惠民的成果,使图书馆成为社区居民生活的重要组成部分。

西湖区图书馆的所有这些活动,都是为了给图书馆用户创造出全新的阅读体验,让所有人群都可以在图书馆中找到属于他们的阅读方式和文化生活,让百万西湖人都可以共享知识和文化的盛宴。

五、拱墅区图书馆的少儿影评院

拱墅区图书馆少儿影评院

“运河少儿影评院”是在拱墅区文广新局党委的指导下,由区图书馆和浙江儿童阅读推广研究中心共同推出的一个以少年儿童为服务对象的、以播放儿童电影和儿童剧为主的、公益性质的少儿影评院,于 2013 年 3 月 2 日开播。它主要根据少年儿童的生理特征和心理特征,甄选少儿优秀影片,并通过电影专家现场讲解、评论以及培训的方式,引导孩子们正确理解影片的内涵,引导他们开阔视野、陶冶情操,并通过互动、影评、征文、大赛等方式,培养孩子们的写作、表达等综合能力。

“运河少儿影评院”与各方面专业机构合作建设影院,并组织开展全国性的活动和赛事,播放的影片是在中国儿童少年电影学会指导下,由儿童阅读中心的讲师团队通过集体讨论、精心甄选的中外优秀儿童影片,并邀请浙江儿童阅读推广研究中心的讲师及国内著名的儿童阅读专家主持影评课。

“运河少儿影评院”观影与评论相结合的方式,得到了广大学生及其家长的高度认可,取得了非常好的社会效益。如今的“运河少儿影评院”人气越来越旺,知名度越来越高,目前为止,先后有杭州电视台、今日拱墅、《杭州日报》及凤凰网等20余家媒体报道和转载了少儿影评院的相关信息。家长们对影评院活动也高度信任,他们认为孩子们看电影的同时,学会了交流,学会了思考,学会了文明礼仪,非常愿意孩子们能在这样一个环境里享受电影的乐趣。

六、下城区图书馆“书为媒　情牵手”大型悦读交友活动

下城区图书馆“书为媒　情牵手”大型悦读交友活动

“书为媒　情牵手”大型悦读交友活动是下城区图书馆拓展图书馆的服务功能,打造图书馆成为社区居民生活第三文化空间的又一个典型案例。

为了倡导健康向上的生活方式,丰富楼宇文化生活,帮助青年男女树立正确的婚恋观,寻找到自己生命中的另一半,下城区图书馆充分利用优秀企业资源,推出全新悦读载体,将读书与交友相结合,以书会友,以书修身,以书为媒,通过悦读交友活动为适龄单身青年男女牵线搭桥,让来自楼宇的白领单身男女在分享、互动、交流、碰撞中一同享受书香满溢的纯真幸福,一同寻找属于自己的甜美爱情,同时促进楼宇文化新一轮提升,从而间接推动着楼宇经济的快速发展,有效提升楼宇企业和员工的归属感与认同感、凝聚力与向心力。

与一般的交友活动相比,下城区图书馆举办的“书为媒　情牵手”大型悦读交友活动得到了更多青年男女的认可,他们认可图书馆作为社会公共文化机构在交友活动中的诚信度,也认可公共图书馆举办交友活动的品位,愿意积极报名参与。这一活动也引起了很好的社会反响,受到人民网、凤凰网、中国图书馆网、新浪网、搜狐网、杭州电视台、《杭州日报》《每日商报》等20多家媒体新闻媒体的广泛关注。

第四节　图书馆用户对第三文化空间的认知研究

一、研究背景

第三文化空间是杭州图书馆在多年来践行“平等、免费、无障碍”服务理念的基础之上、在打造“平民图书馆、市民大书房”的过程中，结合多年实践，融合第三空间理论，创造性地提出的非常有可能影响公共图书馆自我认知与发展前景的前沿性理论。然而，在将第三文化空间理论应用于当今的公共图书馆服务体系建设的过程中，对于受其指导开展的公共图书馆服务的内容、方式是否能够得到社会公众的认可，是对本理论认识与验证的最重要的思考与观察角度，这是杭州图书馆人最应该关注的问题。为此，我们设计了相应的调查问卷，在杭州图书馆等4个图书馆的在馆读者中进行了测试，目的是调查读者对杭州地区图书馆落实第三文化空间的认知程度，以便更好地完善理论，改进工作，将第三文化空间的覆盖范围随着公共图书馆服务体系的建设与完善，拓展至杭州全域。

二、研究方法

本问卷首先以汪东波《公共图书馆概论》中有关第三文化空间下图书馆转型要素理论为依据，通过对第三文化空间下的图书馆构成要素变化的分析，从管理、服务对象、用户活动和服务手段四个方面，逐条抽取第三文化空间的操作性定义指标，并且通过文献查阅法、专家访谈法以及半结构化访谈法每个指标的内容效度做出改进；接下来根据前面设定的操作性指标设计问卷，并以杭州图书馆对象进行预测试，对问卷的信效度进行检验，并进行探索性因素分析，最终形成正式问卷；然后以杭州图书馆、浣纱图书馆、杭州少年儿童图书馆和临安市图书馆的读者为对象正式发放问卷并回收，样本的抽取方式为偶遇抽样，采用发放纸质问卷、当面填答和回收的方法进行数据收集；最后对回收的数据进行数据清洗后（删除恶意填答、缺项、空项的问卷），使用SPSS 20.0和LISREL 8.8进行数理统计分析，并进而研究读者对杭州图书馆第三文化空间的认知，研究路线图（见图6－1）。

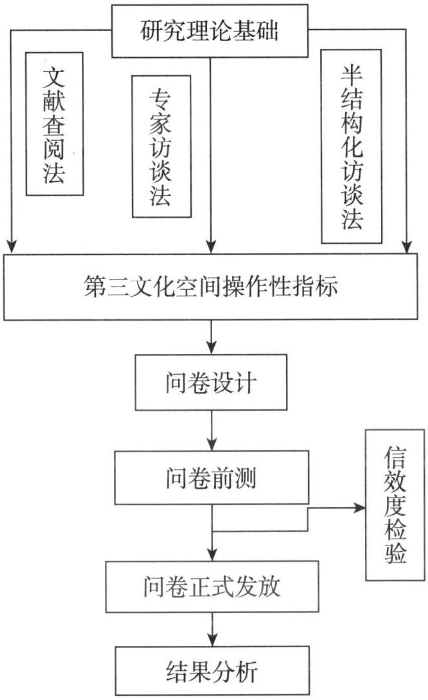

图6－2　研究路线图

三、研究结论

1. 读者对第三文化空间图书馆的各个特征较为认可

读者总体上对于第三文化空间图书馆的各个方面是比较认可的,主要表现在:读者对第三文化空间图书馆的4个维度均表现出较高的评价,即第三文化空间图书馆在透明化和开放性、主体感和自主性、贴心度和人性化、包容性和广泛性4个方面的表现均比较受读者认可。

2. 读者的性别、职业和平均周到馆率对第三文化空间图书馆的认知有影响

第三文化空间下图书馆的认知,分别会受到性别、职业和平均周到馆率的影响。性别方面,相较于男性读者,女性读者对第三文化空间图书馆的各个维度评价都更高;职业方面,党政机关、事业单位的处级以上领导干部的评价普遍较低;平均周到馆率方面,一周中每天都到馆的读者对第三文化空间

图书馆"主体感和自主感"的评价相对较高。

3. 读者的部分进馆动机对第三文化空间图书馆的认知有影响

通过建立结构方程发现,查找资料或借书、自习或阅览以及其他目的3个进馆动机对读者认知第三文化空间下的图书馆有影响。

第七章　重要使命:打造社会教育中心

随着时代进步与社会发展,公共图书馆的服务延伸需求越来越大,对公共图书馆发挥社会教育职能的要求也越来越高。考察杭州地区公共图书馆的发展历程,无论是"图书信息服务一证通"工程的推出,还是《杭州地区公共图书馆服务公约》的颁布,都是积极建立、健全杭州图书馆"中心馆—总分馆"体系服务的有效举措和成功实践。该体系的成功推进,不仅在于它是依据我国分级财政建设公共图书馆的体制而设计的一种适用于地市级公共文献借阅中心图书馆的四级服务网络运行模式,同时它也为公共图书馆的社会教育职能提供了有效载体和重要平台。

从一定意义上讲,杭州地区公共图书馆社会教育职能的发挥,是杭州图书馆社会教育职能"范式"和"样本"的有益补充与积极衍生,杭州图书馆努力将自己打造为本地的社会教育中心,其经验是值得在国内公共图书馆界推广的。

第一节　社会教育的内涵与特质

社会教育有广义和狭义之分。就广义而言,以社会全民为对象,以社会生活为范围,以推动个人的社会化及社会整体发展为目的的教育,皆在社会教育的范畴之内。民国曾有学者指出,社会教育既是失学儿童、青年和成人的基础教育,也是已受基础教育的儿童、青年、成人的继续教育和进修;其方式不限于"教育机关"或"学校",凡改变群众行为、授予知识技能理想而改进其个人团体生活的工作,都是它有效的方式①。也有学者认为,"举凡社会上各种事业,其结果可使社会改良者",均属广义的社会教育。从此定义出发,无论是学校还是图书馆,其所推行的教育,都具有社会教育的性质,属于广义的社会教育。

然在大多数学者与教育政策制定者的眼中,社会教育是与学校教育相对

① 俞庆棠.民众教育[M].南京:正中书局,1935:3.

应的一种教育形态。国民政府时期,社会教育司司长陈隐江就曾指出,“凡国家或私人团体为实现教育权利大众化,及其内容生活化,使更能适于人民需要起见,乃在正式学制系统以外用各种不同之方式,办理教育事业”,这些教育事业就是社会教育。一批当代学者也都认为社会教育乃是指正式学校系统以外的各项教育活动及其设施的总和,属于狭义的社会教育。

其实,我们只是人为地对社会教育与学校教育进行了划分,事实上,尽管两者在实施方式和受众对象等方面有所不同,但在根本目标上却无二致:既有向国民传授知识,发展其多元智能的责任,也有塑造健全公民,促进社会和谐发展的义务。也就是说,在“社会化”及“化社会”这两个维度上,学校教育和狭义的社会教育是共通的。

本书沿用狭义的社会教育的概念,采用著名图书馆学家马宗荣对社会教育基本内涵的界定:国家、公共团体或私人,为谋社会全民的资质与生活向上发展,在学校和家庭以外,另设多式多样的机关与设施,供给社会全民,在其实际生活场所中,而得自由地广为扩充其文化财的享受,使影响及于社会全体之作用,谓之社会教育①。与学校教育相比,社会教育具有许多重要的特质。

一、社会教育实施对象的全民性

“不分男女,不问贤愚,不管职业,不拘贫富”,也不论年龄几何,均是社会教育的客体②。社会教育在理念上秉持了“教育机会均等”的原则,其本义是使“整个社会教育化”,提升全体国民的素质,使每个人都成为建设新社会的积极成员,因此,不会刻意选定某个社会群体进行施教,这是与各级学校机构所不同的重要方面。

二、社会教育实施时间的终身性

无论个体是不是处于学校教育的阶段,其他公共机构所提供的教育项目始终存在,只要个体有意愿且具备必要的财力或精力,随时可以启动学习的进程。学校教育的实施往往会在某个年龄段就终止,而社会教育则是一种“生涯教育”,它随时准备着向各个年龄阶层的读者开放,鼓励和支持人们将学习视为一种持久、永续的过程。从这个意义上说,社会教育也就是我们当

①② 马宗荣.社会教育纲要[M].上海:商务印书馆,1937.

下一直强调的终身教育。

三、社会教育实施主体的多元性

以社会教育的观点来看,实施此类教育的主体,未必一定是教育界的专业人士,需要“一定的资格,一定的年龄,一定的身份”,举凡学者、政治家、宗教家、艺术家等,无论何人,苟能尽力献身于教育者,都可以作为社会教育的主体。就机构而言,无论是国家、地方或私人的实体机构,譬如图书馆、博物馆、文化馆、个人收藏室、新闻媒体等,抑或是虚拟的教育网络平台(如虚拟大学等),都可以被视为社会教育的实施主体。事实上,也唯有发动全社会一切有志于发展教育的个人与单位,才能真正达成开启民智、建设国家的根本目标。

四、社会教育实施方法的多样性

不同的社会发展阶段,对社会教育方式方法的要求也会存在一定的差异。同时,社会教育实施主体由于在知识、能力与理念等方面存在一定的差异,因而,不同的实施单位与个体在推行社会教育时,往往会采取不同的措施,实行多样化的策略,呈现“百花齐放”的局面。也正因为如此,相比学校教育,社会教育差异化的教育方式、方法,反而更能符合时代进步和社会发展的需要,便捷、灵活地适应各地区、各阶层民众的迫切需求。

五、社会教育实施内容的实用性

社会教育在实施时有一个重要原则,即要满足各类社会群体的实际需要,只有这样,才能更好地增强社会教育的吸引力和关注度,提升广大民众接受社会教育的自觉性和认可度,使教育真正发挥实际改造的作用。社会教育的主旨不在造就从事高深学问研究的学者或专业人士,而是在普及基础知识,解决各职业领域的实际问题。

第二节 公共图书馆与社会教育的关系

一、社会教育是公共图书馆存在的天然属性

西方公共图书馆建立的初衷,就是为了打造“好市民”,对市民进行普及

教育。因为公共图书馆可以凭借其丰富的馆藏资源,免费传播好的知识和信息,为市民提供自我教育机会,同时,还可以在下层人民中培育阅读兴趣和高雅情趣,使他们亲近知识,远离粗鄙。如在决定建设美国波士顿图书馆的1852年城市第37号文件中,图书馆董事们为波士顿图书馆确定的基本角色就是服务于波士顿居民的自我教育。由此图书馆方才有了教育使命,使公共图书馆从一个模糊的概念变成了现实①。

在我国,公共图书馆的前身是藏书楼,其建立也是立足于“开启民智”的思想之上。同时,在我国近代公共图书馆发展历程中,推行社会教育一直被认为是图书馆的基本职能所在和天然属性所使,图书馆因其丰富的资源而应该成为社会教育的重要承担者。

二、公共图书馆的社会教育职能是国家教育事业发展的客观要求

依据我们对社会教育的界定,社会教育是与学校教育相对应的一种教育形态,前者与后者互为补充,共同组成完整的国家教育体系。从时间上来说,学校教育是阶段性的,而社会教育是终身的,是人们完成阶段性教育后所必须接受的教育形态;从内容上说,学校教育偏重于学术专攻、技术和科研,而社会教育的内容则是千姿百态,蕴含了为人处世、工作、生活等方方面面的内容,其中很多内容是学校教育所不能提供的。

蔡元培曾指出,“教育不专在学校,学校之外,还有许多机关,第一是图书馆”②。李大钊也认为,“图书馆和教育有密切的关系,想使教育发展,一定要使全国人民不论何时、何地都有研究学问的机会”,换句话说,就是要使“全国变成一个图书馆”。他还提到,要想使各种完美的教育方针得以实现,“非依赖图书馆不可”③。汪长炳也曾提到,推行社会教育的部门虽多,“比较具体而富有永久性与独立性者却为图书馆”。可以说,图书馆,尤其是公共图书馆,是全体国民接受教育的理想殿堂,是广大民众进行终身学习的最佳场所,其影响力有时甚至超过学校。

---

① 于良芝.公共图书馆存在的理由:来自图书馆使命的注解[J].图书与情报,2007(1):1-9.

② 金雪梅.图书馆与现代远程教育[J].图书馆学研究,2000(3):86-88.

③ 杨佳莲.论数字图书馆与学习型社会的同构[J].科技情报开发与经济,2006(16):41-42.

刘国钧曾指出:"盖学校之教育止于在校之人数,图书馆之教育则偏于社会;学校之教育迄于毕业之年,图书馆之教育则无年数之限制;学校之教育有规定课程为之限制,而图书馆之教育则可涉及一切人类所应有之知识;学校教育常易趋于专门,而图书馆教育则为常识之源泉'夫一社会之人,在学校者少;人之一生,在学校之时少',然则图书馆教育,苟善用之,其影响于社会于人生者,且甚于学校。而学校中所培养训练之成绩,转将赖图书馆教育之维持而不坠。图书馆在教育上之价值有时竟过于学校也。"以20世纪30年代的北平民众教育馆为例,即分为阅览、教学、康乐三部。其中教学部即主要担负起推行社会教育的任务,掌理民众学校及各种补习学校、民众问字处、民众问事处、各种讲演等事务,其他两部也会以各种形式参与其中。该教育馆曾开展了灵活多样的社会教育活动,包括文艺教育、生计教育、健康教育、公民教育、休闲教育、妇孺教育等①,远远超过了一般学校教育的内容范畴。

由近代著名的图书馆代表人物李靖宇所主持的邹平乡师图书馆,也长期致力于社会教育的普及与深化。这个图书馆虽然在名义上是一所学校图书馆,但实际上却扮演了县立公共图书馆的职能,比如他们专门设立了巡回图书馆,通过各种调研信息,将适合读者需求的书刊推送到服务点;通过设立农民识字处、农民问字处、农民代笔处、农民参考部等,对农民进行基础学识的教育;还依据"适合时代精神、适合社会环境、适合儿童心理与生理"三大原则,精心选择儿童读物,并举办形式多样的阅读活动(如读书成绩报告会、朗读会、图书展览会等),发挥了一般学校难以发挥的重要作用②。

伴随着时代的发展,单纯的学校教育更加显得不能满足人们的知识需求。公众需要一个能够满足持续学习需求的空间,这里的空间不是单纯意义上的一个"地方",更是包括学习所需要的一切资源和设备,例如文献资源、座椅、电子设备等等。显然,公共图书馆是符合这个要求的。

三、公共图书馆开展社会教育的优势

虽然能够承担社会教育的社会机构众多,但是公共图书馆因其"公共"的性质,具有其他社会教育机构所没有的特殊优势。这些优势主要包括下述四

① 赵倩. 北平地区民众教育馆中心地位的确立与发展(1933—1937)[J]. 北京社会科学,2010(1):60-67.

② 吴稌年. 论李靖宇乡村民众图书馆的理论与实践[J]. 图书馆,2012(1):4-8.

个方面，正是这些优势，构成了它在社会教育体系中不可替代的中心地位。

1. 广覆盖、保基本的布局体系

公共图书馆，作为公共文化设施的重要组成部分，由于其内在的社会属性，决定了服务对象的广泛性。尤其是随着公共图书馆“免费、平等、无障碍”等服务理念的不断推广，广大民众进入阅读学习的门槛越来越低，资源共享、通借通还等服务不断优化，客观上为形成全社会的服务网络体系提供了理论支持。同时，多年来我国公共图书馆服务体系的建设实践，非常注重广度和深度的拓展与衍生，并朝着以构建城市或城区为重点，尽可能覆盖街道、社区、乡镇、村组等基层的服务网络体系的目标而努力，使得公共图书馆设施条件大为改善，服务能力明显提升。同时，也正是基于依托覆盖城乡、布局合理的公共图书馆服务体系，公共图书馆得以不断拓展社会教育职能，广泛开展诸如讲座、展览、培训、阅读推广等丰富多彩的文化活动，使越来越多的基层民众享受到平等、便利的公益性文化服务。

2. 专业化、体系化的资源结构

图书馆作为人类历史文明的承载者，拥有丰富、系统的资源，在保存文献典籍和文化遗产、传承和弘扬民族文化等方面发挥着重要的社会职能。在我国，国家图书馆与省（市、自治区）级、地（市）级、县（区、市）级图书馆以及乡镇图书馆（室）之间存在着纵向业务指导和某种隶属关系；各地区公共图书馆之间、各部委所属同类院校图书馆之间、各大厂矿企业图书馆之间以及同一地区各类图书馆之间又存在横向联系的协作。这些纵横交错的相互联系和彼此间的协作，比当前信息社会大背景下孤军奋战的信息企业和单位有着无可比拟的竞争优势。此外，公共图书馆所拥有的地方文献特色资源，购置的特色数据库，凭借“图书信息服务一证通”等网络所构建的文献资源共建共享平台，以及依托联机计算机图书馆中心（OCLC）等合作框架实现全球文献资源的传递、互借，使得公共图书馆具备了学校、企业、社会团体等一般机构所不及的专业化、系统化的社会教育资源优势。利用这种优势，公共图书馆开展社会教育，只需付出很少的物资与人力，就能获得较高的收益，因此，丰富的专业化、系统化资源结构，使得公共图书馆社会教育职能呈现出低投入、高产出的特性，具有较强的市场竞争力。

3. 丰富、前沿的文献资源

公共图书馆所蕴藏的文献资料，无论是有形的文本，还是电子化的素材，在数量上都是任何个人藏书及其他机构所无法匹敌的。这些资料，涉及人类各个学科门类和生活领域,既有科普作品和入门读物,也有一般的专业教材及高深的理论作品,既有学术性的论著,也有大量消遣类的期刊、书籍和杂志,因此,能满足各个行业、各种学历和文化程度的读者的实际需要①。图书馆在保存这些资料的同时,还会保持信息的动态更新,随时引进最新的资料,可使读者掌握最前沿、紧跟时代脉搏的资讯与学问②,学习由此就变成了一个可持续的、终身的稳定过程。

4. 优越、充实的软硬条件

随着科学技术的发展,公共图书馆的服务越来越朝着一种集网络化、自动化和数字化于一体的综合性服务的方向发展,这种趋势对服务环境也提出了更高的要求。为了实现高质量的个性化服务,给读者提供个性化的服务环境,公共图书馆一方面积极加强馆员人才队伍的建设,通过培训学习、引进人才等手段来提高馆员素质;另一方面积极配置利用率高、使用便捷、工作效率高的现代化设备,努力提升整体的现代化水平和质量,为良好的借阅环境的创设提供坚实的技术支持和保障。

5. 浓郁、良好的阅读氛围

公共图书馆的基本宗旨是在为读者创造一个优美、静怡、舒适的阅读、学习环境,以提高其学习效率,将学习变成一个享受的过程。公共图书馆的硬件建设往往以此为指南,包括柔和的灯光、宜人的色调、宽敞的走廊、舒适的桌椅等。读者聚集在一起潜心阅读和研究的软环境,能有效激发来馆读者求知的渴望,使公共图书馆"有不知不觉养成人才之利"的效果③。

6. 便捷、齐全的学习工具

知识经济时代的信息呈几何级数增长,在浩如烟海、动态变化的资料中,如何准确、快速地定位自己所需要的知识,成为学习能否成功、高效的关键。公共图书馆以其严格的科学分类、严密的主题标引,对知识系统进行了标准化的处理,譬如提供了丰富的文献检索工具,如词典、百科全书、年鉴、手册、索引、文献等,并建立了完善的互联网管理系统,可以帮助读者方便、快捷地找到所需文献,更有目的地进行深度研习。

---

① 赖华敏.知识经济时代应强化公共图书馆的社会教育职能[J].法律文献信息与研究,2003(1):39－41.

② 鲍成学.信息时代公共图书馆的社会教育职能[J].图书馆学研究,2003(8):17－20.

③ 论图书馆为开进文化一大机关[N]//清汉报.北京:中华书局,2006:1073－1078.

7. 灵活、多样的服务方式

公共图书馆凭借其得天独厚的条件，可以为读者提供丰富多样的教育活动，适应各阶层民众的阅读、学习需求。如今的公共图书馆“以读者为中心”的服务理念取代了传统的“以文献为中心”的服务模式，根据读者的条件与需求，适时提供或创造灵活多样的文化教育活动。譬如公共图书馆设置自习室、学术报告厅、会议厅、展览厅、视听室、研讨室等空间，为民众举办各类讲座和展览，并让他(她)们自主开展各种学习活动①。公共图书馆还会主动联合社会上其他机构共同开展活动，或走进社区、街道或乡村，或建立流动书库，使民众能够近距离地接受社会教育等。

此外，公共图书馆秉持“公开、平等、免费”的原则，对社会全体成员(尤其是智障、残障等弱势群体)开放，允许他(她)们自由阅览所有读物、享受各种服务，特别是其中的免费条款，使得人人利用图书馆接受社会教育成为了可能。同时，图书馆内的各种资源，既有使“现在学校教育之青年学子，得辅助其知识之利”，也有使“不受学校教育者，得知识之利”，适用于各个社会群体，因此，更能够担负起社会教育的职责。

第三节　杭州图书馆推行社会教育的探索与创新

杭州图书馆借鉴民国时期民众图书馆(民众教育馆、通俗图书馆)在社会教育实施方面所积累的宝贵经验与教训，为推动本地市民知识与技能的发展以及公民社会的发展做出了不懈努力。尤其是以下五个方面的探索，可为当代中国公共图书馆有效地实施社会教育提供借鉴与启示。

一、面向全民开放，提供便捷服务

社会教育的对象既然具有全民性，其目的是要启发所在地区全体民众的智识，因此，作为施教机构的公共图书馆理应向社会各界开放，而不能存在阶层分流和差别对待。杭州图书馆坚持平等的原则，面向所有市民开放，包括那些有学习需求的乞丐、拾荒者和农民工，这种平等的开放，使得杭州图书馆被媒体和市民评为“史上最温暖的图书馆”。

---

① 柏柠. 社会教育是公共图书馆的核心职能[J]. 河南图书馆学刊，2012(3)：63 - 64.

民国时期,民众图书馆因为战乱、经济落后等因素,几乎不能实现免费流通与借阅的宗旨,从而限制了普遍处于贫困之中的民众入馆学习,用社会再生产的理论来说,这样的政策只能维持并加深已经造成的社会阶层差距及对立,无法真正发挥社会教育应有的作用。即便是在当代,借书的押金制度仍然是公共图书馆的主流做法,实现完全的免费仍是一种理想。2006 年,杭州图书馆率先实行了“零门槛”的政策,宣布全面取消借书的押金制度,杭州市民凭借市民卡或第二代身份证即可免费办理借书证并借还所有文献。这项政策的推行,大大降低了市民入馆接受教育的门槛,进一步化解了社会各阶层之间的差异,真正实现了平等的目标。

受教育权的实现,其最主要的方面在于充足的准入性。没有适宜、多样的准入途径,即便民众有意愿要进入图书馆学习,也很难真正实现。杭州图书馆推出了许多便民的举措,创造了多种行之有效的准入路径,使杭州市民能够轻而易举地享受到图书馆所提供的各项服务。

首先,杭州图书馆积极实施“集群化”管理,从 2003 年年底开始,发起并建设“图书信息服务一证通”工程,包括杭州少年儿童图书馆及萧山、余杭、富阳、建德、桐庐、临安、淳安在内的九家公共图书馆共 210 万册的图书资源得以整合,读者凭借有效证件在附近任何一家图书馆办理借书证,即可享受其他图书馆的所有服务。杭州图书馆极力建设、拓展乡镇图书室基层点和社区服务点,力图打造以杭州图书馆为中心,区、县(市)级图书馆为分中心,街道(乡镇)、社区(村)图书馆(室)为基层服务点的四级图书馆服务网络,形成杭州“15 分钟阅读圈”。此外,杭州图书馆还积极推行流动书库政策,与杭州市区部队、监狱及学校、企事业单位等纷纷建立图书借阅共建关系,对各合作单位与基层服务点提供流通车定点服务。

其次,杭州图书馆积极推行并加强“数字图书馆”的建设。2005 年,杭州图书馆即开通了远程咨询服务系统,为市民提供远程服务,并参与“全国网上联合参考咨询平台”工作,全年在网上为读者解答各种疑惑和问题。杭州图书馆还成为国内首家实现三网(宽带城域网、数字电视网、移动多媒体网)融合、三平台(网站、手机、电视)运行的数字图书馆,实现了三位一体的不受时空限制的资源服务。市民不仅可以登录杭州图书馆门户网站“文澜在线”使用数字图书馆,还能通过手机随时随地地检索图书馆藏书,并查询读者的个人借阅情况,了解图书馆活动信息,手机平台提供了近 3000 种流行期刊的在线阅读。

杭州数字图书馆开通仪式

通过有线数字电视，市民可以在家查阅图书馆的藏书，预约续借图书，欣赏“文澜大讲堂”、公益讲座等视频，电视版还结合共享工程设立了杭州专区，视频资料也源源不断地得到供应。杭州图书馆所建设的数字图书馆在容量上成功整合了100TB的资源，成为国内数字资源建设的大馆。而在服务功能上则集合了文献借阅、知识导航、远程教育、多媒体欣赏和数字阅读，特别是通过开设“在线展厅”和“在线阅读”栏目，使市民不仅可查看丰富的讲座、展览等音视频资料，同时打破在馆阅读的限制，实现资源服务到户、到桌面。此外，还通过“文澜论坛”和“心随阅动”微博，加强与读者的网络互动，以体现web 2.0时代公共图书馆的特色。

二、提升市民参与层级，实现其自我教育

任何教育归根结底是一种自我教育，社会教育也是如此。公共图书馆作为施行社会教育的机构，在规划、推行和评估社会教育方面，具有不可替代的作用，读者在这个过程中，也并非是全然被动的角色。社会教育有弥补、辅助乃至改造学校教育的功能，因此，在原则上理应赋予读者更多自主权，使他们真正成为学习的主体。读者参与到社会教育之中，意味着公共图书馆必须要倾听读者的声音，了解他（她）们的基础和发展需求；邀请他（她）们与图书馆员合作，一起制定社会教育的政策和方案；创造机会让他（她）们采取积极行动，借以改善社会教育的品质。早在民国时期，民众教育馆即通过指导、培训会员等方式，允许和鼓励一般民众直接参与讨论与他们利益有关的地方和基

层公共事务，对乡村政权的民主化发挥了重要作用①，这也为当代公共图书馆推行读者的自我教育提供了重要证据与启示。

就杭州图书馆而言，“文澜沙龙”的出台和运营足以显见其对读者自我教育的重视。该沙龙是2009年6月创立的，最初是由专题文献中心和其他部门的图书馆员发起，邀请馆外学有所长的专家到沙龙现场做主持人，不久后便推出“无门槛招募主讲人”的政策，打破了专家垄断知识领域的传统格局，使具有不同行业（手工、养生、救护、理财、职场等）经验的普通市民也加入到主持沙龙的行列。在这个政策之下，市民们已不再是被动接受知识的听众，而转变为相互交流、引导他人学习的施教者。

随后在杭州图书馆的支持下，市民们逐渐成为“文澜沙龙”的主导者，他（她）们不再仅仅是主持人，也成为管理者、策划人、组织者和宣传方。由10余名骨干成员所组成的“文澜沙龙”读者会是该沙龙事实上的组织机构，参与者经过审议和投票，推选出会长以及各类活动的负责人，并通过相关章程以明确各责任人的工作义务及相应的运作机制。读者会不定期举行会议，分享和研讨“文澜沙龙”开展的经验，评估各主讲人的水平以及活动的质量，积极引荐新的主讲人，并商议沙龙可能的改良方法及未来的发展方向。读者会还会及时将评估结果反馈给主讲人，督促他（他）们切实做好先期准备，并调整授课方法以提高社会教育的品质。而杭州图书馆所做的只是馆内外的宣传工作，提供设备场地和现场服务，并负责将主题图书送到沙龙活动现场，只有在少数场合才会出面来介绍活动背景与主讲人的情况。

随后，“文澜沙龙”读者会还决定创办《文澜沙龙》杂志和“文澜沙龙”读者群英会。会刊由读者会全权负责，每年两期。它将编者、读者、发行融为一体，是一本散发着读者们理想主义和人文梦想的公益性杂志。正如杂志的自我介绍所写：“这不是名人们的圆桌盛宴，也不是学者精英的恢宏大作，这是《文澜沙龙》，是源自草根百姓的闲言碎语。公益、平民是她的品格。”这本杂志曾在2010年“上海（杭州）国际图书馆论坛”上，得到了国际图联主席和世界各国图书馆长们的高度评价。

“文澜沙龙”读者群英会是“文澜沙龙”读者会所组织的嘉年华，每年举办两次。这个活动同样由骨干读者自行操办，图书馆只负责配给相关的服务和支持。在这个活动中，一方面由读者出谋划策，评点沙龙，是一个谋划沙龙未

① 周慧梅. 民国时期民众教育馆变迁的制度分析[J]. 教育学报，2008(2)：10－15，32.

来发展的"神仙会";另一方面,也是大家尽情展示才情、增进友谊的平台。通过这一活动,图书馆听到了更多鲜活的意见和建议,也更有力地凝聚了骨干读者,使"文澜沙龙"发展有了强大而持续的支撑。

发挥普通市民的力量,使他(她)们成为"文澜沙龙"的主导者,这不仅降低了杭州图书馆相关服务的运营成本,充分调动了读者的热情与兴趣,使他(她)们真正觉得这个活动是属于读者自己的活动,从而能够有效吸引各行各业的普通读者参与其中,增强了活动在内容和形式上的灵活性。截至 2013 年 7 月,"文澜沙龙"已成功举办了 800 多场活动,共有 2 万余名读者参与了这些活动,并逐渐形成了"幸福人生""经济理财""阅读分享""外语学习""风土人情""视觉艺术""心理探秘""法律咨询"等八大主题。"文澜沙龙"已成为杭城家喻户晓的重要文化教育活动品牌。

三、构建多元、形式多样的社会教育教学体系

学校教育的实施,无论在形式上如何变化,课堂教学始终是其中心,而讲授法也一直是教师教学的主要方法,素质教育的提倡并未能撼动这一传统的僵化格局。但公共图书馆推行的社会教育则不同,它从一开始就没有设立严格的教学模式,因为它既没有固定的师资和固定的教材,也不会规定某个场所为其最主要的施教地点。因此公共图书馆在教学形式上,可以比学校更为灵活、更加多样,也因此更能吸引普通市民的参与,进而提升社会教育的成效。民国时期的公共图书馆,就曾在这方面做出了许多有意义的探索,为当代杭州图书馆进行社会教育提供了重要参考。他们的活动不仅包括通俗讲演(其内容有道德训练、现代国民意识、生计、卫生、时事等方面),也常通过图书阅览、出版通俗刊物、讲演、代笔会、流动书车、展览会、播放电影等各种形式教育民众,致力于整个地区文化和民众生活方式的改造。他们对于乡村民众的生计教育也颇为重视,江苏省立俞塘民众教育馆、徐州民众教育馆等,都曾招收附近农民子弟到馆受训或举办合作讲习会以指导民众进行农村合作事业。民众教育馆还积极辅导或协助该区社会教育机关及公私立中小学兼办社会教育,以谋事业之联合①。而杭州图书馆在当代的社会教育教学活动,则主要集中在以下两大类。

① 周慧梅. 民国时期民众教育馆变迁的制度分析[J]. 教育学报,2008(2):10-15,32.

1. 基于实体单位的教学形态

这类教学是公共图书馆推行社会教育最为普遍的形态，在方式上非常多元，这些方式从总体上可以分为“引进来”与“走出去”两大类型。“引进来”就是通过各种途径将施教者和市民从各地吸引到图书馆内的指定场地，开展现场的教育活动。其中，开讲座可以说是当前公共图书馆最常使用的引进策略之一，“文澜大讲堂”就是杭州图书馆所着力建设的重要品牌。“文澜大讲堂”的内容在开始时主要以时事类和高端的学术类讲座为主，此后不断寻求在形式和内容上的亲民性，开始更多地设立比较通俗易懂的讲座。为此，“文澜大讲堂”适时推出“艺术课堂”系列讲座，以表演的方式帮助市民了解艺术的形态及表现手法；还创造讲座与展览的联动模式，即在展览期间设计主题讲座，互为补充，使市民可以在多个感官上同时获得多样化的信息，从而大大提高了学习的效果。此外，“文澜大讲堂”还推出了针对儿童与青少年的特殊服务，即每月一次的“走读杭州”活动，使孩子们能够从游览中全方位地、直观地“阅读”杭州，知悉杭州的历史与文化，从而贯彻了陶行知所提倡的“知行合一”的进步主义教育原则。

推广阅读，提高本地市民的阅读素养，形成热爱阅读的文化氛围，也是公共图书馆的重要职责。杭州图书馆用心打造了“心随阅动”这一活动品牌。“心随阅动”突破了传统的活动模式，推出了集视、听、味三位一体的“3D 阅读”新概念。“3D 阅读”提倡静态与动态相结合，一方面实现一个具备较强参与性的活动内容与一个相对安静的举办地点的结合，另一方面实现动态的活动与相关文献主题推荐的结合。活动的内容和形式不再局限于简单的图书推荐，而是将多媒体、现场表演、书签、网站宣传等形式融为一体，多元化地提升读者的阅读素养。此外，“心随阅动”还开辟了许多有趣的阅读活动，例如“金妈妈下午茶”（邀请在生活中有一技之长的读者作为活动嘉宾，通过现场教学、实践操作的方式，向被激发兴趣的读者推荐相关主题图书）、“CC 姐妹课堂”（侧重于技能学习，通过活动帮助有相关需求的读者提升水平，解决在学习过程中遇到的困难或瓶颈）、“阅动书友会”（主要方向是寻找一部分读者，带动一部分读者，打造书友会的骨干读者框架，同时带动各类文献的借阅，引导市民参与到各类文献的赏析和讨论之中）。

以展览活动来提升民众的艺术修养，进行环境与国际教育，也是公共图书馆常见的教学策略。杭州图书馆曾举办过许多类似的展览活动，如分别与美国领事馆和澳大利亚大使馆、亚太多媒体艺术中心合作举办的“身份与美国风景——华裔摄影师胡明勇作品展”“澳大利亚‘光源自光’当代媒体艺术作品展”,为市民进一步了解世界文化起到了积极作用。此外,还有“TCL 奇幻世界——经典艺术多媒体互动展”、文化创意产业项目“达·芬奇科学艺术展”等展览活动。

同时,杭州图书馆还积极采取“走出去”的教学策略,或者与外部单位合作,形成网络化(networking)的有利格局,共同推动一些具有教育意义的活动,或者自己设计一些教育项目,以馆外场所作为项目实施的舞台。譬如音乐分馆曾在 2011 年 3 月到 6 月期间,携浙江昆剧团专业演员,走进社区、学校,举行了 10 多场“总有一种声音打动你——戏曲进社区、学校”系列活动,将昆曲这一中国非物质文化保护遗产带到广大市民中去。自 2007 年以来,杭州图书馆举办全杭范围内的图书漂流活动,投入漂流图书达数万册,参与漂流的市民达数万人。同时,还与文广新局合作承办“全球化论坛——世界文化多样性”、西湖读书节评选十大“书香人家”、“书虫”活动、“品味好书,品质生活”征文活动及讲座,主办杭州市社会图书节等。并建立了长三角杭、嘉、湖、绍区域公共图书馆在资源建设、业务交流等方面的合作机制,在合作共建共享的理念下谋求社会教育的集群化发展。此外,对薄弱单位进行主动援助也是杭州图书馆“走出去”策略的重要手笔,曾支援富阳常绿镇中心小学建立“文澜·开明图书馆”,组织热心读者参与调研、捐赠图书和参加图书馆揭牌仪式,结合浙江省“山海合作计划”对本地区及其他地区图书馆进行文化帮扶等。

2. 数字化的教学服务

Web 2.0 时代的社会教育,已经突破了依赖一定时间、地点和人力的传统授课模式,而日益形成全天候、无地域障碍和人力资源限制的服务模式。作为施教机构的公共图书馆,利用各类网络平台,即可更有效地为读者提供多元的教育服务,并通过增强与读者的互动及时了解他(她)们的学习需求,以提升其自主学习的水平及能力。

杭州图书馆的“文澜在线”在数字化教育方面发挥了关键性的作用。该系统设立了许多旨在帮助读者提高阅读质量的栏目,如读者借阅排行榜(每月对读者借阅文献进行统计,向读者推荐排名前十位的图书)、每月新书推荐(根据每个月采访和编目提供的书目信息,挑选一些热门文献进行推荐展示)、专题推荐(根据活动主题或专题确定所要推荐的书目)、书评随笔(通过馆员推荐书目的形式,分享阅读心得和感想)、好书悄悄读(根据当日采访和编目提供的书目信息,每天向读者推荐一本好书)。以网络的形式实施更具吸引力的教育活动,如“大书房 · 小书房”就是向读者征集家庭书房照片与视频,在线上进行展示,接收公众公开投票,这个活动有力地带动了市民建设小书房的风气,培育了整个社会的阅读氛围。此外,杭州图书馆还积极推动远程教育服务,投入巨大资金扶持并建设50多个“远程教育”试点村图书室。

四、根据用户群体特性,提供针对性的教育服务

教育是一个师生之间双向互动的过程。在公共图书馆所推行的社会教育中,由于师资队伍的多元化和不固定性,教育的成效如何,将主要取决于读者的需求在多大程度上得到了满足,或者说,其知识、技能、情感态度价值观等在何种程度上得到了发展。因此,公共图书馆必须事先对读者的需求有充分的调研与确认,并据此设计出更具针对性的教育项目,才有可能高质量地达成社会教育的效果。在这一方面,国外许多公共图书馆都相当重视。关于这点,也可以从公共图书馆的服务对象“读者”到“用户”称呼的变化中得到体现。如美国纽约州立图书馆专门设立了对商界、州政府公务员、教师、印刷品障碍者四类用户对象的服务窗口,显然这四类用户是该图书馆的主要服务对象。凤凰城公共图书馆通过科学调研,将其用户分为浏览者/阅读者、研究者、自学者、群体活动参与者四大类,并据此设计了不同的服务项目。而这些国外的典型经验和成功做法,也为杭州图书馆的服务探索提供了有益启示。

杭州图书馆针对特定领域的用户群,吸纳并设立了许多主题图书馆。如2005年,杭州图书馆将张铭音乐图书馆、西泠印社图书馆等吸纳为分馆,分别提供音乐、篆刻书画等专业领域的教育服务。2008年,建设以“总有一种声音打动你”为品牌的音乐分馆,以向杭州市民提供各种层级的音乐教育,提高市民的音乐素养及鉴赏能力为己任。这个音乐图书馆专设音乐书报刊阅览室、音乐欣赏厅、DVD欣赏厅、录音棚和HI-FI音乐室,为读者搭建了一个音乐欣赏、制作、交流以及文献阅读的平台。发烧友置身其中,可随意挑选自己喜爱的音乐作品和DVD碟片,坐在柔软的沙发和软椅上尽情享受高品质的视听作品。尤其是价值1400万元的三套国际一流的音响设备,顶级装修的HI-FI音乐室,5—7人视听雅座,高保真的音响,高清大屏立体画面的平板电视,更让人能够享受到世界顶级的音响效果。

音乐分馆经过科学的调研与探索，充分考虑到各阶层市民已有的音乐素养，以及对音乐教育的不同需求，推出“音乐普及”“音乐赏析”和“音乐鉴赏”三大系列的主题活动。“音乐普及”主要是通过基础的识谱、音乐分解及各种音乐类型风格的欣赏与认识，达到音乐普及的目的；“音乐赏析”是通过观众亲临多功能报告厅或图书馆小广场欣赏乐队现场演奏，体验各种音乐风格的演绎，聆听资深讲解员的讲解，达到提高市民音乐修养及综合素质的目的；而“音乐鉴赏”则是为社会各音乐爱好者提供一个相互交流沟通的平台，邀请知名音乐人、乐界教授、音乐 DJ 等与大家作近距离的接触，以打造一个属于音乐人的自由天堂。

针对残障人士，杭州图书馆特别推出了“无障碍”政策。2007 年，杭州图书馆对本市盲人的学习需求进行了认真调研，考虑到盲人出行的不便和社会上盲人设施的不普及，率先在浙江省盲人学校成立盲文分馆。该馆成立后，一直以“提升盲人群体的文化生活，提高其就业技能水平”为出发点，设计了一系列人性化的服务模式。比如配备纸质图书、音像制品等不同载体的盲文资料达 6000 余册，配置视障人士专用的电脑、盲文刻印机、盲文点显器，弱势人群用的放大器、幼儿智能玩具等设备；对盲文资料进行编目分类，使盲人可触摸盲文目录，建成盲文书目数据库。同时，盲文图书馆还推出多元化的教育服务，一方面根据阅读群体的年龄特点提供专题图书推荐，向低年级盲人学生推荐故事书，向高年级学生推荐计算机、推拿类书籍；另一方面针对盲人学生喜欢在阅览室内探讨文学、摘录文摘的情况，特别设立了“读者借阅排行榜”，进一步激发他（她）们的阅读热情。此外，还与学校任课教师保持联系，结合课程发展的进度与需要，有计划地挑选相关文献进行阅读指导。图书馆工作人员还定期向盲人学生深入浅出地讲解图书馆的功能、图书的分类和文献信息检索的技巧，使他（她）们能更有效地利用图书馆的各项服务①。

此外，杭州图书馆音乐分馆也对残疾人士提供各类无障碍服务，被授予首批“杭州市残疾人无障碍视听体验基地”之一。音乐分馆利用先进的视听设备为残疾读者举办了多场视听服务活动。在国际疾人日、国际盲人节等节日，邀请本外地知名人士为残疾读者解说无障碍电影，携手浙江昆剧团将昆剧《雷峰塔传奇》以全新的无障碍手语表演形式献给“无声世界”的读者，还依

① 朱峻薇. 为盲人读者搭建信息交流的无障碍平台——以杭州图书馆盲文分馆的建设为例[J]. 图书馆建设，2008(11)：14－16.

托各种影视音像资料,深入各级残联、残疾人托安养机构、康复中心、特教学校、街道(社区)残疾人服务站等残疾人福利机构开展“爱心观影”活动。

杭州图书馆对少年儿童这个群体也极为关注,专设少儿图书馆,提供了许多符合这一年龄阶层身心特质的教育服务,有力补充了学校教育的不足。比如杭州图书馆曾与中国计量学院外国语学院共建“杭州青少年语言教育与国际交流体验中心”,推出了“小陶子英语范儿课堂”系列活动。由学生志愿者为小读者带去融合手工、游戏等方式的英语学习活动,感受生活导向的学习(Life-driven Learning)体验。还与“12355 青少年服务台”合作成立了“杭州市青少年社会教育基地”,依托 12355 青少年服务台的专业老师,推出主题为阅读成长专题的系列讲座。与杭州孔子学堂合作,成立“读经 · 吟诵”社会教育基地,邀请国学专家为 5 岁以上小读者讲授中国传统诗词歌赋作品的吟诵知识,培养孩子们对中国古典文化的兴趣,促进国学的传承。杭州图书馆还是首批“杭州市高中生社会实践基地”之一,已完成多次高中生社会实践招聘,为 600 多名高中生提供寒暑期、双休日等课余社会实践活动,开展实践活动 60 余次。此外,儿童借阅部也经常举办一系列活动促进亲子交流,打造“亲子嘉年华”。

在少年儿童这个群体中,外来务工子弟因其特殊的弱势地位,而受到杭州图书馆的加倍关注。双亲忙于打工的情形,很容易让这些弱势学子处于孤立无援的境地,而既有的学校体制对这些基础薄弱的学子又总是持以一种敌意、排斥的态度,命其为“问题学生”或“差生”,加速了这些学子的学业失败进程。杭州图书馆秉着“平等、零门槛”的原则,从来不对这些学子另眼相看,反而积极创造条件,吸收各种社会有利资源,帮助他(她)们度过可能的学习危机,提高学习能力与成绩。比如杭州图书馆专设了面向这些处境不利的学子(disadvantaged students)的免费课业辅导课堂,聘请有丰富教学经验的在校老师为他们进行学业的课外辅导,受众者达 1000 多人。还与杭州义工网、市慈善总会等机构合作举办外来务工者子女夏令营,以全免费的形式,让来自全市外来务工子女在杭州图书馆渡过为期一个月的愉快而富有教育意义的假期。

五、提升社会教育师资队伍的专业水准

任何一类教育项目的高效实施,都不离开高素质的教师队伍,社会教育同样如此。在公共图书馆中,推行社会教育的师资队伍虽已呈现多阶层、多

领域的格局，需要承担的更多是“导游”而不是“园丁”的角色。而且图书馆作为社会教育的载体，其职工不可避免地会成为教育项目策划、组织、实施和评价的主体。因此公共图书馆要提高社会教育的品质，势必要努力提高图书馆员的专业水准和社会教育力量的综合素质。在民国时期，民众教育馆便普遍存在师资力量不足的问题，如广东省民众教育馆的职员有54%是受过国内外高等教育的，但基本上都是兼职，只有3人受过民众教育的专业训练。就连处于文化、教育中心的江苏省也不例外，于是，民众教育馆常被人们讥讽为“养老堂”①。师资力量欠缺的问题延续至今，面对这个难题，不少公共图书馆做出了重要探索，如广东省民众教育馆就专门设立民众教育培训班，招收全省各县中学毕业生入所训练，为全省民众教育机关培养了大批合格人才②。反思民国时期的经验与教训，杭州图书馆一直致力于开发多种途径，来有效提高教师队伍的整体素质。兹举例关于员工队伍的相关情况如下：

首先，杭州图书馆创造了各种培训的机会，为在职及刚入职的员工进行专业化的辅导与教育。2005年，杭州图书馆举办了杭州市文化信息资源共享工程基层服务工作培训班；2007年，对在职图书馆员重点开展了为期2个月的馆藏数字资源检索及利用培训；2010年，与南京大学共同举办了针对全体职工的“图书馆学专业硕士研究生课程进修班”；同年，邀请南京大学、北京大学等高校的图情专家、教授开设面向全市公共图书馆从业人员的培训班，以隔周授课的方式，在长达一年的时间里由浅入深的对杭图职工其他从业人员进行全方位的业务培训，每期参加人员达260人左右。

其次，杭州图书馆鼓励图书馆员利用业余时间积极参加在职学历教育，并在经费和学习时间上给予充分保障；馆员赴美参加图书馆培训项目、国家图书馆组织的新进人员业务培训、中国图书馆学会年会等活动，为职工的专业发展提供更多条件。

再次，杭州图书馆还创造机会，通过主办、承办学术会议，资助馆员赴域外参加学术交流，来提升职工的业务水准。2010年，承办“全国中小型图书馆联合会2010年研讨会”，与来自全国图书馆界的专家、学者及各地公共图书馆的会议代表230余人进行学术交流；同年，成功举办2010年上海（杭州）国际图书馆论坛，就公共图书馆在国内外的最新发展趋势进行了广泛交流；2012

① 杨锡类. 民众教育馆改进问题的商榷[J]. 教育与民众，1931，2(8).

② 熊文渊. 抗战前广东的民众教育馆[J]. 教育评论，2012(5)：153－155.

年,与美国青树教育基金会合作,成功举办了公共图书馆、学校图书馆、民间图书馆服务与社会教育的国际学术研讨会,邀请国内图书馆界专家、学者200余人,美国、英国、东南亚等国家和地区的城市图书馆馆长和资深专家30余人,围绕"图书馆作为社会教育中心"的主题,展开了深入的研讨活动。此外,杭州图书馆还派馆员参加历届国际图联(IFLA)的会议及中国图书馆学会年会等学术交流会,或派遣他(她)们出访俄罗斯、澳大利亚、日本、芬兰、瑞典等国,与当地的图书馆员进行交流学习,拓宽职工的学术视野。

杭州图书馆鼓励职工积极进行学术研究,在国内外重要刊物上发表高质量的学术论文,或利用省、市科研平台,参与或主持省市级的科研课题。事实上,每年都有为职工发表各类论文,而且通过不断引进高学历的人才,杭州图书馆教师队伍的整体素质呈现出逐渐提高的态势。杭州图书馆的员工,有来自法律、旅游、管理、外语等各类专业领域,可以为不同教育背景和行业经历的人提供有针对性的服务。杭州图书馆职工的学历结构也日益往高端方向发展,截至目前,共有在编职工192人,大专以上178人(其中博士2人,硕士20人),占职工总数的92.7%。

不仅如此,杭州图书馆还积极借助社会力量,创新方式方法,努力提升社会教育师资队伍的整体素质。比如,杭州图书馆读者服务品牌的"金字招牌"——"文澜沙龙",自2009年成立至今,在馆部的正确领导和有关部门的大力支持下,尤其是广大志愿爱好者的广泛发动和积极参与,该活动的规模和内容不断丰富,受众广度和深度有效拓展,美誉度和知名度积极提升,社会效益和经济效益不断彰显,赢得了社会各界和广大读者的充分肯定和认可。"文澜沙龙"的成功,在很大程度上得益于"文澜沙龙"主讲志愿者品牌的树立和服务形象的塑造。为了进一步打好打响"文澜沙龙"主讲志愿者品牌,充分调动广大主讲志愿者的主动性和积极性,沙龙活动主讲志愿者的招募,始终秉承"讲台与读者"互为"鱼与水"的理念,按照读者志愿、自愿的原则,采取志愿报名与读者推荐相结合的方式,将主讲的舞台取之于民并还之于民,让更多有才能的读者从台下走上台前,从读者转变为主讲人,为更多渴望知识、渴望成长的读者们服务。这种富有"鱼水情"的口口相传模式,使沙龙的主题更加突出,内容更加丰富,久久为功,生生不息。现有沙龙活动的内容涵盖阅读分享、经济理财、外语学习、风土人情、视觉艺术、国学文化、法律咨询、心理探秘等系列,活动主讲志愿团队也成功培植了至今积极活跃在社会志愿者团队中的谢伟、郭一凡等一批中坚力量,也正是因为他们的加入和坚持,使得"志愿者”的概念得到极大的丰富和发展,并始终充满时代气息。同时,也使得公共图书馆的社会教育师资队伍建设做到了“有源头、有活力、有内涵、有市场、有成效”,并进一步丰富和拓展了公共图书馆社会教育职能的本质内涵和精神实质。

第八章　科学管理:提升体系服务水平

公共图书馆作为社会公共文化服务体系的主体,是一个“公益性的文化机构”,也是一个“以社会公众为主的服务机构”,应该将政府全额拨款的资金高效地用于满足作为纳税人的社会公众的文化信息需求。公共图书馆作为接受资金和提供服务的具体承担者,理应定期向政府、社会和公众报告。在过去,报告的侧重点仅限于社会公众对于公共图书馆服务的一种感性的评价,是一种定性的内容。在公民意识不断提升的现代社会,仅仅定性的内容已经远远不够了,作为公共图书馆服务体系建设的投资主体的政府以及社会和公众都有权力要求了解政府投资的实际效益,了解公共图书馆服务体系在全社会文化建设、公民素质提升等方面所发挥的作用,满足公众文化信息需求的便利、丰富程度。

杭州图书馆多年来以高度的责任感和使命感,以实际行动让政府、社会和公众直接感受到投资建设杭州图书馆的决策是正确的。杭图人充分意识到以经济管理的思维开展管理工作,以具体的指标来考核绩效、评估工作,以标准化管理流程来保证日常工作质量对政府、社会、公众了解杭州图书馆价值的重要性。因此,在全国范围内率先引入发达国家和地区的成功经验、改革内部管理机制,强化社会经济价值,以期推动杭州图书馆的可持续发展。

杭州图书馆规范管理创新的基础是借鉴产业管理的经验,将绩效概念引入公共图书馆服务管理之中,以“投入—产出”为核心,通过建立面向内部管理的绩效考核指标和面向外部的社会经济评价机制,结合科学的、标准化的质量认证来促进管理制度的完善,评估办馆效益,从而激发全体员工的服务热情,规范服务行为,提升服务效能。自2009年以来,杭州图书馆的规范管理创新包括以下3个方面:①面向内部的绩效评估;②面向外部的投入—产出效益评价;③申报ISO国际标准化质量管理体系认证。

经过近几年的摸索和实践,杭州图书馆在管理创新上已经取得了一些的成就和经验,为能给下属各区、县(市)的规范化管理提供借鉴作用,起草《杭州市区、县(市)公共图书馆总分馆制建设考核办法》,在杭州市形成统一的公共图书馆考核体系。一年一次,由各区、县(市)文化广电新闻出版局牵头组成考核小组，从办馆条件、人才队伍、基础业务、读者服务、内部管理、提高指标等6个方面对街道（乡镇）分馆开展绩效考核与评价。实行定级制度，以“必备条件”和本年度的绩效考核评价结果，作为街道（乡镇）分馆年度补助经费的依据。

第一节　管理创新对服务体系的推动

公共图书馆服务体系通过在不同层级的公共图书馆之间建立密切合作关系、共搭服务平台，实现跨馆资源共享、通借通还、联合参考咨询等功能。庞大的运行体系更加需要规范化的管理方式来维护其正常运转，以确保其可持续发展。由于中国特有的行政体制，公共图书馆的管理方式一直相对比较传统，已不能满足图书馆现代化发展的需要，图书馆的管理创新势在必行。管理创新的实质是管理制度和管理模式的改变，能完善管理工作流程，优化人才结构，提高管理效率，预测未来发展，迅速做出管理决策，对公共图书馆服务体系具有有效的推动作用。

杭州图书馆将科学的内部管理作为事业发展的强劲内动力和提升杭州图书馆服务水平的保障之策，用制度管人，按制度办事，完善管理机制。据此，杭州图书馆实施了面向内部管理的绩效评估，引进大都市公共图书馆绩效评估体系，结合杭州图书馆的实际情况，实现图书馆的专业化管理。聘请专家、学者对杭州图书馆的服务绩效进行专题研究，建立面向内部管理的绩效评估体系，以量化评价为基础，采取定量与定性相结合的方法形成评估指南，旨在按照指南进行评估，以全面反映图书馆各方面的运行状况，找出图书馆在管理和服务中的问题与差距，为进一步推进规范管理的创新提供可考核的指标体系，同时也为全国公共图书馆普遍开展绩效评估、提高管理效率提供范例。

杭州图书馆作为政府全额拨款的公益性机构，要让政府、社会和公众直接感受到杭州图书馆的经济价值，特聘请专家对杭州图书馆开展经济效益评估研究，以“投入—产出”为核心，于2009年完成了对杭州图书馆所产生经济效益的评估，作为实现资源投入效益的最大化的指导依据。

杭州图书馆把任何评估与评价都建立在了完善现有管理制度的基础上。为了实现管理的标准化，2011年，杭州图书馆委托杭州万泰认证有限公司对管理体制进行 ISO9001 质量认证,使得馆内各项业务工作在规范性、流程化方面有了极大提升,全馆员工基本上形成了“该说的要说到,说到的要做到,做到的必有记录”的观念,为管理的科学化、规范化打下了坚实的基础。

第二节　面向内部:采用高效的绩效评估

20 世纪 60 年代以来,为了提高自身运行管理效率、向公众和社会证明自己的价值,公共图书馆界以美国为代表,开始广泛引入企业管理、公共管理以及市场营销的观念来对公共图书馆运行管理的各个环节、公共图书馆与社会环境之间的交互关系进行评估①。20 世纪 80 年代,受教育部高等学校本科教学质量评估的影响,我国图书馆界开始关注自身的绩效评估,并试图参照国际标准,制定适合我国的图书馆绩效评估指标。

开展公共图书馆绩效评估,从某种意义上说,既是公共图书馆实行科学管理的需要,也是提高公共图书馆服务效能、提升服务质量的内在要求。目前,我国公共图书馆的发展正处于一个高速转型期,公共图书馆能否经得起考验,能否一如既往地为用户提供优质服务以及如何根据用户的需求不断调整自身的服务策略以便更好地提供信息服务,都是备受关注的问题。因此,对公共图书馆服务质量进行评估,就显得尤为重要。

近几年来,我国公共图书馆尤其努力倡导绩效评估,希望能够形成一个可以在全国范围内推广的评估体系。

杭州图书馆一直坚信科学的内部管理机制是良好的社会效益的前提,而所谓的“绩效评估”,就是当图书馆的建设达到一定规模和水平后,图书馆评估的重点开始向业务规范、工作效率和服务效果方面转移,以期通过评估提升图书馆服务的质量。

为此,杭州图书馆将绩效的概念引入服务工作中,特聘专家为图书馆的内部管理机制设计评估体系,以形成一个面向内部管理的绩效评估体系指南,用于图书馆自己内部掌握运行的具体情况,由此改善内部管理机制,提高社会服务水平,以产生更加广泛的社会效益和社会经济价值。

---

① 张广钦. 图书馆评估概念与模型、发展史及方法研究述评[J]. 大学图书馆学报,2011(3):5－10.

研究的具体过程包括评估指标的选取和实证，指标数据的分析和对比。最后所形成的评估体系将从图书馆利用以及图书馆工作的数量、质量以及效率三方面出发，全局性地评价图书馆工作。全面性、宏观性、客观性、前瞻性是其最大特点。本体系在内容上分为图书馆利用效率和图书馆工作效率两大部分，每一部分各为一级范畴，下设二级范畴，二级范畴下设子类，子类下包含各级指标，每个指标含目标、适用范围、指标定义、评估方法、有关指标的说明及影响指标的因素、总分馆使用说明、相关指标7项说明内容。从结构上来讲，本指标体系共四级，此处以一级范畴图书馆利用效率下的各指标为例说明：

A　图书馆利用效率

A1　图书馆资源利用效率

A1.1　馆藏资源

A1.1.1　馆藏外借率

A1.1.1.1　目标

A1.1.1.2　适用范围

A1.1.1.3　指标定义

A1.1.1.4　评估方法

A1.1.1.5　有关指标的说明及影响指标的因素

A1.1.1.6　总分馆使用说明

A1.1.1.7　相关指标

A1.1.2　馆藏的馆内利用率

A1.1.3　数字资源访问平均成本

杭州图书馆进行绩效评估体系研究的目的是希望通过绩效评估帮助图书馆管理人员全面、客观地从整体角度掌握图书馆运行的基本状况及其工作效率。纵向上采用历时性方法，将历年的数据进行比较，以明确自己的发展目标；横向上用于同级图书馆间的比较，以帮助图书馆明确自己在同业中的位置，了解自身存在的问题与差距。

不论采用何种方法进行比较，此评估体系都是为了提高图书馆管理服务质量而制定的绩效评估标准，是为图书馆发展战略的制定而服务的，它既不是图书馆评比、定级的标准，也不是用于评价具体业务工作质量的标准，更不是工作人员业绩考核标准。

由于各项指标的影响因素均比较复杂，受具体图书馆环境影响较大，未来杭州图书馆还将继续不断完善此评估体系，以期形成一个适用于杭州范围内各级公共图书馆的绩效评估指标体系,从基层起形成良性的管理模式,利用面向内部管理的绩效评估提高工作效率,提升服务质量。

第三节　面向外部:进行投入—产出效益评估

随着近些年来政府和公众对于公共文化服务事业的日渐重视,政府对公共图书馆的扶持力度亦不断加大,无论是资源投入、人力投入还是技术投入,在数量和种类上都在不断扩大,而当政府的投入达到一个可观的数量后,对投入与收效关系的质询将不可避免,公共图书馆作为接受投资和提供服务的机构,必须能够准确地回答投资方和服务方对公共图书馆资金使用效果的质询①。

从公共图书馆自身的发展来讲,作为一个社会公共服务机构,对公共图书馆服务成果的考察,不应仅仅是有多少人知道图书馆在哪里、有多少人使用了图书馆,更应考察其对社会 GDP 有没有影响。世界著名的大英图书馆每年都会公布一次他们自己的经济指标。这种用一个直观且可信的经济数字来评价公共图书馆的方式十分直接地将公共文化投入的价值体现了出来,也很好地反映了公共图书馆自身以及其之于社会的存在意义。

因此,进行面对外部的投入—产出效益评估是十分必要的。浙江大学专家于 2009 年 6 月至 2010 年 3 月对杭州图书馆开展了经济效益评估。研究以“投入—产出”为核心,经过文献调研、研究设计、数据收集、问卷调查、数据处理与分析、结果讨论等过程,完成了对 2009 年度杭州图书馆所产生的经济效益的评估。

一般情况下,公共图书馆是地区性的,资金来源主要是当地政府的拨款,服务人群也主要是当地居民,很少吸引地区外的资金与用户。因此,经济影响分析法很少被用来衡量一个地区性文化机构的经济贡献,故采用成本效益分析方法②。

---

① 李超平,叶斌. 基于成本效益分析的公共图书馆经济价值研究[J]. 中国图书馆学报,2012(2):12-20.

② Samuelson P A. The Pure Theory of Public Expenditure[J]. Review of Economics and Statistics, 1954, 36: 387-389.

成本效益分析法中，成本方面的评估相对简单，对于图书馆方面而言，财务部门可以提供经费、消耗等方面的财务数据，用户亦即读者方面，则需要采用调查分析的途径来估算时间成本。该方法实施的关键在效益的评估上，效益评估主要有三种方式：时间成本法、消费者剩余与条件价值评估。

表 8－1　杭州图书馆提供服务的类别及其评估方法

服务类别		评估方法
流通借阅服务	文献借阅	Consumer Surplus[注1]
	期刊借阅	Consumer Surplus
	光盘借阅	Consumer Surplus
	自修室	WTP[注2]
	儿童借阅	Consumer Surplus
	音乐视听服务	Consumer Surplus
专题文献服务	信息编辑	Consumer Surplus
	文化沙龙	WTP
	特色馆藏阅览	Consumer Surplus
	参考咨询和定题服务	WTP
社会文化活动	展览	WTP
	讲座报告	WTP
	读者交流	WTP
	电影	Consumer Surplus
	儿童活动	WTP
	音乐沙龙	Consumer Surplus
数字资源服务	电子阅览室	Consumer Surplus
	无线宽带接入	Consumer Surplus
	电子文献	Consumer Surplus

注 1：消费者剩余，简写为 CS

注 2：支付意愿

表8－2　杭州图书馆各服务效益统计表

服务类别		服务价值	用户使用数量	总计
流通借阅服务	文献借阅	CS:16.25	2 957 288	48 055 930
	期刊借阅	CS:4.27	184 497	787 802
	光盘借阅	CS:22	1 582 446	34 813 812
	自修室	WTP:4.11	933 670	3 837 384
	音乐视听服务	CS:1	124 128	124 128
	儿童借阅	CS:16.25	196 656	3 195 660
专题文献服务	信息编辑	CS:0.6	1 106 680	664 008
	文化沙龙	WTP:10.27	1922	19 739
	特色馆藏阅览	CS:1	263 974	263 974
	参考咨询和定题服务	WTP:3.2	36 977	118 326
社会文化活动	展览	WTP:22.65	7958	180 249
	讲座报告	WTP:14.89	13 607	202 608
	读者交流	WTP:11.09	1256	13 929
	电影	CS:30	21 176	635 280
	音乐沙龙*	–	–	90 231
	儿童活动	WTP:10.98	8463	92 924
数字资源服务	电子阅览室	CS:3	321 200	963 600
	无线宽带接入	CS:3.3	34 154	112 708
	电子文献	CS:2	50 368	100 736

＊注:音乐沙龙活动内容类型多样,其服务效益按各单项分别统计。

经过谨慎评估,得到杭州图书馆的效益成本之比为1.8688,即投入每1单位的资金产生的服务效益约是1.87个单位,Roxanne Missingham指出,虽然目前公共图书馆应该达到怎样成本效益比还未有统一的标准,但从已有研究的结论来看,一般公共图书馆的投资回报率应该在1∶3到1∶6之间①,可见杭州图书馆的成本效益还偏低。

① Missingham R. Libraries and Economic Value: a Review of Recent Studies[J]. Performance Measurement and Metrics, 2005,6(3):142－158.

目前,国内公共图书馆利用此方法进行效益评估的案例不多,而国外公共图书馆经济价值研究较为成熟,研究结果详见表8－3。

表8－3　国外公共图书馆经济价值研究结果①②③④⑤⑥

评估对象	时间	成本($)	效益($)	成本效益比
美国路易斯州公共图书馆	1998	－	－	1: 4.38
大英图书馆	2004	－	－	1: 4.4
佛罗里达州公共图书馆	2004	－	－	1: 6.54
美国萨福克县公共图书馆	2005.6	131 647 566	517 125 736	1: 3.93
美国长岛 Mastic-Moriches-Shirley 社区图书馆	2006	6 366 886	18 847 699	1: 2.94
美国长岛 Middle Country 公共图书馆	2006	10 981 862	50 477 193	1: 4.59
美国长岛 Port Jefferson 公共图书馆	2006	2 223 808	9 198 892	1: 4.14
美国长岛 Northport-East 公共图书馆	2006	7 304 735	24 012 808	1: 3.3
美国俄亥俄州西南部9所公共图书馆	2006	77 000 000	190 400 000	1: 2.56
宾夕法尼亚州公共图书馆	2006	－	－	1: 5.5
美国匹兹堡公共图书馆	2006	－	－	1: 3
美国南卡罗来纳州公共图书馆	2005	－	－	1: 2.86

① Samuelson P A. The Pure Theory of Public Expenditure[J]. Review of Economics and Statistics, 1954, 36: 387－389.

② Griffiths J, King D W, Lynch T. Taxpayer Return on Investment in Florida Public Libraries: Summary Report[R/OL]. [2013－08－10]. http://dlis.dos.state.fl.us/bld/roi/pdfs/ROISummaryReport.pdf.

③ Barron D D, Williams R V, Bajjaly S, et al. The Economic Impact of Public Libraries on South Carolina: Executive Summary[J/OL]. University of South Carolina, 2005[2013－08－10]. http://www.libsci.sc.edu/SCEIS/final%20report%2026%20january.pdf

④ Levin, Driscoll, Fleeter. Value For Money: Southwestern Ohio's Return from Investment in Public Libraries[EB/OL]. [2013－08－10]. http://9libraries.info/docs/EconomicBeneitsStudy.pdf.

⑤ Griffiths J, King D W. Taxpayer Return on Investment in Pennsylvania Public Libraries[EB/OL]. [2013－08－10]. http://www.statelibrary.state.pa.us/libraries.

⑥ Carnegie Mellon University. Carnegie Library of Pittsburgh: Community Impact and Benefits[R/OL]. [2013－08－10]. http://www.clpgh.org/about/economicimpact/CLPCommunityImpactFinalReport.pdf.

从成本效益比上,杭州图书馆的效益创造情况离美英的公共图书馆水平尚有距离,但随着杭州市政府大力投入建设和杭州图书馆新馆各项活动的开展,可以预见差距将不断缩小。杭州图书馆各种活动所创造的效益仅占到总效益的3%,而纽约Suffolk联合图书馆的参考咨询一项服务就占其总效益的14.65%,可见杭州图书馆的效益结构尚需改进。美国的公共图书馆几乎是集文化、教育、娱乐等于一身的综合服务机构①,但主要的差距还是在服务总量上,无论从服务的数量差距及其产生的效益差距都是数量级的区别,杭州图书馆仍然需要继续在活动开展上投入更多资源,不断发展。

第四节　面向过程:引入科学规范的ISO 9000质量管理体系认证

不论是面对内部管理的绩效评估,还是面对外界的投入—产出效益评估,都是建立在规范的管理制度基础之上的。“用制度管人,按制度办事”是杭州图书馆一直以来强调的内部管理理念,只有制定了科学化、规范化、标准化的制度,才能改善原来的行政管理中决策权集中于“一把手”的“人治”现象,形成一种“制度面前人人平等的”制度管理模式,提高员工工作效率和热情,提供给社会公众更优质的服务,创造更多的社会价值。

依赖于政府文化事业大发展大繁荣的战略,杭州图书馆近年来获得了快速上升的机遇,服务面积、人力资源、运行经费、服务人数、部门设置等均出现不同倍量的增长,各种数据显示杭州图书馆已经从原来的中小型馆跨入大馆行列。在这一发展进程中,图书馆管理的各种问题也逐渐凸显,服务面积及服务人口的增加对服务效率及质量提出了更高的要求,员工与部门数量的增加要求更好地分清职责、理顺关系并达成相互间的协调、沟通,这些都促使杭州图书馆决定建立并完善一套能够针对工作环节、明确工作职责、提高服务成效的管理制度。

2009年,杭州图书馆就开始着手进行全馆范围内的规章制度梳理与重订工作,经过各个部门数轮的制度建设工作,形成了覆盖全馆所有部门、所有工作环节的从职责、要求到流程、规范,从资源制作到传播发布,从服务支持到

① 程宏.美国公共图书馆一瞥[J].中外文化交流,2005(7):48-49.

服务供给的“杭州图书馆制度汇编”。

完成后的“杭州图书馆制度汇编”确实在一定程度上提高了工作效率，使各部门之间的职责更加明确，协调更加顺畅，但由于每个人对制度的理解有所不同，即便处理工作时按照制度规定的流程和规范进行，很多事情仍没有落实到文件上，或者在运行过程中因为特殊情况任意更改了制度规范，导致各部门在工作衔接和协调过程中产生障碍，最终也无法找到出现问题的环节，进而无法纠正与改进工作。

在经过几年的思考与酝酿后，2011 年，杭州图书馆决定正式启动 ISO 9000 质量管理体系认证工作，委托杭州万泰认证有限公司对图书馆管理体制进行 ISO 9001 质量认证，对图书馆的工作进行过程化、文件化管理，以提升图书馆的管理质量、提高公共图书馆的服务质量为终极目标，形成一个计划（Plan）、实施（Do）、检查（Check）和改进（Action）四阶段构成的质量保证环①，使图书馆的工作质量呈螺旋式上升状态。

ISO 9000 质量管理体系是由西方的品质保证活动发展起来的，作为通用于各个行业的标准，图书馆可从中发掘出良好的应用价值。对于杭州图书馆来讲，ISO 9000 质量管理体系可以针对性地解决其现行管理上存在的三大问题：

第一，对业务过程、环节疏于控制。ISO 9000 利于组织控制机制的强化，它通过建立具有约束力的文件化管理体系，使影响工作结果的全部因素都处于严格受控状态，预防、减少或消除质量管理的缺陷，使系统在监控的运行环境中达到持续进步，例如它对每一流程、环节的事先评审、确认、事后检验与内部评审、管理评审等结合所确立的严谨结构，为高质量的工作提供了多重保障。

第二，部门间职责不清晰，缺乏业务协调、沟通。ISO 9000 质量管理体系的特色之一是将组织的相关资源和活动均作为过程进行管理，它要求组织依据系统的文件对各职能系统（部门）实施全过程管理，达到各个业务环节上下之间协调衔接，使整个管理流程具有较强的可追溯性，并通过内、外控的相互联系，有效预防和纠正部门间的问题（见表 8－4）。

---

① 于忠安. PDCA 法与图书馆全面质量管理[J]. 图书馆学刊，2012(1)：38－40.

表8-4　纠正和预防措施单

<table>
<tr><td colspan="3">不合格服务(存在/潜在)发生部门(人):</td></tr>
<tr><td colspan="3">不合格服务(存在/潜在)内容:

签发部门(人):　　　　　日期:</td></tr>
<tr><td colspan="3">原因分析(存在/潜在)(可另加附页):

参加人员:　　　　　日期:</td></tr>
<tr><td>纠正/预防措施计划</td><td>责任人</td><td>预计完成日期</td></tr>
<tr><td></td><td></td><td></td></tr>
<tr><td colspan="3">纠正/预防措施计划评价:
□　纠正/预防措施计划有效　　　□　签发新的纠正和预防措施单
□　建议和要求:
负责人:　　　　　日期:</td></tr>
<tr><td>纠正/预防措施实施</td><td>责任人</td><td>完成日期</td></tr>
<tr><td></td><td></td><td></td></tr>
<tr><td colspan="3">纠正/预防措施验证:
□纠正/预防措施计划有效　　　□签发新的纠正和预防措施单
□建议和要求:
验证部门(人):　　　　　日期:</td></tr>
</table>

第三，忽略对不合格工作的追踪、评审与整改（见表8－5）。ISO 9000质量管理体系具有预防出错和持续改进的功能，它把管理程序的建立、实行、检查、监督、记录和问题的预防、纠正、协调、反馈以及体系的完善、提高等一整套要素有机结合起来，使服务质量检查监督体系由分散、被动型向程序化、制度化的预见型转变，从而确保质量体系能预防出错，推动和促进持续的质量改进①，保持持续稳定的服务水准。

表8－5　不合格报告

<table>
<tr><td>受审核部门：</td><td>部门负责人：</td></tr>
<tr><td>审核员：</td><td>审核日期：</td></tr>
<tr><td colspan="2">不合格事实描述：

不符合判定：

不合格类型：　□一般不符合　　□严重不符合（相应栏的“□”涂黑）</td></tr>
<tr><td colspan="2">不符合原因分析：</td></tr>
<tr><td colspan="2">采取的纠正措施：

负责人：</td></tr>
</table>

① 刘康宁，王杨. 国家图书馆采用ISO 9000标准可行性分析［J］. 国家图书馆学刊，2006（1）：23－27.

续表

纠正措施的验证：
原因分析是否正确：　□ 是　□ 否（相应栏的“□”涂黑） 纠正措施是否有效：　□ 是　□ 否（相应栏的“□”涂黑） 审核员：　　日期：

除此之外，ISO 9000 质量管理体系标准还是图书馆绩效考核工作展开的有效参考工具，为绩效考核提供具体验证材料，增加考核的客观性。基于过程管理的 ISO 9000 质量管理体系要求每一个工作过程都体现痕迹管理，使工作的每一个步骤都留有痕迹，即所有工作均应有相应的记录被留存下来可提供查询，这些记录可以有效复原已经发生的各种过程，充分反映每一位员工履职的过程，以这些佐证的材料进行考察、评估能有效消除以往考核的弊端，使绩效考核摆脱主观臆断，更具客观真实。

2011 年，杭州图书馆内部按照质量管理体系的要求进行了两次内审。2012 年 7 月再一次进行内审，同年 8 月进行管理评审，并于 2012 年 10 月迎来了第一次外审。经过 2 天的文件审核和现场审核，杭州图书馆获得了万泰认证有限公司颁发的认证证书。

杭州图书馆 2012 年获得的认证证书

杭州图书馆在实施认证工作后，根据自身的情况，对比认证前后的差别，形成了一些对 ISO 9000 的认识和经验，希望通过自身的实践，能为国内公共图书馆质量管理提供一个有效的范例。

第九章　杭州公共图书馆服务体系的经验与展望

第一节　值得总结和推广的“杭州经验”

在前面的章节中，我们已经对杭州公共图书馆服务体系建设的各个方面进行了较为详细和完整的阐述，在所有的这些探索、实践、经验总结、理论提升中，我们认为，以下几点是杭州公共图书馆服务体系建设中最具特色和最有创新意义的地方，也是杭州公共图书馆服务体系建设之所以能取得成功和实现可持续发展的关键。

一、先进的理念是根本

李大钊曾说，“思想有超越一切的力量”，这说明了理念对某一项事业发展所具有的重要意义和作用。同样的，公共图书馆事业的实践和发展也离不开思想理念的指导。在杭州公共图书馆服务体系建设过程中，杭州市一直坚持对图书馆发展理念的传承和创新，在继承传统的基础上不断为整个公共图书馆服务体系的建设拓展新思路，探索新模式，开辟新方向，形成了一套具有杭州特色的公共图书馆发展理念。

1. “公共”的基本定位

“公共性”是公共图书馆与生俱来的内在属性。从公共图书馆产生的历史来看，不论是英国的曼彻斯特公共图书馆还是中国的古越藏书楼，都是因为其“公共”的办馆理念和“公共”的服务方式成为现代意义上公共图书馆产生的标志和图书馆发展历史上里程碑式的事件。从公共图书馆的职业理念来看，不论是联合国教科文组织和国际图联的《公共图书馆宣言》，还是中国图书馆学会的《图书馆服务宣言》，都明确表达了对图书馆公共性的认同。可以说，“公共性”是公共图书馆最本质的属性之一。

但是，一个时期以来，由于指导方针的缘故，我国的公共图书馆无论是愿意还是不愿意都已把营利创收作为一种主要工作业绩来追求，甚至提倡以馆养馆，客观上阻碍了一些本来最应该成为公共图书馆服务对象的人群对图书馆的使用。这与公共图书馆服务体系的建设目标是背道而驰的。正因为如此，杭州市始终坚持以"公共性"来引领整个地区公共图书馆事业的发展，在构建地区公共图书馆服务体系建设的过程中，以"公益"为使命，以"公享"为取向，以"公平"为原则，将图书馆的"公共"职能重新提到了事业发展最重要的位置。这是杭州市的公共图书馆服务体系得以不断发展壮大的内在原因，也是杭州市公共图书馆服务体系可以成为我国公共图书馆服务体系建设引领力量的关键要素。

2. "平等、免费、无障碍"的服务理念

"平等、免费、无障碍"是杭州市在公共图书馆服务体系建设过程中对"公共"这一理念的具体细化。在构建"普遍均等，惠及全民"的四级公共图书馆服务网络的过程中，杭州市始终坚持把"平等、免费、无障碍"放在首位，不论是"平面图书馆，市民大书房"的概念，还是《公共图书馆免费服务公约》的签订，又或是免证阅览制度的推出、借阅册次的不断提升、借期的不断延长，还有数字资源的全市范围免费获取，任何服务方式、服务手段都是为了让市民更好地享受到"平等、免费、无障碍"的图书馆服务。这是杭州市公共图书馆服务体系建设能够得到市民和社会广泛认可的最重要原因之一。

3. "图书馆是一个不断发展的有机体"的发展观

"公共图书馆是一个不断发展的有机体。"阮冈纳赞的这句名言一直是杭州公共图书馆服务体系建设最重要的指导思想之一。作为社会发展的一个组成部分，杭州市坚持用发展的眼光看待图书馆事业，根据社会的变化不断调整图书馆自身发展策略，在满足公众图书馆基础性服务的基础上，积极探索公共图书馆新的服务方式、服务内容和服务类型，最终催生了"第三文化空间"这一全新的概念。

"第三文化空间"具备开放、自由、多元、交流、学习、创新特征，极大地丰富了公共图书馆内涵和外延，使公共图书馆保持与时俱进、符合时代发展的同时，也为公共图书馆突破"生存危机"打开了全新空间，是在新的时代对公共图书馆属性、功能、作用、价值的全新诠释和精准概括。正是在这一理念的指导下，杭州市在公共图书馆服务体系建设过程中不断丰富图书馆的服务内涵，拓展服务手段，扩大服务范围，充分关注读者的个性、自我、价值、创新在图书馆的实现，通过推行多元文化服务、搭建读者自主活动平台、建设杭州数字图书馆等服务方式、服务载体的创新，逐步完成了从传统图书馆服务到文化综合体服务、从单体图书馆服务到集群图书馆服务、从实体图书馆服务到实体与虚拟相结合的图书馆服务等一系列转变，使图书馆成为公众在家庭、工作空间之外，最愿意去和最喜欢去的阅读、休闲、娱乐、交流场所，成为城市的文化地标和最受市民欢迎的公共文化空间，同时，也为区域公共图书馆服务体系群建设提供了参考样本。

4. 打造社会教育基地的使命观

社会教育是图书馆的基本职能之一。《公共图书馆宣言》明确指出，公共图书馆应该为个人和社会群体进行终身教育、自主决策、文化发展提供基本条件。中国的公共图书馆自诞生之日起就与社会教育结下了不解之缘，始终处于民众教育和通俗教育体系之中，在相当长的时间里，不仅在形式上隶属于政府教育部门的管辖，而且许多图书馆就设在当地的劝学所、教育公所、教育局或通俗教育馆内，将开化民智、培养新风奉为圭臬。著名教育家蔡元培先生就曾说："教育不专在学校，学校之外，还有许多机关，第一是图书馆。"可以说，公共图书馆是一个天然的社会教育机构。

杭州市在建设公共图书馆服务体系的过程中深刻地认识到了这一点，牢固地把握公共图书馆作为一个社会教育机构和市民终身教育场所的核心本质，致力于将公共图书馆服务体系的网络打造成全民社会教育基地。一方面，杭州以"学历教育在学校，非学历教育在图书馆"的理念进行公共图书馆服务体系建设，使其能够以树状结构呈体系式分布，与学校教育并行成为公民实现终身教育的一个重要场所，为每一个人尤其是农村基层群众提供免费、平等、丰富的图书信息和文化资源，支持其终身学习的实现。另一方面根据本地区文化特点，发挥自身优势，探索图书馆实现社会教育职能的新内容、新形式、新机制、新方法，打造了一批深受读者欢迎的社会教育品牌，得到了市民的欢迎和推崇。

二、合理的体系架构是关键

1. 符合城市图书馆体系化发展的趋势

总分馆制起源于西方，在欧美地区这种服务模式已相当成熟，公共图书馆已从单体发展进入到体系化发展，如美国、德国、英国等地的公共图书馆通过体系化建设，实现人、财、物资源的最大限度的共享和利用，是一个地区或城市向人们提供公共文化服务的重要机构，也对提升自身的服务规模、服务水平，实现可持续发展起到了积极的促进作用。近年来，国内公共图书馆在服务网络建设方面已经取得了不少成绩，尤其是在城市公共图书馆服务体系建设方面,也形成了多种模式,积累了宝贵经验,对推动我国城市公共文化服务体系建设起到了积极作用。但目前,一般都采用由最顶层如市图书馆包揽建设和管理整个服务网络的模式,区(县)图书馆、街道(乡镇)图书馆,甚至是社区(村)图书馆,在业务规划管理、文献资源统筹协调、技术支持支撑等方面,以平行关系的形式,直接接受市级图书馆的统一指导和统一调配,整个服务网络在系统上由四级变为两级,其结果是,区(县)图书馆作为区域中心的职能被大大弱化,甚至虚无,市级图书馆因压力过大而顾此失彼,而乡镇及基层图书馆因缺乏有效支持而失去生命力,最终导致城市公共图书馆服务体系的可持续发展能力差,服务水平低下,服务效益不张等问题。

杭州市公共图书馆服务体系建设采用的"中心馆—总分馆"模式,以区县图书馆为总馆,进行区域总分馆建设;市级图书馆作为"中心馆",对下属的若干个总分馆体系实施规划、指导、协调、评估,不实际参与下属的总分馆体系的具体的业务工作。此模式较好地解决了"完全的总分馆制"建设中"合适的地域单元"和"合适的管理层级"的问题,满足了城市公共图书馆体系化建设的要求,为建立城乡一体的公共图书馆服务体系建设提供了有效模式。

2. 解决了现有国情下多级管理的矛盾

长期以来,由于受到我国的管理体制的制约,国内的公共图书馆服务体系化建设一直无法有效解决因"一级政府建一级图书馆""一级政府管一级图书馆"所带来的"条块分割""各自为政""分散管理""分灶吃饭"的建设和管理制约。

杭州市"中心馆—总分馆"的体系建设模式,运用多层分级管理理念。一是厘清了市、区县、乡镇三级政府的角色地位和职责,明确各级政府为本地区总分馆服务体系建设的责任主体,同时,总分馆建设经费由区县、乡镇两级财政共同保障,弥补了现行财政体制的缺陷,极大地缓解了乡镇分馆的建设经费难题,为总分馆建设的可持续发展提供了强大的动力。二是明确了市级图书馆、区县级图书馆、乡镇(村)级图书馆的定位和职能,市级图书馆作为"中心馆",和其下辖的总分馆体系之间不存在人、财、物统一管理的问题,也不存在服务政策统一的问题,是一种联盟关系,解决了市级图书馆包揽整个服务体系建设时压力过大、"心有余而力不足"的困难和局限。三是在总分馆的运行模式上,采用垂直管理方式,将分馆的人、财、物及服务管理权限集中到总馆,统筹规划,不仅弥补了乡镇分馆资源、技术、人力的不足,避免资源的重复浪费,也使基层网络体系的辐射、业务规划与管理均属于一级财政之下的总分馆体系的职能范围，实现“完全的总分馆制”建设。同时，制订了统一的服务标准，实行统一的绩效考核，消除了区域内服务能力和水平的差异。

可以这么说，杭州市的“中心馆—总分馆制”体系建设模式较好解决了我国图书馆建设多级管理的矛盾，是在我国现行行政管理体系下公共图书馆服务体系建设的一次创新和突破，尤其适合于分级财政之下的地市级公共图书馆服务体系建设，对目前东部经济发达地区的地级市公共图书馆服务体系建设有着极大的参考、借鉴、移植意义。

三、标准化的管理是保障

公共图书馆是完全公益性质的政府全额拨款单位，长久以来，或多或少地存在着一些共性的问题：或者是“等、靠、要”成风，员工缺乏工作积极性，没有活力；或者是没有人来关注和评价这些机构的存在和发展，“有和没有都一样”。这些都是阻碍公共图书馆可持续发展，获得社会认同、巩固社会地位的重要因素。杭州市在发展公共图书馆事业，进行服务体系建设的过程中，已经关注到科学的内部管理和积极的外部评价对图书馆建设和服务体系建设的重要作用，并对此进行了积极的实践，通过内部管理、外部评价“两手抓”，来提升公共图书馆服务体系的内部活力，树立良好社会形象。

1. 统一的业务规范和建设标准

杭州市自实施“图书信息服务一证通”工程起，就一直致力于全市公共图书馆业务和服务标准的规范化建设。先后实现了系统管理、采编、物流等业务的地区标准化，并对杭州市公共图书馆的基本职能、服务宗旨、发展目标、服务内容、馆藏建设、开放时间以及图书馆从业人员职业道德等做出了明确要求。2012 年，以《关于进一步加强杭州市公共图书馆服务体系建设的实施意见》（以下简称《实施意见》）为基础拟订的《杭州市公共图书馆服务标准（征求意见稿）》进一步将各项建设要求、服务要求等进行了细化。可以说，杭州公共图书馆服务体系的业务规范是在发展的过程中，不断地根据需要进行着合理调整，但这些业务规范始终为整个体系所通用，始终是体系内各个成员馆进行业务建设、提供读者服务的标准和指南。

早在实施“图书信息服务一证通”工程之初，杭州市的公共图书馆服务网点建设就制定有专门的准入标准，如每个申请加入“一证通”的服务点，必须有固定场所、固定开放时间，并配备可上网能够满足通借通还需求的电脑，以及专（兼）职工作人员一名。2011 年年底，杭州市委、市政府发布的《实施意见》除了进一步明确了杭州市公共图书馆服务体系的发展目标、运营模式，更是把杭州市公共图书馆服务体系中各级公共图书馆的建设标准、经费保障、队伍建设等详细要求写入其中，成为杭州市公共图书馆服务体系规范建设的标杆和长效有序发展的政策保障。正因为有了统一的建设标准，各地政府在建设和管理公共图书馆，发展公共图书馆服务体系时有了可依据、可参照、可考核的明确要求和指标，确保了杭州市公共图书馆服务体系的建设水平国内领先，并具有较好的可持续发展能力。

2. 完善的绩效评价和考核体系

杭州市政府明确要求“杭州市公共图书馆服务体系要建立绩效考核评估体系，要将公共图书馆服务体系建设纳入公共文化服务评价指标体系，并纳入区、县(市)综合考评”。这些均写入市委、市政府颁发的《实施意见》。根据这一要求，2012 年 10 月成立的由市委、市政府分管领导任主任的“杭州市公共图书馆发展委员会”将具体负责考核体系的建立、执行和监督。由管理委员会牵头，2013 年，根据管理委员会要求拟订的《杭州市区、县(市)公共图书馆总分馆制建设考核办法(草拟)》已基本完成，该考核办法详细说明了区、县(市)图书总馆和乡镇(街道)图书分馆、村(社区)图书亚分馆的必备条件，并制订了相应的总分馆三级考核指标，确保整个考核工作的顺利实施。

四、开阔的国际视野是助力

21 世纪的世界正在发生日新月异的变化，在全球竞争日趋激烈、世界合作日趋紧密的今天，“全球化”和“国际化”已逐渐成为一种趋势，图书馆作为社会文化服务机构也是如此。在全球图书馆发展过程中，不同地区有着相异的政治、文化、宗教背景，面对着不同的服务人群，同时也孕育出不同的图书馆表现形式和服务内容。但究其本质，作为现代社会产物的公共图书馆，其发展目标和专业变革是一致的。因此，中国公共图书馆一直在因地制宜地求发展，调整服务内容，创新服务方式，展现公共图书馆风采，并且取得了巨大的成就。虽然在一个阶段，中国公共图书馆事业与国外发达国家的图书馆事业相比，仍存在一定的差距，但我们始终在努力缩小距离。通过国际交流不仅能够让我们发现差距，寻找目标，学习并借鉴，而且可以展示中国公共图书馆的风采，在交流中走向世界，让世界知道我们的努力和奋斗。在全球化进程中，只有把中国的图书馆事业和世界图书馆事业联系起来，积极借鉴国外图书馆多年的发展经验，了解当今的学术前沿和崭新的研究空间，中国的图书馆事业才能保持健康有序的发展。

为此,杭州市立足新的起点,以全球眼光、国际视野来谋划杭州市的公共图书馆事业,致力于杭州公共图书馆服务体系的建设和发展与国际的同步。由此也产生了一定的积极效果,如:与国外图书馆界建立友好关系,促成馆员交流、与 OCLC 的正式签约、多元文化交流等。

1. 服务理念与世界接轨

图书馆是物质的,必须不断地与物质世界保持物质、能量和信息的交换,才能保证技术的持续创新。图书馆也是抽象的,理论在过去、现在、未来都是指导实践的明灯,也会不断地发展。

杭州市公共图书馆服务体系建设是个体的,因为它的实践与理论创新在国内外都具有地方特性;杭州市公共图书馆服务体系建设也是世界的,杭州市公共图书馆服务理念的创新是建立在与国际接轨、与世界各国图书馆界进行深度交流与合作的基础之上产生的,是全国乃至世界公共图书馆服务实践的一个部分。

2010 年的上海(杭州)图书馆国际论坛,2012 年的“公共图书馆、学校图书馆、民间图书馆服务与社会教育国际学术研讨会”;先后与爱尔兰、瑞典、俄罗斯、美国等国家的图书馆建立了友好关系,互换工作人员交流学习;派出业务骨干参加各种国际会议……正是因为有了这许多的交流、切磋,杭州图书馆在服务理念和服务方式上与世界越来越接近,并且还在总结自身经验的基础上有了进一步的发展,成为可以吸引世界眼光的中国图书馆引领力量。

2. 国际化业务合作日益深入

随着服务理念的不断革新与完善,杭州公共图书馆与国际间专业组织的业务合作也在不断深化。2009 年 9 月 22 日,作为杭州公共图书馆服务体系建筑的中心馆,杭州图书馆与 OCLC 正式签约,成为 OCLC 中国内地的首家管理级会员馆,也是中国内地首家能将自己馆藏数据全权共享给世界的图书馆。杭州市公共图书馆也由此打开了一扇大门,一扇走向世界,开展国际化合作的大门,一条开展全球化交流与合作的新道路。

同时,杭州图书馆与爱尔兰科克大学图书馆、瑞典斯德哥尔摩市立图书馆、俄罗斯涅克拉索夫图书馆、美国印第安纳波利斯市立图书馆等图书馆的业务合作也在不断深化。通过这些合作与交流,杭州图书馆不仅提升了自身的业务水平,也将一些先进的服务手段和服务方式带到了更多的区县和基层图书馆,引领了整个杭州市公共图书馆服务体系服务水平和服务能力的不断上扬。

3. 促进多元文化融合的日渐显著

当杭州图书馆与国际其他图书馆的交流越来越密切的时候，也带来了不同文化之间的交流与融合。

“映像西湖”是杭州市的另外一个重要文化项目，主要通过在杭州图书馆的境外友好图书馆设立“映像西湖”图书典藏专区，依托专区开展多种文化交流活动，宣传我国悠久的历史文化和巨大的发展成就，推介杭州的自然景观、城市建设和人文风貌。从 2011 年起，杭州图书馆陆续与俄罗斯莫斯科涅克拉索夫图书馆、瑞典斯德哥尔摩图书馆、爱尔兰库克大学图书馆、美国印第安纳波利斯市立图书馆等多家境外知名图书馆开展书籍交换项目，在双方馆内互设图书典藏专区，并同时伴随着一系列的文化活动，取得了良好的效果。

在走出去的同时，也有了越来越多的国际文化走进杭州图书馆，比如 2011 年的澳大利亚“光源自光”当代媒体艺术作品展和美国胡明勇“身份与美国风景”摄影展，2012 年的日本画家岩崎千弘《窗边的小豆豆》画展等。这些展览让中国文化和外国文化又有了一次直接的交流和碰撞。

通过这些走出去和走进来的文化交流和展示，杭州图书馆在弥合不同文化间的差异，促进文化多元化发展，向世界展示民族之美方面发挥了积极作用。正如杭州图书馆馆长褚树青所说：“这样的交流，既让杭州图书馆学到了国外图书馆的先进经验和技术，进一步与国际接轨，同时，也意味着杭州图书馆正向‘国际大都市图书馆’的行列迈进。”可以说，这些都是杭州市公共图书馆服务体系建设可以进一步发展的重要推动力。

杭州公共图书馆服务体系建设多年来的探索和实践所获得的成就，都源于对以上几方面的深刻把握和精准认识。他们为杭州公共图书馆服务体系建设指引了正确的方向和最便捷的途径，也是杭州公共图书馆服务体系建设最值得总结和推广的经验。

第二节　杭州公共图书馆服务体系的未来拓展方向

一、公共属性更加凸显

2011 年初，文化部、财政部联合下发的《关于推进全国美术馆、公共图书馆、文化馆（站）免费开放工作的意见》（以下简称《意见》）将我国公共图书馆的免费开放带入了一个新的发展阶段，具有划时代意义。而杭州公共图书馆的免费服务应该说自2006年6月1日《杭州市公共图书馆服务公约》颁发之日起，就正式迈入免费服务时代。由杭州图书馆倡导并积极推行的“平等、免费、无障碍”理念业已深入杭州公共图书馆服务体系建设。目前，杭州公共图书馆服务体系下的各个场馆已全部实现免费开放以及文献借阅、读者活动、参考咨询等服务的免费提供。然而，实体图书馆充分践行公共属性的同时，也不应忽视数字图书馆公共性的践行。

数字图书馆，又被称为“没有围墙的图书馆”。黄磊、陈慧在《数字图书馆的公共性反思》一文中指出，“数字图书馆提供给社会的其他组织或团体所不愿或不能提供的公共服务，是数字图书馆’公共性’的基本内涵”。可以这么说，数字图书馆一方面扩大了实体图书馆的职能，打破了实体图书馆在时空上的服务限制；另一方面，它能够秉承图书馆公共属性，努力使信息资源实现最大限度的利用和共享，对于缩小人们，尤其是地区与地区之间、城乡之间的数字鸿沟，提供平等数字机遇，提升人的信息素养有着十分积极的作用。因此，公共图书馆服务体系建设中，应积极通过数字图书馆建设来进一步保障人们的信息平等，进一步凸显公共图书馆服务体系的公共属性，并通过数字图书馆“泛在式”的信息服务使整个服务体系的功能更健全，内容更丰富，服务更完善。

杭州数字图书馆于2011年正式开通，在图书馆服务泛在化理念和杭州市公共图书馆服务体系“平等、免费、无障碍”服务理念的指导下，整合了杭州地区移动通信网、互联网和数字电视网三大网络，形成“三网融合”的网络综合服务新平台，实现了通过手机、电脑和电视等多媒体传播渠道提供多终端服务的新模式，受到业内专家的高度评价。尤其是文澜在线电视图书馆的推出，将不熟练或不习惯使用电脑、手机的用户通过电视这个大众平台也纳入到了数字图书馆的用户范围中，颠覆了数字图书馆是年轻人专利的传统观念，使用户的受惠面前所未有地扩大，这在全国数字图书馆建设中属首例。此外，杭州数字图书馆通过与数字供应商、华数集团的合作，在一定范围、一定程度内解决了数字图书馆的版权问题，并通过技术改版，实现了在杭州地区内的数字资源的全开放免费使用，资源到家庭、到桌面、到身边，最大限度实现数字图书馆“无所不在”“触手可及”的功能。也因为此，2012年杭州“多终端全方位数字服务平台——文澜在线”数字图书馆项目在众多申报内容中脱颖而出，荣获了文化部第四届创新奖。

数字图书馆是21世纪国家信息基础设施最重要的目标之一，也是杭州公共图书馆服务体系的拓展方向之一。杭州数字图书馆的建设将始终秉承公共性和公共利益实现的原则,实现快速健康发展。

二、服务体系更加完善

一个完善的终身教育体系,应该是学历教育和非学历教育齐头并进,且相辅相成,满足人们追求进步、终身学习的需要。公共图书馆具有社会教育的天然属性,是构建全社会终身教育体系的重要抓手和重要机构。因此,公共图书馆在进行服务体系建设时,必须重视与高校、中小学图书馆的合作,通过多种途径来实现相互间资源的共建共享,从而在拓展公共图书馆服务领域,进一步完善公共图书馆服务体系建设的基础上,为广大群众提供一个融学历教育和非学历教育资源于一体的终身学习平台,有力促进我国终身教育体系的实现。

在这方面,公共图书馆和高校图书馆都一直在做努力和探索。"首都图书馆联盟""武汉地区图书馆联盟",以建立联盟的方式,基本实现公共图书馆与本区域内公共图书馆、高校、科研院所图书馆、中小学图书馆等各类型图书馆的合作共建,并采取多种方式逐步向社会开放各类图书馆的资源,提供相应的图书馆借阅、读者活动等服务;宁波大学园区图书馆、深圳大学城图书馆(深圳科技图书馆)、天津图书馆海河教育园区图书馆,主要服务于高校师生,也向公众开放的园区公共图书馆。

杭州市公共图书馆界也一直在积极探寻与高校图书馆合作共建的道路。以杭州图书馆为例,目前,杭州图书馆与高校合作的方式主要有三种:

一是通过与高校签订馆际互借协议的方式,实现图书文献、信息资源、技术资源的共享,馆际互借,以及人员的学习和交流。如 2011 年,杭州图书馆先后与厦门大学图书馆、北京大学图书馆签订馆际互借协议,实现了信息资源共享,达成协议的具体情况详见表 9 – 1。

二是杭州图书馆在高校图书馆建立流通点。如杭州图书馆浙江大学城市学院流通点,以学院图书馆为平台,杭州图书馆为学院提供文献、文化活动、业务辅导等支持,一是根据学院图书馆的藏书结构和学生的借阅需求,合理为其配备图书、期刊、光盘等文献资料,并定期更换;二是配合其开展相应的公共文化活动;三是提供图书管理或公共文化活动方面的专业培训和业务指导;四是提供专题检索、课题咨询等服务;五是组织开展业务研讨交流会议,征集建议和意见,交流经验,促进馆外服务水平的提高。城市学院除了提供固定场所,配备相应的设备、人员,还需按照杭州市公共图书馆服务规范,公示开放时间,对杭州图书馆提供的文献资料进行有效管理,并面向全体杭州市民开放,实现通借通还。同时,做好文献资料的交接登记,定期上报文献缺损等情况。

表9－1　杭州图书馆与厦门大学、北京大学图书馆馆际互借情况

合作双方	服务内容	文献提供方式	费用
杭州图书馆&厦门大学图书馆	馆际互借:本馆收藏的部分图书原件借阅和图书、期刊、会议论文、学位论文、科技报告、标准等文献复制传递。也可接受委托,待查其他单位文献	普通邮寄、快递、传真、E-mail 或 Ariel传递	图书借阅:15元/本(含邮费),借期30日,自申请方签收之日计算。是否续借,须遵守借出馆之规定。逾期未还的,申请方应支付逾期费用0.3元/天 馆藏复印件:复制费+邮费+(加急费),其中复制费0.5元/页;加急费10.00元/份 代查馆外文献:对方实际收费+手续费(5元)+邮费
杭州图书馆&北京大学图书馆	馆际互借:在有关版权规定所赋予的权益内,互相提供本馆收藏的期刊、会议论文、学位论文、报告、标准等文献复制或提供代查文献服务	根据申请方要求,用CALIS文献传递软件、普通邮寄、FAX、E-mail或Ariel传递	本馆收藏的文献:文献传递费用=复制费0.7元/页+(加急费10.00元/页) 代查馆外文献:文献传递收费=实际付出的费用+代查外馆资源手续费(CALIS文献传递服务网内服务收藏馆收藏文献2元,国内图书馆收藏文献5元,国外图书馆收藏文献10元)

三是把高校图书馆作为杭州图书馆分馆。如杭州职业技术学院图书馆作为杭州图书馆分馆,运作模式除了与浙江大学城市学院流通点相同,为市民提供文献通借通还服务外,还主要承担了为其附近的企业职工提供文献信息服务的职能,杭州图书馆为其提供专业的业务指导和业务支持。2011年,下沙经济开发区授予学院“下沙经济开发区信息服务中心”的牌号。

三、专业服务更加突出

图书馆参考咨询服务水平是图书馆专业化、智能化、知识化程度的体现，也是图书馆适应时代发展，满足信息社会需求的一项重要指标。但随着信息技术的高速发展，图书馆的参考咨询服务面临着用户获取信息的手段更多、途径更加方便快捷等的挑战，图书馆由来已久的信息情报中心地位似乎已经岌岌可危。然而，危机从来都与机遇并存，信息爆炸使得用户从繁杂的信息中获取情报和知识更加困难，而零散的信息也需要整合和集聚，因此，公共图书馆必须充分利用自身资源、网络资源、新兴技术等，在实现由传统参考咨询服务到数字化参考咨询服务转化的同时，要以智库为发展方向，努力再实现3个转变：一是由传统的参考咨询转为高端信息的整合、提炼、提供；二是由被动地接受用户咨询、提供服务转为主动地走向用户、推送信息、寻求合作；三是由图书馆一力承担的参考咨询转为以图书馆为主导、联合可联合的各种社会力量，共同完成政府、社会、企业、个人的需求。

智库，俗称“脑库”(Brain)，也被称为“思想库”(Think Tank)，在欧美国家一般是指独立于政府和企业之外，从事公共政策研究的非营利学术机构。我国的智库一般分为三类：①政府官方性质的，以国务院研究室为代表，一般专门为政府首脑和部门领导决策服务；②半官方性质的，多属于学术机构和社团组织，例如中国国际经济交流中心、中国企业改革与发展研究会、东中西部区域发展和改革研究院等；③民间的和依附于各类高校科研中心、研究院性质的，这类型民间智库类型多样，专业性和综合性兼具。公共图书馆拥有丰富馆藏，是通过多种信息咨询方法为读者提供多种类型服务的信息枢纽，从某种程度来说，是未来社会最有潜力的智库之一。2012年5月10日，《文化部“十二五”时期文化改革发展规划》指出，鼓励各级公共图书馆开展立法决策咨询服务，强调智囊机构的作用和公众参与，为图书馆开展决策咨询服务工作提供政策支撑。可以看出，成为智库是图书馆发展的趋势所在，也是公共图书馆未来的发展目标之一。

作为智库的图书馆已经不仅仅是对参考咨询服务在技术层面或运行模式上的简单改进，更是一种跨越图书馆、破茧成蝶的蜕变。目前，国内部分公共图书馆也已经开始尝试并适应担任政府、企业智库的新角色，如上海图书馆、深圳大学城图书馆、泰达图书馆等。杭州图书馆也一直在积极探索参考咨询服务的“升级”。2012年起，对智库的开发和建设进行了积极筹划。拟从智库视角来探索公共图书馆信息服务新领域和新动力，从而打造以政府为主要服务对象的重要智囊团，推动城市发展。建设标准包括：每年提供一定量的国际科技与社科领域最新前瞻性视点、研究成果、成功经验、典型做法等动态信息；决策、创新服务信息及结合杭州特情的专题研究报告；国外城市发展研究的新趋势、新技术、新产业等信息。目前，杭州图书馆编印有《动态信息汇编》《时事观察》《舆情信息》三份信息刊，每种刊物根据定位，充分考虑信息的全面性、时效性、可靠性和针对性，利用新闻媒体信息源、网络信息源、数据库信息源，搜集大量全面、准确的决策信息，为党政领导机关提供立法决策信息服务。2011 年起，杭州图书馆为杭州市"两会"提供专题信息服务，2012 年获得由浙江省文化厅颁发的"两会"服务优秀奖。

为政府决策提供信息是杭州图书馆智库服务的开端，在未来，杭州图书馆还将充分发挥图书馆在查新、翻译、网络建库、市场调查、竞争情报服务等方面的优势，为企业、公众和学者提供充足的信息服务，实现智库服务的多元化发展。杭州市公共图书馆服务体系建设也将基于杭州图书馆的探索和实践，全面提升参考咨询服务能力。同时，基于"平等、免费、无障碍"服务理念，杭州图书馆在实现成为政府、企业、学者、社会公众智库的过程中，还将关注弱势群体的信息需求，避免一味走"高端化"路线，努力将图书馆的智库也建成一个覆盖全部人群的信息服务体系，支持每一个人的自主决策和个人发展。

附　录

附录一　市委办公厅　市政府办公厅关于进一步加强杭州市公共图书馆服务体系建设的实施意见

市委办发〔2011〕150号

（2011年12月31日）

为贯彻落实党的十七届六中全会和《中共浙江省委关于认真贯彻党的十七届六中全会精神大力推进文化强省建设的决定》（浙委〔2011〕105号）精神，进一步提升我市公共图书馆服务水平，保障人民群众的基本文化权益，经市委、市政府同意，现就进一步加强我市公共图书馆服务体系建设提出如下实施意见。

一、指导思想

认真贯彻落实科学发展观，遵循公共图书馆事业发展规律，统筹规划全市公共图书馆服务体系建设，完善服务设施，丰富服务内容，规范服务要求，提高服务水平，实现公共图书馆事业全面、协调和可持续发展。

二、发展目标

以中心馆与总分馆制的运营模式，整合市、区县（市）、乡镇（街道）、村（社区）图书馆（室）资源，建立服务网络覆盖城乡、组织结构科学合理、文献资源统一调配、服务质量基本一致、运行高效节约、普遍均等的公共图书馆服务体系。力争到"十二五"末期，实现市、区县（市）、乡镇（街道）、村（社区）四级公共图书馆服务网络全覆盖，全市人均拥有公共图书馆的建筑面积、藏书量以及公共图书馆服务水平位居全国前列。

三、运营模式

建成以杭州图书馆为中心馆，市级多个专业性分馆和各区、县（市）图书馆为地区性业务总馆，乡镇（街道）图书馆为业务分馆，村（社区）图书室（农家书屋）为亚分馆的公共图书馆四级服务网络。其中，杭州图书馆作为全市公共图书馆服务网络的中心馆，承担对区、县（市）公共图书馆业务的规划、指导、协调和评估等工作，建设统一的技术平台、检索平台和服务标准，加强与高等院校图书馆和专业性图书馆共建共享的服务网络建设。通过努力，使杭州图书馆成为全市公共图书馆服务网络的业务指导、文献保障、技术支持、专业培训和信息服务中心。各区、县（市）图书馆作为本地区公共图书馆服务网络的业务总馆，承担对辖区内业务分馆和亚分馆业务的规划、指导、管理、监督和评估等工作。通过努力，实现各级图书馆的资源共享和服务互动互联，为市民群众提供便捷的公共图书馆服务。

四、加强基础设施建设

（一）统一设施建设标准。按照馆舍建筑面积与服务人口规模相匹配的原则，各区、县（市）公共图书馆的馆舍面积、馆藏总量应在国家住建部、发改委下发的《公共图书馆建设标准》规定的基础上，结合我市实际，适当提高标准。人口在100—150万人的区、县（市），图书馆馆舍建筑面积应达到1.35—2万平方米，馆藏总量不少于100—135万册（件）；人口在50—100万人的，图书馆馆舍建筑面积应达到0.75—1.35万平方米，馆藏总量不少于50—90万册（件）；人口在20—50万人的，图书馆馆舍建筑面积应达到0.45—0.75万平方米，馆藏总量不少于25—45万册（件）。各区、县（市）应积极争取达到上限标准，并预留一定的发展空间。

（二）加大基层建设力度。乡镇（街道）图书分馆建设经费按照多级投入、集中管理的原则，以区、县（市）财政投入为主，乡镇（街道）投入比例由各地自行确定。乡镇（街道）图书馆年购书经费，按照人均不低于1元的标准，以区、县（市）财政投入为主，乡镇（街道）投入比例由各地自行确定，并确保每年有新书增加。购书经费由区、县（市）图书馆集中管理，根据本辖区文献资源建设的规划、分工和部署，按照统一采购、统一加工、统一配送的原则，合理购置文献资源。

村（社区）图书室建设应与农家书屋工程建设有机结合，其建设标准和完成时间，按照《杭州市人民政府办公厅关于进一步加快推进农家书屋工程建设的通知》（杭政办发电〔2011〕32号）执行。村（社区）图书室（农家书屋）建成后作为各区、县（市）图书馆的亚分馆统一纳入公共图书馆服务体系，其购书经费由区、县(市)图书馆集中管理,统一采购、加工和配送图书。

(三)设置自动化借还设备。各区、县(市)可在人流密集区域(如超市、火车站、汽车站、码头和航空港等公共场所),设置图书自助借还设备;有条件的村(社区)可设置图书自助借还设备。

五、保障经费投入

(一)落实购书经费。各级政府要加大对公共图书馆服务体系建设的支持力度,将建设资金纳入年度财政预算,通过调整财政支出结构,保证公共图书馆建设与事业发展各项经费足额到位;要根据当地经济社会发展情况确保公共图书馆购书经费每年有所增长。加大公共图书馆服务网络自动化及配套项目建设投入力度,其设备及图书流转等配套项目经费列入同级政府财政预算,由杭州图书馆确定统一技术标准,各区、县(市)图书馆统一采购,统一管理。

(二)建立补助机制。市政府根据对乡镇(街道)图书分馆的评估考核和对村(社区)图书室(农家书屋)的验收结果,每建成1个乡镇(街道)图书分馆,按照淳安县5万元,建德市、临安市、桐庐县3万元,富阳市2万元的标准,对每个行政村农家书屋,按照淳安县0.5万元,建德市、临安市、桐庐县0.3万元,富阳市0.2万元的标准,拨专款对五县(市)乡镇(街道)图书分馆和村(社区)图书室(农家书屋)建设予以补助,补助款项主要用于图书分馆和图书室(农家书屋)藏书建设(资金考核补助办法由市文广新闻出版局和市财政局另行制定)。各区乡镇(街道)图书分馆和村(社区)图书室(农家书屋)建设资金由当地自行解决。

六、加强队伍建设

(一)确保图书馆人员配备。为确保各级图书馆正常开展服务,要科学定岗,按照国家有关标准配足从业人员。每建成1个乡镇(街道)图书分馆,区、县(市)图书馆要相应增加并派驻1名工作人员,负责图书分馆的日常工作,人员经费由区、县(市)财政安排。派驻人员由区、县(市)图书馆统一招聘、培训和考核。村(社区)图书室(农家书屋)工作人员由乡镇(街道)政府(办事处)和村(社区)委会(居委会)协商解决。

(二)建立收入分配与激励机制。各级政府要确保公共图书馆从业人员工资福利待遇,对纳入事业编制管理的人员,确保其享受事业单位工资福利待遇,并按照有关规定参加事业单位社会保险;区、县(市)图书馆派驻乡镇(街道)图书分馆的编外人员可享受当地事业单位计划内临时用工的工资福利待遇。

各级图书馆应遵循按劳分配与工作创新、岗位贡献相结合的原则,实行按需设岗、按岗聘用、竞争上岗、按岗定酬的管理模式,在事业单位绩效工资改革的基础上,按照国家和省、市有关事业单位绩效工资的要求,形成具有图书馆行业特色、与岗位管理相配套的薪酬制度,建立有利于调动从业人员工作积极性与创造性的收入分配与激励机制。

(三)积极引进专业技术人员。各级图书馆馆长的选拔应符合《浙江省公共图书馆管理办法》(省政府令第161号)有关要求,有条件的区、县(市)可向全国公开招聘图书馆馆长和业务副馆长。各级图书馆应分层次引进人才,逐步改善人员结构,提高高学历人员的比例。

(四)注重培养专业技术人员。鼓励各级图书馆从业人员参加各类继续教育,建立上挂下派的人才交流制度。杭州图书馆和各区、县(市)图书馆可互相选派业务人员进行挂职锻炼及学习培训,形成双向交流的培训机制。建立国际交流与培训进修制度,与国际友好城市图书馆签订人才交流和培训计划,每年在各级图书馆中选派若干名业务人员赴国外图书馆进修学习。建立定期培训制度,每年组织从业人员参加业务培训,市和区、县(市)图书馆从业人员每人每年要参加2次以上专业培训,乡镇(街道)图书分馆和村(社区)图书室(农家书屋)从业人员每人每年要参加1次以上专业培训。

七、加强规范管理

(一)确保各级公共图书馆正常开放。各级公共图书馆要举办形式多样、丰富多彩的读者服务活动,保障市民群众的基本文化权益。各级公共图书馆除保证法定节假日和双休日正常开放外,杭州图书馆每周开放84小时,市级专业性分馆每周开放56小时,杭州少年儿童图书馆每周开放63小时。区、县(市)图书馆每周开放70小时;乡镇(街道)图书分馆每周开放49小时,其中晚上开放时间不得少于8小时;村(社区)图书(室)(农家书屋)每周开放24小时,其中晚上开放时间不得少于3小时。采用图书自助借还机系统的村(社区),图书自助借还设备应处于有效使用状态,其使用时间可算为村(社区)图书室(农家书屋)的开放时间。

(二)明确工作责任主体。按照属地管理的原则,各区、县(市)为当地公共图书馆服务体系建设的责任主体，文广新闻出版局为管理主体。各级政府要统一思想，提高认识，重视和支持图书馆建设，切实加强领导，把公共图书馆服务体系建设摆上议事日程。成立杭州市公共图书馆发展委员会，由市委、市政府分管领导任主任，市委、市政府分管副秘书长和市文广新闻出版局主要负责人任副主任，市委宣传部、编委办，市人力社保局、财政局、文广新闻出版局、规划局、教育局、团市委分管负责人和杭州图书馆主要负责人以及各区、县（市）党委或政府分管领导为成员，委员会下设办公室（设在市文广新闻出版局），负责全市公共图书馆服务体系建设的协调、指导、监督和考核等工作。各区、县（市）也要建立相应的组织机构，负责本地区公共图书馆服务体系建设的协调、指导和监督等工作。

（三）建立绩效考核评估体系。将公共图书馆服务体系建设纳入公共文化服务评价指标体系，并纳入区、县（市）综合考评，具体考核指标另行制定。

（四）推动图书馆事业健康发展。积极鼓励社会机构和个人向图书馆事业提供捐助，发动社会力量参与公共图书馆服务体系建设。落实扶持图书馆事业发展的各项优惠政策，形成政府投入为主、社会力量参与的公共图书馆事业发展新模式。

附录二　市委办公厅　市政府办公厅关于建立杭州市公共图书馆发展委员会的通知

市委办发〔2012〕121 号

各区、县(市)党委和人民政府,市直属各单位:

为进一步推进我市公共文化服务体系建设,健全公共图书馆服务网络,提升各级公共图书馆管理服务水平,实现我市公共图书馆事业的全面、协调和可持续发展,市委、市政府决定,建立杭州市公共图书馆发展委员会。现将委员会组成人员名单通知如下:

主任:翁卫军

第一副主任:陈小平

副主任:徐一超　杨志毅　钮俊

成员:倪东晓(市编委办)

应建华(市教育局)

吴文兴(市财政局)

柳胜伟(市人力社保局)

黄瑚(市规划局)

何平(市文广新闻出版局)

周扬(团市委)

褚树青(杭州图书馆)

马彦(上城区政府)

洪明(下城区政府)

楼玉宇(江干区政府)

虞文娟(拱墅区政府)

张利群(西湖区政府)

万爱民(杭州高新开发区(滨江)管委会政府)

琚朝晖(萧山区政府)

许玲娣(余杭区政府)

周建英(桐庐县政府)

江华平(淳安县政府)

祝军(建德市政府)

孙洁(富阳市政府)

裘小民(临安市政府)

委员会下设办公室,负责委员会日常工作。办公室设在市文广新闻出版局,钮俊同志兼任办公室主任。

中共杭州市委办公厅

杭州市人民政府办公厅

2012年10月25日

附录三　杭州地区公共图书馆服务公约

公共图书馆是由政府拨款设立的公益性服务机构，它以继承文化、传递信息、支持公民的终身教育和休闲娱乐为己任。公共图书馆的宗旨是通过提供各种形式的资源与服务来满足个人和团体在终身教育、自主决策、文化发展和休闲娱乐等方面的需求。

为了充分发挥图书馆的各项功能，方便公众使用公共图书馆，以期在参与"文化大省"建设和"文化名城"建设，特别是在增强地区文化凝聚力、提高公共文化服务力、提升城市文化竞争力等方面发挥应有的作用，特制定杭州地区公共图书馆服务公约如下：

1. 杭州地区所属市、区（县、市）公共图书馆利用本行业原有的各服务馆（站）和城市数字化网络架构，通过地区图书馆联盟的形式，在实行资源共建共享的基础上，以杭州图书馆为中心，区（县、市）图书馆为分中心，社区和乡镇（村）服务点为基础，建立互通互联的三级公共图书馆服务平台，构筑地区图书馆资源服务与保障体系。

2. 杭州地区各公共图书馆遵守国家相关的法律法规，尊重并维护读者的隐私权，并有义务提醒读者尊重知识产权。

3. 杭州地区各公共图书馆将以联合国《公共图书馆宣言》为准则，以《浙江省公共图书馆管理办法》为依据，同时把"读者满意是我们的追求"作为办馆理念，建设"无边界图书馆"作为远大目标。

4. 杭州地区各公共图书馆将充分尊重读者利用图书馆资源与服务的权利。为此不以种族、国籍、年龄、性别、宗教信仰、语言、社会地位、教育程度等为条件向读者设置任何使用限制，保障读者免费利用图书馆基本服务的权利。

5. 杭州地区各公共图书馆从业人员应不断提高自身业务能力，参加各类培训和继续教育，以进一步提高为读者服务的水平。

6. 杭州地区各公共图书馆应严格遵守行业道德，并应积极要求其工作人员恪守《中国图书馆员职业道德准则（试行）》，为读者提供热情周到的服务。

7. 杭州地区各公共图书馆应在便利于读者广泛使用的前提下，把数字资源与传统文献并作为馆藏建设方向，在收集综合性与普及性文献的同时，注重地方文献、特色文献等珍贵文献的保护与建设。

8. 杭州地区各公共图书馆承诺为读者利用文献资料创造良好、便捷的条件,包括提供开架借阅、计算机检索、原则上免费的知识导航和参考咨询服务。

9. 杭州地区各公共图书馆承诺开放时间每周应不少于56小时,少儿图书馆每周开放时间不少于48小时,图书借阅快递等特殊服务回复应不超过48小时,咨询回复应不超过24小时。

10. 杭州地区各公共图书馆将紧跟时代的步伐,及时采用先进的技术和手段为读者提供优质、高效、便捷的服务。

11. 杭州地区各公共图书馆将积极创造条件,为读者营造舒适、愉悦、安全的学习、娱乐环境。

12. 杭州地区各公共图书馆定期或不定期举办各类培训班、人文讲座等,以便读者更好地发挥自己的创造力,同时,为读者自修和进行继续教育提供方便。

13. 杭州地区各公共图书馆将通过举办各类型专题展览和读者活动,使读者有接触各种表演艺术、文化展示的机会,增强图书馆的凝聚力。

14. 杭州地区各公共图书馆须加强与国内外及区域间同类型机构和相关机构的合作,以促进不同文化之间的交流,支持多样性文化的和谐共存,向读者提供更丰富的资讯服务。

15. 杭州地区各公共图书馆在正确使用好政府拨款的同时,还应培养人们对社会公益文化的扶持意识,接受并鼓励个人、机构和社会组织向杭州市公共图书馆事业基金会捐赠资金、文献及其他实物。

附录四 杭州市图书馆事业基金会捐赠办法(暂行)

为了保障和健全本基金会的社会捐赠工作,使之走上规范有序的轨道,从而扩展图书馆公共服务体系这一公益事业的社会支持途径,特制定本办法。

一、捐赠用途:

1. 资助杭州地区急需社会资助的基层图书馆(室),推进全市图书馆网络及其社会公共服务体系的建设。

2. 奖励在图书馆事业发展中有突出贡献的工作者及区(县)、街道(乡镇)、社区(村)图书馆(室)的先进集体和个人。

3. 开展现代图书馆业务的交流、培训等实践活动。

4. 向公众宣传推广"图书馆意识"和图书馆公益服务。

二、受益对象:

1. 急需社会资助的街道、乡镇、社区、村居图书馆以及与之相类似的其他基层图书馆。

2. 服务于上述区(县)、街道(乡镇)、社区(村)图书馆(室)第一线的图书馆工作者。

3. 为图书馆公共服务体系建设作出突出贡献的先进个人。

三、基金募集来源:

1. 社会各界,包括工商企业、事业单位、党政机关、人民团体、民主党派、宗教协会、驻杭部队、个体劳动者、各界人士和个人的自愿捐赠。

2. 海外华侨,港、澳、台团体和个人自愿捐赠。

3. 国外友好团体和个人的捐赠。

4. 为支持图书馆事业而举办的义演、义画、义诊、义卖、义教以及其他形式的义务募捐活动的收入。

5. 国家财政补助。

6. 其他。

四、捐赠方式:

1. 定向捐赠:捐赠人指定资助对象进行一次性或规定年限的捐赠,或对使用范围和用途有明确要求的捐赠。

2. 命名捐赠:捐赠人在乡镇、街道、行政村或自然村、社区等图书馆类别中选中某种类型，按照意愿承担一馆从建立开始三年的基本费用，则由本会选择一个受益者并按其意愿命名该图书馆。一般前两种类型为 8 万元，后两种类型为 4 万元。

3. 非指定性捐赠：捐赠人无特定要求，支持杭州市图书馆事业整体发展的捐赠。

五、捐赠程序：

1. 捐赠人将捐赠意向通知基金会秘书处，在了解所需的相应情况后，明确自己的捐赠意愿，并与基金会相关人员约定捐赠方式、数量和时间。（基金会秘书处电话为 0571－86535008。）

2. 按照双方约定的方式和时间，捐赠人可与基金会签订表达捐赠意向全部内容和双方制约条件的捐赠协议，协议一式两份，一份由捐赠人保管，一份交基金会秘书处存档。签约后将款项（支票或现金）送达基金会有关人员。基金会向捐赠人交送"浙江省公益事业捐赠收据"的同时也向捐赠人颁发捐赠荣誉证书和纪念品，并请捐赠人在捐赠贵宾册上留下亲笔签名。

3. 在基金会刊物或相关网站上公布此项捐赠的有关信息。

六、捐赠人所享受的优惠政策和条件：

1. 个人向基金会捐赠，可按现行财政、税收等政策享受相应优惠。

2. 除了颁发捐赠荣誉证书和纪念品以及冠名捐赠之外，本会还将视情况用登报鸣谢、铭刻碑文、赠送匾额、授予荣誉称号等方式对捐赠者表示感谢。部分数额较大者还将被邀参与基金会工作，以监督和推动资金的有效运行。

3. 依据捐赠者意愿，邀请捐赠者到受捐赠单位进行考察和回访。

七、涉及捐赠的信息公开：

1. 在尊重捐赠者意愿的前提下，在本会内部刊物上和条件成熟时建立的基金会网站上进行捐赠信息的公开。

2. 每年年初将对本会年度拟开展的公益活动在网站上予以公布。

八、捐赠资产的使用和管理：

1. 捐赠人的捐赠作为基金会的财产受法律保护，本会将根据《杭州市图书馆事业基金会章程》的规定和公益活动的业务范围使用财产，违背前述宗旨的财产使用均属违法。

2. 捐赠人与本会签订的捐赠协议作为法律依据明确了该笔捐赠的用途，本会将严格按照捐赠协议的约定使用。

3. 基金会将与除奖励之外的直接受助人签订受助协议，约定资助方式、资助数额以及资金用途和使用方式。

4. 接受捐赠的物资一旦无法用于符合其宗旨的用途时,依据国务院《基金会管理条例》的规定,本会可以依法拍卖或者变卖,所得收入用于捐赠目的。

5. 基金会一旦注销后的剩余财产应当按照章程的规定用于公益的目的;无法按照章程规定处理的,由登记管理机关组织捐赠给与本会性质、宗旨相同的社会公益组织,并向社会公告。

九、捐赠资产使用的监督:

1. 捐赠人有权向基金会查询捐赠资产的使用和管理情况,并提出意见和建议。对于捐赠人的查询,本会将在2个工作日之内给予详细答复。

2. 如查实有违反捐赠协议使用捐赠资产的,捐赠人有权要求基金会遵守捐赠协议或者向人民法院申请撤销行为、解除捐赠协议。

3. 本会接受税务、会计主管部门依法实施的税务监督和会计监督,接受登记管理机关和业务主管部门的年度检查和审计。

十、捐赠的法律保障:

1. 制定本办法的主要法律依据是国务院2004年6月1日施行的《基金会管理条例》。

2. 基金会作为法人组织和独立核算单位,依据国家现行会计法律法规,进行会计核算和会计监督。财务会计的具体工作依据国家会计主管部门制订的以基金会为对象的国家统一的会计制度。

3.《民法通则》中社会团体法人范围包括基金会,其财产受法律保护。基金会财产所有权属于社会团体所有权,任何单位和个人无权私分、侵占、挪用基金会的合法财产。基金会对于财产的所有权包括占有权、使用权、收益权和处分权。

4. 捐赠人所享受的优惠政策依照《个人所得税法实施条例》及《企业所得税法实施条例》执行,如发生变更,参照最新条法实施。

5. 本会对资助的使用情况进行监督,受助人未按协议约定使用资助或者有其他违反协议情形的,本会将依据《中华人民共和国合同法》规定,与其解除资助协议。

杭州市图书馆事业基金会

2010年3月25日

附录五　杭州图书馆志愿者服务说明

一、岗位说明

部门	岗位	服务内容	岗位要求
文献借阅中心	阅读领航	1. 答复读者一般性咨询问题 2. 帮助读者电脑检索图书 3. 帮助读者找到所需图书的指定区域 4. 对读者的不文明行为进行劝导	1. 有较好的沟通能力 2. 有一定的计算机检索应用能力 3. 熟悉《文献借阅中心图书排架规则》《文献借阅中心文献整理标准》
	活动助理	协助开展节假日的读者活动。包括会场布置、签到、维持活动现场秩序等	1. 有较好的沟通能力 2. 有一定的协调能力
社会文化活动部	活动助理	1. 配合部门工作人员做好讲座、展览、综艺活动等各种文化活动的组织、策划及相关工作 2. 担任公益培训讲师，担任活动的直接组织者、主持人等	1. 有较好的沟通能力 2. 有一定的协调能力 3. 按事先约定，保证工作时间、工作内容和工作质量 4. 尊重志愿服务对象的权利，保守志愿服务对象的个人隐私和工作秘密 5. 在遇见突发或不确定事件时，及时上报并自觉听从图书馆人员安排

续表

部门	岗位	服务内容	岗位要求
专题文献中心	阅读领航	1. 巡视:不间断巡视阅览区域,发现读者有不文明和有碍观瞻的行为,要耐心地劝导;提醒读者阅览文献后不要上架,如发现桌上有读者阅后的文献,及时集中在相关区域的书车上;提醒读者管好自己的随身物品和爱护图书馆公共财产,以防造成不必要的财产损失;阻止未成年人在阅览区域嬉耍打闹,维护安宁的阅览环境;如读者未能听从劝诫,可向志愿服务区域的工作人员汇报 2. 引导:为读者引导专题文献及其他服务区域	1. 有较好的沟通能力 2. 有一定的计算机检索应用能力 3. 熟悉《专题文献中心志愿者工作内容规范》
	活动助理	1. 陈列标识:根据活动负责人要求,将相关活动的信息标识陈列在规定的方位 2. 接待嘉宾:做好活动嘉宾的迎来送往工作 3. 现场管理:调试相关的设备设施;督促读者签到;维护现场秩序;发放并收集读者意见反馈表等资料 4. 收尾结束:将读者签到表、读者意见反馈表等资料汇总给活动负责人;整理活动现场;收回相关活动信息标识	1. 有较好的沟通能力 2. 有一定的协调能力 3. 提前30分钟以上,了解当日活动主题及特别事项

续表

部门	岗位	服务内容	岗位要求
音乐分馆	活动助理	1. 根据活动负责人要求，提前做好音乐赏析专题活动讲解的准备 2. 驾驭活动现场的能力：分析音乐作品、引导读者对音乐作品的熟悉和了解 3. 现场管理：督促读者签到、维护现场秩序、发放并收集读者意见反馈表等资料 4. 收尾结束：将读者签到表、读者意见反馈表等资料汇总给活动负责人；整理活动现场，收回相关活动信息标识	1. 有较好的沟通能力 2. 有一定的协调能力 3. 具备一定的音乐专业知识 4. 协助做好读者日常咨询和读者管理

附录七　杭州图书馆(杭州少年儿童图书馆)2012年文化活动

时间	活动名称	组织部门
每周六	杭图平和广角·英语广场	社会文化活动部
1月1日　周日	“我们的价值观”系列活动之——发现感动(一)2012年庆元旦迎新年专题活动:我和妈妈的健康时尚生活——捕捉我们的幸福瞬间	社会文化活动部
	“老歌新唱”——2012年元旦流行音乐专场	社会文化活动部
	2010维也纳新年音乐会赏析	音乐分馆
	绘本阅读及巧手坊活动:“新年的第一份礼物送给谁?” 《最重要的事》《如果地球被我们吃掉了》	文献借阅中心
	主题书展:新年新家新味道	文献借阅中心
	法律咨询沙龙:医疗损害赔偿	专题文献中心
	品质生活沙龙:腊八节民俗风情	专题文献中心
1月1日—2月1日	新年新家新味道	文献借阅中心
1月2日　周一	迎新年综艺集锦欣赏(全天)	社会文化活动部
	沙龙:歌剧片段赏析系列一	音乐分馆
1月3日　周二	趣味大乐家	社会文化活动部
	沙龙:歌剧片段赏析系列二	音乐分馆
	环球旅行分享会:巴西零距离	专题文献中心
1月3日—1月17日	笈中故纸——《唐诗三百首》选本展	专题文献中心

续表

时间	活动名称	组织部门
1月7日　周六	文澜大讲堂——赢在职场第一期讲座：提高情商指数做职场沟通达人	社会文化活动部
	“乐享新鲜”主题沙龙活动（杭州站）	社会文化活动部
	职场人生沙龙：职场礼仪面面观	专题文献中心
	旅游文化沙龙：景点诗词赏析	专题文献中心
	外语学习沙龙：西班牙语——拉美著名景点介绍	专题文献中心
1月8日　周日	经济理财沙龙：股市投资技术分析（十二）	专题文献中心
	人际交往沙龙：说话的常见错误分析	专题文献中心
	文澜大讲堂总199期——幸福人生系列讲座（十六）：解开“催眠”的神秘面纱	社会文化活动部
1月8日—1月10日	画里画外·2012年第三届当代中国百名老艺术家书画精品展	社会文化活动部
1月10日　周二	视觉艺术沙龙：摄影图片赏析（一）	专题文献中心
1月12日　周四	视觉艺术沙龙：摄像技术学习	专题文献中心
1月13日　周五	人文社会沙龙：清书诗词讲读（七）	专题文献中心
1月14日　周六	人文社会沙龙：历史——辛亥革命	专题文献中心
	英语角	文献借阅中心
	浣纱分馆红酒品鉴之旅第三期：红酒邂逅音乐，电石火光的震撼	浣纱分馆
1月14日—1月17日	何虎将军《历代名人咏西湖》首发捐赠仪式暨龙年（百龙）书法展	社会文化活动部
1月15日　周日	大富翁版新年闯关游戏	文献借阅中心
	“私奔青海”——烈冰个人摄影作品看片会	专题文献中心
	摄影交流活动：分享鸟类摄影的乐趣	浣纱分馆
	龙腾虎跃贺新春——杭图博文专修学校公益培训学员演出	杭图博文专修学校

续表

时间	活动名称	组织部门
1月17日 周二	体验经典,牵手文明——“走进杭州记忆”之中国围棋博物馆	社会文化活动部
1月18日起	专题文献中心串珠艺术作品展	专题文献中心
1月20日—1月28日	画里画外·2012年第三届当代中国百名老艺术家书画精品展	社会文化活动部
1月22日 周日	1987年维也纳新年音乐会欣赏	音乐分馆
1月23日—2月6日	猜灯谜	文献借阅中心
1月23日 年初一	“贺岁大片,快乐迎新”正月初一电影欣赏活动	社会文化活动部
	“拗”出你的祝福,写下你的寄语	社会文化活动部 信息制作与传播中心
1月24日 年初二	品质生活沙龙:贺新年——民俗文化谈	专题文献中心
	春节话民俗	文献借阅中心
	新春大乐家	社会文化活动部
1月25日 年初三	阅读绘本《老鼠娶新娘》	文献借阅中心
	歌剧片断赏析	音乐分馆
	春节活动:舞动SHOW欢乐	社会文化活动部
1月26日 年初四	新年旅游季	文献借阅中心
	圣桑《参孙与达丽拉酒神之舞》	音乐分馆
	迎新年综艺片集锦欣赏	社会文化活动部
	杭州图书馆2012年新春“非物质文化遗产”展演	社会文化活动部
1月27日 年初五	2012年新春灯谜会	社会文化活动部
	迎新年综艺片集锦欣赏	社会文化活动部
	浣纱分馆新春摄影交流活动	浣纱分馆
	《罗马假日》	音乐分馆

续表

时间	活动名称	组织部门
1月27日—1月29日	“总有一种声音打动你”春节昆曲演出系列活动	音乐分馆
1月28日 年初六	健康养生沙龙:冬季调养(一)	专题文献中心
	外语学习沙龙:日本重要传统节日和活动	专题文献中心
	《德国巴登巴登音乐节歌剧系列音乐会》	音乐分馆
	迎新年综艺片集锦欣赏	社会文化活动部
	新春大乐家	社会文化活动部
1月29日　周日	外语学习沙龙:话题 Happy New Year	专题文献中心
1月31日　周二	体验经典,牵手文明——“走进杭州记忆”之中国工艺美术馆	社会文化活动部
2月1日—2月29日	家庭教育书籍推荐	文献借阅中心
2月4日　周六	品质生活沙龙:元宵节民俗风情	专题文献中心
	元宵节民俗风情体验:猜灯谜	专题文献中心
	英语角:远离“Stroke”健康知识普及	文献借阅中心
2月5日　周日	品质生活沙龙:元宵节串珠——小宫灯	专题文献中心
	人文社会沙龙:幸福人生系列(二十七)	专题文献中心
	李斯特钢琴作品赏析	音乐分馆
2月6日　周一	“总有一种声音打动你”昆曲系列活动进社区	音乐分馆
2月11日　周六	外语学习沙龙:西班牙语——西班牙语歌曲推荐	专题文献中心
	经济理财沙龙:股市行业分析(二十四)	专题文献中心
	情人节 show 甜蜜英语盛宴“耀”享受	社会文化活动部
	Diana Krall(黛安娜·克瑞儿)爵士演唱会	音乐分馆
	英语角“YOU and me: Everyone Is a Book WE Are a Library”	文献借阅中心

续表

时间	活动名称	组织部门
2月12日　周日	外语学习沙龙:日本的情人节	专题文献中心
	心理探秘沙龙——九型性格心理探秘系列沙龙(一):苛求完美的质检官	专题文献中心
	幸福人生讲座:“疾病”的希望	社会文化活动部
	文澜故事树:欢迎来到图书馆——《图书馆的狮子》	文献借阅中心
2月16日　周四	视觉艺术沙龙:摄像技术学习	专题文献中心
2月18日　周六	英语角	文献借阅中心
	文澜大讲堂——人物故事汇系列活动(一):与女版“赵本山”约会情人节——2·14特别人物篇	社会文化活动部
	歌剧《弄臣》戏剧分析	音乐分馆
	体验经典,牵手文明——“走进杭州记忆”第一季度“传承文化之旅”之杭州孔庙	社会文化活动部
	视觉艺术沙龙:摄影后期制作讲解	专题文献中心
	人文社会沙龙:中国近代史(一)	专题文献中心
	经济理财沙龙:期货投资培训(十八)	专题文献中心
2月18日—2月19日	“杭州网”在杭图招募小记者啦!	社会文化活动部
2月19日　周日	品质之城系列讲座(九):金融危机带给城市生活的变化	社会文化活动部
	悦尚摄影大讲堂:“冬之幻境”摄影技巧	浣纱分馆
	十年后,仍住在我心房的女孩:《那些年,我们一起追的女孩》影评会	社会文化活动部
	外语学习沙龙:How did you spend your Spring Festival?	专题文献中心
	经济理财沙龙:股市投资技术分析(十三)	专题文献中心
	品质生活沙龙:布艺沙龙——翻盖手拿包	专题文献中心

续表

时间	活动名称	组织部门
2月24日　周五	文澜大讲堂——清风讲坛:正确认识信仰危机,坚持科学崇高信仰	社会文化活动部
2月25日　周六	英语角	
	悦尚摄影大讲堂(二):热力海岛	浣纱分馆
	文澜大讲堂——走读杭州:参观杭州雷锋纪念馆	社会文化活动部
	2012维也纳新年音乐会赏析	音乐分馆
	人文社会沙龙:清书诗词讲读(八)	专题文献中心
	法律咨询沙龙:劳动者如何维权	专题文献中心
	经济理财沙龙:股市行业分析(二十五)	专题文献中心
2月26日　周日	巧手坊:欢迎来到图书馆——大熊抱抱	文献借阅中心
	浣纱分馆观赏鱼活动:如何养观赏鱼	浣纱分馆
	话剧之家:"浙江传媒学院'B&G剧社'话剧串烧"演出	社会文化活动部
	文澜大讲堂——品质之城讲座:走向世界的中西医结合针刺疗法	社会文化活动部
	品质生活沙龙:魔术沙龙1——扑克魔术揭秘	专题文献中心
	经济理财沙龙:期货投资培训(十九)	专题文献中心
	应急救护沙龙:生活急救要紧事(六)	专题文献中心
截至2012年4月15日	2012世界读书日系列活动:"微电影"大赛——"微"出你的"悦读"故事	社会文化活动部 信息制作与传播中心
截至2012年9月30日	西湖传说征集启事	专题文献中心
3月1日—3月10日	2012世界读书日系列活动:"最美杭州"摄影图片展	社会文化活动部

续表

时间	活动名称	组织部门
3月2日　周五	黄亚洲新版长篇小说《雷锋》首发仪式暨杭州图书馆2012“世界读书日”系列活动启动仪式	社会文化活动部
	文澜大讲堂——人物故事汇(二): 听万伯伯讲过去的故事——纪念毛泽东题词“向雷锋同志学习”49周年	社会文化活动部
3月3日　周六	热力海岛(二):海岛风情美妆与人像拍摄创作体验活动	浣纱分馆
	迎“三八国际妇女节”歌舞SHOW暨杭州图书馆读者之友社“歌舞之家”启动仪式	社会文化活动部
	英语角	文献借阅中心
	文澜沙龙——英语部落:Good and bad habbits(好坏习惯)	专题文献中心
	生活急救沙龙:生活急救要紧事(学生专场)	专题文献中心
	外语学习沙龙:2012上半年雅思口语考试预测	专题文献中心
3月4日　周日	张学友世纪巡回演唱会赏析	音乐分馆
	文澜沙龙——英语部落2012	专题文献中心
	法律咨询沙龙:家庭财产继承	专题文献中心
	人文社会沙龙:幸福人生系列(二十八)	专题文献中心
3月5日— 3月9日	“那些年,我们一起学习的雷锋精神”杭图微博学雷锋有奖知识竞猜	信息制作与传播中心
3月5日— 3月30日	2012世界读书日系列活动:“发现感动——身边的好人好事”主题征文比赛	社会文化活动部

续表

时间	活动名称	组织部门
3月10日　周六	阿黛尔英国皇家艾伯特大厅演唱会赏析	音乐分馆
	英语角	文献借阅中心
	摄影讲座:极地行摄之旅分享会(上):圆梦南极	浣纱分馆
	文澜大讲堂——成长教育系列讲座:如何培养优秀的孩子	社会文化活动部
	文澜沙龙——英语部落:Traveling(旅行)	专题文献中心
	外语学习沙龙:My expectation for the new year	专题文献中心
	经济理财沙龙:股市行业分析(二十六)	专题文献中心
3月11日　周日	走近乐器之王,聆听天籁之音	专题文献中心
	文澜故事树:春天你好——《植树的男人》	文献借阅中心
	文澜沙龙——英语部落:Discovery Survival Tactics(探索野外生存秘籍)	专题文献中心
	外语学习沙龙:2个小时教你学会西班牙语发音	专题文献中心
	心理探秘沙龙——九型性格心理探秘系列沙龙(二):开天辟地的保护者	专题文献中心
	文澜大讲堂——智慧家长系列讲座:你知道孩子在想什么吗?	社会文化活动部
	文澜大讲堂——幸福人生系列讲座:让你的眼睛明亮起来!	社会文化活动部
3月15日　周四	视觉艺术沙龙:摄像技术学习	专题文献中心

续表

时间	活动名称	组织部门
3 月 17 日　周六	歌剧《艺术家的生涯》戏剧导读	音乐分馆
	英语角	文献借阅中心
	杭州中日文化交流项目启动仪式暨千弘与小豆豆画展开幕式	文献借阅中心
	杭州中日文化交流项目暨中日邦交正常化 40 周年纪念活动·千弘与小豆豆系列活动:为了孩子们的和平与幸福	文献借阅中心
	摄影大讲堂:数码色彩管理入门知识讲座——我的色彩听我的	浣纱分馆
	文澜沙龙——英语部落:Popular careers—Best job for you(最受欢迎的职业——你最适合的工作)	专题文献中心
	健康养生沙龙:维生素使用的误区	专题文献中心
	人文社会沙龙:清书诗词讲读(九)——唐诗新读	专题文献中心
	品质生活沙龙:布艺沙龙——旅行包	专题文献中心
3 月 17 日—4 月 15 日	杭州中日文化交流项目暨中日邦交正常化 40 周年纪念活动·千弘与小豆豆系列活动:千弘与小豆豆画展	文献借阅中心
3 月 17 日—3 月 18 日	杭州中日文化交流项目暨中日邦交正常化 40 周年纪念活动·千弘与小豆豆系列活动:千弘的水彩技法体验活动	文献借阅中心

续表

时间	活动名称	组织部门
3月18日　周日	经济理财沙龙:股市投资技术分析(十四)	专题文献中心
	视觉艺术沙龙:花卉摄影技巧	专题文献中心
	文澜沙龙——英语部落:Yale Open Course(耶鲁大学开放课程)	专题文献中心
	职场故事分享会"赢在职场"	专题文献中心
	浣纱分馆红酒品鉴活动第四期:品味酒香,流转的时光	浣纱分馆
	玉器赏鉴与交流	社会文化活动部
3月24日　周六	文澜大讲堂——我来做主讲:仰望唐朝的月光	社会文化活动部
	文澜大讲堂——"走读杭州"第一季度"传承文化之旅"分享交流会	社会文化活动部
	摄影大讲堂:超越梦想　川藏行摄之旅	浣纱分馆
	2012柏林爱乐新年音乐会	音乐分馆
	英语角	文献借阅中心
	文澜沙龙——英语部落:Friends should be few and good—Do you agree?(朋友应该少并且要对你好,你同意吗?)	专题文献中心
	人文社会沙龙:中国近代史(二)	专题文献中心
	外语学习沙龙:爱尔兰图书馆交流会	专题文献中心
3月25日—4月25日	杭州市第六届西湖读书节系列活动:"最美杭州"摄影展展评活动	社会文化活动部
3月25日　周日	品质生活沙龙:串珠——手机挂件	专题文献中心
	外语学习沙龙:Handgesture and body language	专题文献中心
	海外文化沙龙:日本小学生的学习和生活	专题文献中心
	视觉艺术沙龙:PS照片色彩处理	专题文献中心

续表

时间	活动名称	组织部门
	文澜沙龙——英语部落:BBC Frozen Planet(英国 BBC 电台 冰冻星球)	专题文献中心
	文澜沙龙体验活动:寻访西湖文化名人墓地	专题文献中心
	巧手坊:春天你好——《春神跳舞的森林》	文献借阅中心
	文澜大讲堂——时事风云系列讲座:叙伊危局与和平发展路在何方?	社会文化活动部
3 月 31 日 周六	外语学习沙龙:日本女儿节风情	专题文献中心
	漫谈陶艺——杭图读者之友社书画之家 3 月活动	社会文化活动部
	经济理财沙龙:股市行业分析(二十七)	专题文献中心
4 月 1 日—4 月 21 日	2012 世界读书日系列活动 “发现感动——身边的好人好事”主题征文比赛	社会文化活动部
4 月 3 日 周二	法律咨询沙龙:如何打官司	专题文献中心
	外语学习沙龙:英语部落——Financial Crisis(金融危机)	专题文献中心
4 月 3 日—4 月 10 日	西部畅想曲——陕西摄影作品展	社会文化活动部
4 月 4 日 周三	不可不知的民俗系列:清明知多少	专题文献中心
	健康养生沙龙:感冒的家庭防治	专题文献中心
4 月 7 日 周六	外语学习沙龙:英语部落——走进英语	专题文献中心
	自然科普沙龙:漫谈光速	专题文献中心
	经济理财沙龙:股市行业分析(二十八)	专题文献中心
	快乐小陶子杭州站启动仪式	文献借阅中心
	英语角	文献借阅中心
	文澜大讲堂——“走读杭州”:参观夏衍故居	社会文化活动部
	摄影大讲堂:从日本京都到美国西部——一位沙发客的跨洋摄影之旅	浣纱分馆

续表

时间	活动名称	组织部门
4月8日　周日	郎朗现代李斯特钢琴赏析	音乐分馆
	梅花奖得主、越剧名家谢群英老师戏迷见面会	社会文化活动部
	青少年基地揭牌仪式暨"轻松备考12355与你同行"首场讲座——"孩子中高考,家长该咋办?"	文献借阅中心
	宝贝2+1亲子阅读活动:《我不要亲亲》	文献借阅中心
	外语学习沙龙 英语部落:Discovery Survival Tactics(探索野外生存秘籍:哥斯达黎加)	专题文献中心
	经济理财沙龙:期货投资培训(二十)	专题文献中心
	外语学习沙龙:日本的传统游戏Fukuwarai Janken Sugoroku	专题文献中心
	人文社会沙龙:幸福人生系列(二十九)	专题文献中心
	文澜大讲堂——智慧家长系列讲座:培养情绪健康的孩子	社会文化活动部
4月10日—4月22日	杭图2012"世界读书日"系列活动——"微电影"作品展及主题征文展	社会文化活动部
4月12日　周四	视觉艺术沙龙:摄像技术学习	专题文献中心
4月14日　周六	陈奕迅2010演唱会赏析	音乐分馆
	杭图2012"世界读书日"系列活动　文澜大讲堂:我来做主讲(2):经典诵读——为孩子奠定一生的文化根基	社会文化活动部
	茶道文化沙龙:清风古韵,悠远茶香	专题文献中心
	人文社会沙龙:中国近代史(四)	专题文献中心
	外语学习沙龙:英语部落——走进英语	专题文献中心
	视觉艺术沙龙:花卉摄影技巧及后期制作	专题文献中心
	2012世界读书日系列活动: 文澜大讲堂——成长教育系列讲座:爱上阅读的秘密	社会文化活动部

续表

时间	活动名称	组织部门
4月15日 周日	经济理财沙龙:股市投资技术分析(十五)	专题文献中心
	外语学习沙龙:经典国学双语活动(中英文)	专题文献中心
	收藏之家:参观杭州博物馆	社会文化活动部
	走进巴赫、莫扎特的音乐世界赏析活动	音乐分馆
	摄影大讲堂:摄影与构图	浣纱分馆
	绘本阅读《最重要的事》	文献借阅中心
4月16日 周一	"新松计划"浙江省青年戏曲演员大赛选拔赛	音乐分馆
4月20日 周五	文澜大讲堂——清风讲坛系列:从媒体视角解读民生热点	社会文化活动部
4月21日 周六	歌剧《费加罗的婚礼》戏剧导读	音乐分馆
	4.23世界读书日西湖读书节阅动书友会:"阅读之声"朗读桥	文献借阅中心
	英语角	文献借阅中心
	外语学习沙龙:英语部落——走进英语	专题文献中心
	心理探秘沙龙:人生的平衡点	专题文献中心
	外语学习沙龙:英语——Change	专题文献中心
	心理探秘沙龙:追求和谐的和事佬	专题文献中心
4月22日 周日	总有一种声音打动你:管风琴鉴赏系列活动	音乐分馆
	摄影大讲堂:台湾生态摄影创作攻略:台湾,那个熟悉又陌生的地方	浣纱分馆
	外语学习沙龙:英语部落——BBC Frozen Planet II(英国BBC电台冰冻星球II)	专题文献中心
	品质生活沙龙:如何有效提高记忆力	专题文献中心
	外语学习沙龙:让不懂西语的人,听懂全西语的讲座	专题文献中心
	品质生活沙龙:布艺沙龙——小熊零钱包	专题文献中心

续表

时间	活动名称	组织部门
4月23日　周一	第六届西湖读书节开幕式活动	社会文化活动部
	2012 西湖读书节开幕式暨音乐分馆 4.23 世界读书日广场专题活动	音乐分馆
	杭图 2012“世界读书日”系列活动——“放飞春天、放飞心情”系列活动之一：心随风动、筝情有我	社会文化活动部
4月23日—4月29日	“杭州微读书节”之寻找阅读——杭图微博随手拍	信息制作与传播中心
4月23日—5月6日	知识产权日专题展览活动：九三科技讲堂	社会文化活动部
4月25日　周三	“九三科技讲堂”知识产权保护讲座	社会文化活动部
4月26日　周四	4.26 世界知识产权保护日专题论坛：“苹果的缺口”——从苹果商标纠纷看中小企业知识产权保护	文献借阅中心
4月27日—5月20日	杭州市第六届西湖读书节系列活动：“品质之城读书乐”摄影展	社会文化活动部
4月27日—12月10日	“最美杭州”摄影展巡展	社会文化活动部
4月28日　周六	经济理财沙龙：股市行业分析（二十九）	专题文献中心
	英语角	文献借阅中心
	《贝多芬第一交响曲》《贝多芬第二交响曲》赏析	音乐分馆
4月29日　周日	“品味书香　释放激情”广场系列活动：迎“五一”越剧折子戏专场	社会文化活动部
	文澜大讲堂——品质之城系列讲座：名家品读系列讲座：张爱玲创作生涯及其文学作品漫谈	社会文化活动部

续表

时间	活动名称	组织部门
	文澜大讲堂系列讲座——“相约健康”：养生与养肾	社会文化活动部
	外语学习沙龙：英语部落——Food（食物）	专题文献中心
	品质生活沙龙：串珠——蘑菇	专题文献中心
	海外文化沙龙：日本动漫	专题文献中心
4月29日—5月8日	“薪火2012”油画家美展	社会文化活动部
4月30日　周一	“品味书香　释放激情”广场系列活动：欢歌笑舞庆五一　齐聚一堂颂劳动	社会文化活动部
5月1日 劳动节 周二	杭图2012“世界读书日”系列活动：文澜大讲堂——人物故事会(3) “放飞春天、放飞心情”系列活动之二：我和风筝有个约会	社会文化活动部
	杭图2012“世界读书日”系列活动：文澜大讲堂——人物故事会(3) “放飞春天、放飞心情”系列活动之三：让书告诉你关于风筝的故事	社会文化活动部
	人文社会沙龙：中国近代史（五）	专题文献中心
	外语学习沙龙：日本的住房	专题文献中心
5月2日—6月15日	绘出心中的童谣——全国少年儿童童谣绘画创作征集大赛	文献借阅中心
5月4日　周五	古典主义专题之歌剧改革鼻祖 Christoph Willibald Gluck（格鲁克）作品导析	音乐分馆
5月5日　周六	文澜大讲堂——“走读杭州”之参观西泠印社	社会文化活动部
	音乐赏析：“爱的名义”——国内外著名教堂管风琴及音乐作品赏析	音乐分馆
	外语学习沙龙：英语部落——走进英语	专题文献中心

续表

时间	活动名称	组织部门
	健康养生沙龙:药品减肥的误区	专题文献中心
	经济理财沙龙:股票投资决策系统(一)	专题文献中心
	英语角	文献借阅中心
	国内外著名教堂:管风琴音乐作品赏析	音乐分馆
5月6日　周日	外语学习沙龙:英语部落——Discovery Survival Tactics(探索野外生存秘籍:犹塌州沙漠)	专题文献中心
	与经典面对面——摄影大师乔·麦克纳利作品赏析讲座	浣纱分馆
	外语学习沙龙:英语——STEREOTYPES	专题文献中心
	经济理财沙龙:期货投资培训(二十二)	专题文献中心
	文澜大讲堂系列讲座“相约健康”:生命摇篮的呵护——宫颈癌的防治	社会文化活动部
	张惠妹演唱会赏析	音乐分馆
5月7日—6月20日	少儿的天堂,期待你的灵感——“我心中的少儿图书馆”微博活动	杭州少年儿童图书馆信息制作与传播中心
5月9日　周三	古典主义专题之交响乐之父 Joseph Haydn(海顿)作品导析	音乐分馆
5月10日　周四	杭州红叶艺术团开心歌舞演出	音乐分馆
5月11日　周五	女中音歌唱家德德玛草原之声	音乐分馆
5月12日　周六	文澜大讲堂——成长教育系列讲座:如何提高孩子做作业的效率	社会文化活动部
	系列普及讲座:母亲节献给准妈妈最好的礼物——胎教音乐聆听赏析	音乐分馆
	光与影在摄影中的运用技巧讲座	浣纱分馆
	外语学习沙龙:英语部落——Alcohol should be illegal	专题文献中心

续表

时间	活动名称	组织部门
	法律咨询沙龙:解读劳动法	专题文献中心
	视觉艺术沙龙:揭秘美丽西湖的拍摄技法	专题文献中心
	英语角	文献借阅中心
	半本光明——为宁夏西吉二中书款募捐及图书捐赠公益活动	社会文化活动部
	首届美丽生活摄影展暨 2012 杭州美丽行业生活品质点评发布会(5.12—6.12)	社会文化活动部
5 月 12 日—6 月 12 日	首届美丽生活摄影展暨 2012 杭州美丽行业生活品质点评发布会	社会文化活动部
5 月 13 日　周日	外语学习沙龙:英语部落——Yale Open Course(耶鲁大学开放课程心理学)	专题文献中心
	2012 年第四届老年合唱交流演唱会	音乐分馆
	经济理财沙龙:期货投资培训(二十二)	专题文献中心
	心理探秘沙龙:爱满人间的给予者	专题文献中心
	文澜故事树	文献借阅中心
	阅动书坊之“母爱似水”主题图书推荐	文献借阅中心
5 月 15 日　周二	无障碍电影进社区活动	音乐分馆
5 月 16 日　周三	古典主义专题之音乐神童 Wolfgang Amadeus Mozart(莫扎特)作品导析	音乐分馆
5 月 17 日　周四	视觉艺术沙龙:摄像技术学习	专题文献中心
5 月 18 日　周五	无障碍电影进社区活动:《导盲犬》《集结号》	音乐分馆
	天下最美的女中音降央卓玛	音乐分馆
5 月 19 日　周六	文澜大讲堂——我来做主讲:放飞心情拥抱生活	社会文化活动部
	文澜大讲堂系列讲座——相约健康:谈如何减压,远离心理疾病	社会文化活动部

续表

时间	活动名称	组织部门
	杭州图书馆博文专修学校2012年秋季现场咨询会	杭州图书馆博文专修学校
	如果康熙遇到路易——略论东西音乐文化之比较与欣赏	音乐分馆
	文澜大讲堂——智慧家长系列讲座:远离考试焦虑　从容面对考场	社会文化活动部
	国际摄影大赛就在你身边——参加国际摄影比赛的相关技巧讲座	浣纱分馆
	外语学习沙龙:英语部落——走进英语	专题文献中心
	外语学习沙龙:哥伦比亚国家风情	专题文献中心
	旅游文化沙龙:永远在路上	专题文献中心
	英语角	文献借阅中心
	朗读桥"记忆母亲的年代"	文献借阅中心
	半本光明——为宁夏西吉二中书款募捐及图书捐赠公益活动	社会文化活动部
5月20日　周日	文澜大讲堂——实事风云系列讲座:从习近平访美看中美关系	社会文化活动部
	纪念毛主席《在延安文艺座谈会上的讲话》发表70周年座谈会	社会文化活动部
	与大师对话:凯·约翰森跟大家聊聊管风琴	音乐分馆
	杭州图书馆博文专修学校2012年秋季现场咨询会	杭州图书馆博文专修学校
	残疾人无障碍电影《侏罗纪公园》赏析活动	音乐分馆
	"总有一种声音打动你"全国助残日浙江昆剧团——《手语雷峰塔》	音乐分馆
	葡萄酿造美酒,有机健康人生	专题文献中心

续表

时间	活动名称	组织部门
	“聆听西湖传说,传承文明薪火”暨向中国旅游日致敬(二)	专题文献中心
	外语学习沙龙: 英语部落——BBC Frozen Planet III(英国BBC电台冰冻星球III)	专题文献中心
	经济理财沙龙:2012年中期投资策略及未来展望	专题文献中心
	人文社会沙龙:幸福人生系列(三十)	专题文献中心
5月20日— 5月27日	纪念毛主席《在延安文艺座谈会上的讲话》发表70周年——浙江省书法家协会历届顾问、理事作品展	社会文化活动部
5月22日— 6月5日	杭州市公共图书馆志愿者招募	杭州图书馆
5月23日　周三	古典主义专题之乐圣贝多芬作品赏析	音乐分馆
5月25日　周五	男生四重奏——八只眼的音乐	音乐分馆
5月25日— 6月8日	浙江省未成年人“悦读之星”书法大赛杭州地区优秀书法作品展	社会文化活动部
5月26日　周六	外语学习沙龙:英语部落——Cheating	专题文献中心
	音乐赏析:唱诗班与管风琴的音乐对话	音乐分馆
	文澜大讲堂——相约健康:“上医医未病:夏季如何养生”	社会文化活动部
	经济理财沙龙:期货投资培训(二十三)	专题文献中心
	品质生活沙龙——布艺沙龙:裁剪衣服	专题文献中心
	心理探秘沙龙:在快乐ABC中,怎么调节情绪	专题文献中心
	英语角	文献借阅中心
	唱诗班与管风琴对话:音乐作品赏析	音乐分馆

续表

时间	活动名称	组织部门
5月27日　周日	外语学习沙龙:英语部落——How to draft a letter or E-mail(信件和邮件的写法)	专题文献中心
	摄影棚内的人像摄影技巧讲座:条件不足,也能拍出好作品	浣纱分馆
	海外文化沙龙:日本の茶道	专题文献中心
	品质生活沙龙:串珠——小鸡	专题文献中心
	经济理财沙龙:股票投资决策系统(二)	专题文献中心
	"活力中国"大型公益健康教育讲座走进杭州图书馆	社会文化活动部
5月28日—6月8日	2012世界无烟日专题活动——烟包警示图片展	社会文化活动部
5月30日　周三	古典主义专题之古典精华对比导析	音乐分馆
	文澜大讲堂——走进杭州边检站:释放都市生活压力的健康瑜伽	社会文化活动部
6月1日—6月7日	儿童阅读大礼包	文献借阅中心
6月1日—6月30日	西湖文化茶具展	专题文献中心
6月1日 儿童节 周五	杭州少年儿童图书馆"六一"特别策划	杭州少年儿童图书馆
	我们眼中的梦想家园　庆"六一"儿童绘画活动	杭州图书馆博文专修学校
	百名儿童庆六一"乐陶陶"少儿陶瓷艺术赛	社会文化活动部
	2012年未成年人读书节开幕式暨迎六一"节日,放飞快乐"文艺汇演	社会文化活动部
6月2日　周六	2012奥林匹克杯全国作文大赛颁奖典礼暨"写作与成长"主题讲座	社会文化活动部
	松阳是我家·油画写生作品展	社会文化活动部

续表

时间	活动名称	组织部门
	关注儿童多动症,把爱心传递给每个孩子	文献借阅中心
	外语学习沙龙:英语部落——Children's Day(儿童节)	专题文献中心
	法律咨询沙龙:打官司的风险	专题文献中心
	经济理财沙龙:股票投资决策系统(三)	专题文献中心
6月3日　周日	外语学习沙龙:英语部落——Discovery Survival Tactics(探索野外生存秘籍:启劳亚火山)	专题文献中心
	外语学习沙龙:日本的教育	专题文献中心
	影视鉴赏沙龙:看电影,谈生活——梦回泰坦尼克	专题文献中心
	给孩子讲述管风琴的故事	音乐分馆
	如何在摄影棚内拍出好作品?——室内人像摄影技巧讲解	浣纱分馆
6月8日　周五	“总有一种声音打动你”音乐鉴赏 与谱睿同成长——谱睿钢琴2周年音乐会	音乐分馆
	走进歌唱家李谷一音乐世界	音乐分馆
6月9日　周六	西湖读书节专题活动:心有书香,童年的幸福指数	社会文化活动部
	“读经与吟诵”公益讲座	文献借阅中心
	摄影爱好者交流会:我的作品,我做主!	浣纱分馆
	英语角	文献借阅中心
	贝多芬《第二交响曲》	音乐分馆
	青年单簧管演奏家邸晓嫣师生专场音乐会	音乐分馆
	“文化遗产人人爱,有你参与更精彩”——“西湖传说”主题沙龙活动:“西湖传说”故事会	专题文献中心

续表

时间	活动名称	组织部门
	外语学习沙龙:英语部落——SAT examination(SAT 考试)	专题文献中心
	外语学习沙龙:英语部落——Hobbies	专题文献中心
	心理探秘沙龙:永不停歇的实干者	专题文献中心
6 月 10 日　周日	文澜大讲堂——幸福人生系列:幸福的科学	社会文化活动部
	第八届肖邦国际青少年钢琴大赛(中国)杭州分赛区选拔赛	音乐分馆
	文澜大讲堂——"走读杭州":参观杭州韩美林艺术馆	社会文化活动部
	外语学习沙龙:我们来学 CATALAN(加泰罗尼亚语)	专题文献中心
	人文社会沙龙:幸福人生系列(三十一)	专题文献中心
6 月 12 日　周二	神奇的喉音艺术	音乐分馆
6 月 13 日　周三	浪漫主义时期专题之韦伯作品赏析	音乐分馆
6 月 14 日　周四	视觉艺术沙龙:摄像技术学习	专题文献中心
6 月 15 日　周五	彭丽媛的中国民歌欣赏	音乐分馆
	文澜大讲堂——清风讲坛:居安思危——苏共亡党的思考	社会文化活动部
6 月 16 日　周六	文澜大讲堂——我来做主讲:心跳骤停绝境求生术	社会文化活动部
	英语角	文献借阅中心
	"绿色环保工艺品 DIY"2011 年节能周系列活动	社会文化活动部
	1998 年—2004 年春晚联欢会经典歌曲	音乐分馆
	阅动书友会系列活动之"阅动之声"朗读桥以父之名的美好时光	文献借阅中心

续表

时间	活动名称	组织部门
	外语学习沙龙:英语部落——Parents and Kids(父母和孩子)	专题文献中心
	品味书香沙龙:我的枕边书(五)	专题文献中心
	经济理财沙龙:期货投资培训(二十四)	专题文献中心
6月17日—7月15日	映像江南——2012浙江中青年艺术家作品展	社会文化活动部
6月17日　周日	文澜大讲堂——品质生活系列讲座:智慧城市与市民生活	社会文化活动部
	第九届青少年华人艺术大赛浙江赛区总决赛	音乐分馆
	浙江省青少年声乐、器乐比赛	音乐分馆
	“收藏之家”6月会员交流活动	社会文化活动部
	浣纱分馆“时光之旅”摄影队作品交流会	浣纱分馆
	外语学习沙龙	专题文献中心
	自然科普沙龙:家庭装修污染	专题文献中心
	经济理财沙龙:2012年中期投资策略及未来展望(二)	专题文献中心
6月19日—7月19日	中国票证博览图片展	社会文化活动部
6月20日　周三	浪漫主义时期专题之麦亚白尔作品赏析	音乐分馆
6月22日　周五	视觉艺术沙龙:老杭州的记忆	专题文献中心
	请您听一段玉皇山上的“西湖传说”暨“文澜沙龙”读者群英会活动	专题文献中心
	谭晶——最真的心声	音乐分馆
	“七一”专题研讨会	社会文化活动部
	“七一”专题报告会	社会文化活动部

续表

时间	活动名称	组织部门
6月23日 端午节 周六	心理探秘沙龙:在快乐 ABC 中,从认识自己开始	专题文献中心
	音乐剧《猫》戏剧导析	音乐分馆
	英语角	文献借阅中心
	不可不知的民俗系列:找寻端午节的各种民俗 1. 文澜沙龙:找寻关于端午的各种民俗 2. 文澜沙龙民俗体验活动:串珠制作——指尖上的“粽子” 3. 赠送香袋	专题文献中心
	万水千山“粽”是情——品楚汉习俗、传承古人文化遗产、寻找身边的粽子达人	社会文化活动部
	文澜大讲堂——成长教育:高考志愿填报与未来职业发展	社会文化活动部
	文澜大讲堂——成长教育:如何提高孩子上课的注意力	社会文化活动部
6月24日　周日	外语学习沙龙 英语部落:BBC Frozen Planet III(英国 BBC 电台冰冻星球 III)	专题文献中心
	品质生活沙龙——布艺沙龙:裤子打板	专题文献中心
	“文澜沙龙”电影鉴赏:《人鬼情未了》	专题文献中心
6月26日　周二	中国丝绸日第二届“金富春杯”中华嫁衣创意大赛初赛评选	社会文化活动部
6月27日　周三	浪漫主义时期专题之罗西尼作品赏析	音乐分馆
6月29日　周五	军中百灵——王丽达的艺术歌曲	音乐分馆
6月30日　周六	外语学习沙龙:英语部落——Personality(人格)	专题文献中心
	英语角	文献借阅中心

续表

<table>
<tr><th>时间</th><th>活动名称</th><th>组织部门</th></tr>
<tr><td rowspan="7"></td><td>文澜大讲堂——人物故事汇:“流浪的猫猫”沙发客之旅</td><td>社会文化活动部</td></tr>
<tr><td>相聚英语,分享快乐——纯英语口语交流活动:英语村游学</td><td>专题文献中心</td></tr>
<tr><td rowspan="2">听音乐,品红酒</td><td>音乐分馆</td></tr>
<tr><td>浣纱分馆</td></tr>
<tr><td>外语学习沙龙:英语部落——Personality(人格)</td><td>专题文献中心</td></tr>
<tr><td>海外文化沙龙:东瀛印象</td><td>专题文献中心</td></tr>
<tr><td>人文社会沙龙:浅谈中国海权史</td><td>专题文献中心</td></tr>
<tr><td rowspan="5">7月1日　周日</td><td>喜迎七一欢度周末——杭州杂技总团魔术专场演出</td><td>社会文化活动部</td></tr>
<tr><td>外语学习沙龙——英语部落:BBC Chinese are coming</td><td>专题文献中心</td></tr>
<tr><td>外语学习沙龙——两小时教会你西班牙语所有发音(一)</td><td>专题文献中心</td></tr>
<tr><td>影视鉴赏沙龙:香港电影《无间道》心理探秘</td><td>专题文献中心</td></tr>
<tr><td>“梦想舞台”第一季暨低幼部活动观摩课</td><td>杭州少年儿童图书馆</td></tr>
<tr><td>7月3日　周二</td><td>小陶子故事会</td><td>文献借阅中心</td></tr>
<tr><td>7月3日—8月3日</td><td>岁月留痕——浙江省民俗风情摄影展</td><td>社会文化活动部</td></tr>
<tr><td>7月3日—7月20日</td><td>拿出闲置的图书来换取儿童剧《三只小猪》入场券吧!</td><td>杭州少年儿童图书馆</td></tr>
<tr><td>7月4日　周三</td><td>献给共和国,红歌唱起来</td><td>音乐分馆</td></tr>
<tr><td>7月5日　周四</td><td>“暑假乐学堂”首届优秀小学生智力大比拼挑战赛</td><td>杭州少年儿童图书馆</td></tr>
</table>

续表

时间	活动名称	组织部门
7月5日—7月6日	流动的科学实验室	文献借阅中心
7月5日—8月31日	杭州少年儿童图书馆第四届杭州市中小学生第二课堂学习竞赛活动 活动一:“悦读经典、感受书香” 活动二:“小小图书漂流”	杭州少年儿童图书馆
7月6日　周五	古典音乐家作品赏析	音乐分馆
	“看戏·品曲·乐晚年”专题活动暨江干区企退人员采荷街道优秀文娱团队展示秀(集体组织)	社会文化活动部
7月7日　周六	“文化遗产人人爱,有你参与更精彩”——“西湖传说”主题沙龙活动:“西湖传说”故事会	专题文献中心
	英语角	文献借阅中心
	《查理九世》作家见面会	杭州少年儿童图书馆
	小陶子故事会	文献借阅中心
	法律咨询沙龙:民间借贷	专题文献中心
	经济理财沙龙:证券专业化操作系统(一)	专题文献中心
	关爱“小候鸟”及盲童活动	音乐分馆
7月8日　周日	文澜大讲堂——职场人生系列:从心理学角度解读职场和家庭的关系	社会文化活动部
	全英文幼小朋友科学主题活动	文献借阅中心
	曲艺文化沙龙:相声艺术在杭州的发展	专题文献中心
	外语学习沙龙——英语部落:Yale Open Course(耶鲁大学开放课程心理学 II)	专题文献中心
	经济理财沙龙:期货投资培训(二十六)	专题文献中心
	人文社会沙龙:幸福人生系列(三十二)	专题文献中心
7月8日—7月15日	你的爱心,点燃孩子的梦想——为贫困地区孩子捐书活动	杭州少年儿童图书馆

续表

时间	活动名称	组织部门
7月9日—7月13日	2012年江干区暑期少年法制夏令营（集体组织）	社会文化活动部
7月10日　周二	暑期夏令营：富阳留守儿童“走进图书馆”	专题文献中心
7月11日　周三	古典主义专题之交响乐作品导析	音乐分馆
	冰冰姐姐放映厅：《飞屋环游历险记》	杭州少年儿童图书馆
	“看戏·品曲·乐晚年”专题活动暨江干区企退人员闸弄口街道优秀文娱团队展示秀（集体组织）	社会文化活动部
	小陶子故事会	文献借阅中心
7月11日—7月17日	流动的实验室	文献借阅中心
7月12日　周四	欢乐暑假，佳片有约——杭州图书馆七月影展《喜羊羊与灰太狼之开心闯龙年》	社会文化活动部
7月13日　周五	纯真童心、奉献爱心，展望未来、超越梦想！——残障儿童与爱儿坊幼儿园手拉手汇报演出	音乐分馆
7月14日　周六	歌坛“大姐”毛阿敏的音乐世界	音乐分馆
	摄影作品交流会	浣纱分馆
	文澜大讲堂——电影艺术与生活（嘉宾：台湾新电影重要代表人物、著名导演侯孝贤）	社会文化活动部
	映像江南——2012浙江省中青年艺术家作品展学术讲座：中国传统雕塑艺术何去何从	社会文化活动部
	全英文幼小朋友科学主题活动	文献借阅中心
	文澜大讲堂——成长教育系列：记忆专家教你轻松背课文	社会文化活动部
	文澜大讲堂——“走读杭州”：第二季度“文学艺术之旅”分享交流会	社会文化活动部

续表

时间	活动名称	组织部门
	外语学习沙龙——英语部落:How to learning business English	专题文献中心
	人文社会沙龙:红学家身份以外的俞平伯	专题文献中心
	品质生活沙龙:串珠——贵宾犬	专题文献中心
	海外文化沙龙:东瀛印象之饮食文化	专题文献中心
7 月 15 日　周日	外语学习沙龙:如何学习商务英语	专题文献中心
	曲艺文化沙龙:相声票友总动员	专题文献中心
	小陶子手工活动	文献借阅中心
	外语学习沙龙——英语部落:Yale Open Course(耶鲁大学开放课程聆听音乐 III)	专题文献中心
	外语学习沙龙:日本夏天的食物	专题文献中心
	视觉艺术沙龙:摄影构图技巧	专题文献中心
	相聚英语,分享快乐——纯英语口语交流活动:口语讲座	专题文献中心
7 月 16 日—8 月 31 日	书海清凉——杭图微博随手拍	信息制作与传播中心
7 月 17 日　周二	欢乐暑假,佳片有约——杭州图书馆七月影展:《龙门飞甲》	社会文化活动部
7 月 18 日　周三	古典音乐与浪漫音乐的作品对比	音乐分馆
	冰冰姐姐放映厅:《狮子王 3》	杭州少年儿童图书馆
7 月 19 日　周四	欢乐暑假,佳片有约——杭州图书馆七月影展:《饭局也疯狂》	社会文化活动部
	视觉艺术沙龙:摄像技术学习	专题文献中心
7 月 20 日　周五	永远的苍狼——腾格尔	音乐分馆
7 月 20 日—8 月 20 日	“生活漫画”——倪集裘作品展	社会文化活动部

续表

时间	活动名称	组织部门
7月21日　周六	歌剧专题戏剧分析	音乐分馆
	“暑假乐学堂”——夏日海洋科普嘉年华：海边的童话森林	杭州少年儿童图书馆
	快乐ABC：英语沙龙 is coming	杭州少年儿童图书馆
	文澜大讲堂——品质之城系列：触摸建筑文化　感受独特历史轨迹	社会文化活动部
	全英文幼小朋友科学主题活动	文献借阅中心
	英语角	文献借阅中心
	精彩夏日　魅力青春——杭州新青年歌舞团文艺演出	社会文化活动部
	自然科普沙龙：漫谈神舟九号	专题文献中心
	经济理财沙龙：证券专业化操作系统（二）	专题文献中心
7月22日　周日	文澜大讲堂——我来做主讲系列：我的旅游我做主	社会文化活动部
	西湖文化活动之一——西湖传说启动仪式	专题文献中心
	2012年科普项目活动之一：孩子更需要有机生活	专题文献中心
	书画艺术普及沙龙：一场文化，一场艺术	专题文献中心
	流火的激情——朗读桥七、八月诗歌朗诵专场	文献借阅中心
	曲艺文化沙龙：相声名家及经典段子初探	专题文献中心
	小陶子故事会	文献借阅中心
	文澜大讲堂——时事风云：世界航母百年	社会文化活动部
	外语学习沙龙——英语部落：BBC Frozen Planet IV（英国BBC电台冰冻星球IV）	专题文献中心
	外语学习沙龙：The best way to keep healthy	专题文献中心
	经济理财沙龙：2012年中期投资策略及未来展望（三）	专题文献中心

续表

时间	活动名称	组织部门
7月23日　周一	总有一种声音打动你"流行歌曲大家唱"系列广场纳凉晚会	音乐分馆
7月24日　周二	欢乐暑假,佳片有约——杭州图书馆七月影展:《里约大冒险》	社会文化活动部
7月25日　周三	浪漫乐派的代表人及作品赏析	音乐分馆
	冰冰姐姐放映厅:《龙猫》	杭州少年儿童图书馆
7月25日—28日	第八届肖邦国际青少年钢琴大赛(中国)总决赛	音乐分馆
7月26日　周四	"暑假乐学堂"——夏日海洋科普嘉年华:心中的海洋	杭州少年儿童图书馆
7月27日　周五	情怀邓丽君音乐世界	音乐分馆
	智慧父母成长沙龙	文献借阅中心
	"暑假乐学堂"——夏日海洋科普嘉年华:我们是一对好朋友	杭州少年儿童图书馆
7月28日　周六	蔡琴演唱会赏析	音乐分馆
	东极岛行摄之旅暨东极岛摄影作品分享会	浣纱分馆
	文澜大讲堂——"走读杭州":参观杭州气象科普体验馆	社会文化活动部
	外语学习沙龙——英语部落:Cities	专题文献中心
	品味书香沙龙:当阅读成为习惯时	专题文献中心
	心理探秘沙龙:人生的跷跷板——如何让亲密关系更亲密	专题文献中心
	品质生活沙龙——布艺沙龙:便条包	专题文献中心
7月28日—10月7日	"创意杭州·动漫生活"中日创意动漫大型系列展览	社会文化活动部

续表

时间	活动名称	组织部门
7月29日　周日	文澜大讲堂——相约健康系列：七轮的奥秘	社会文化活动部
	如何养观赏鱼第七期活动	浣纱分馆
	全英文幼小朋友科学主题活动	文献借阅中心
	外语学习沙龙——英语部落：The Universe Alien Planets（宇宙的外行星）	专题文献中心
	经济理财沙龙：期货投资培训（二十七）	专题文献中心
	生活品质沙龙：工作，读书和外语（一）	专题文献中心
7月30日　周一	欢乐暑假，佳片有约——杭州图书馆七月影展：《快乐的大脚》	社会文化活动部
	总有一种声音打动你“流行歌曲大家唱”系列广场纳凉晚会	音乐分馆
7月31日　周二	“我们的价值观”系列活动： 庆祝中国人民解放军建军85周年之《八月一日》电影鉴赏会	社会文化活动部
8月1日 周三 建军节	冰冰姐姐放映厅：《动物总动员》	杭州少年儿童图书馆
	智慧父母成长沙龙	文献借阅中心
	浪漫主义专题之舒曼作品导析	音乐分馆
8月1日— 8月5日	2012年杭州图书馆“探索与梦想”主题夏令营	社会文化活动部
	8月1日：儿童音乐鉴赏	
	8月2日：绘本中的梦想故事	
	8月3日：文澜大讲堂——“走读杭州”：参观可口可乐绿色工厂	
	8月4日：快乐彩绘陶乐园	
	8月5日：生活中的科学探索小达人	

续表

时间	活动名称	组织部门
8月1日—10月30日	杭州图书馆阅读达人活动	文献借阅中心
8月2日　周四	欢乐暑假,佳片有约——杭州图书馆八月影展:《哈利波特与死亡圣器(下)》	社会文化活动部
8月3日　周五	“暑假乐学堂”——夏日海洋科普嘉年华:水的属性	杭州少年儿童图书馆
	智慧父母成长沙龙	文献借阅中心
	民族器乐二胡经典作品赏析	音乐分馆
8月4日　周六	刘德华经典演唱会赏析	音乐分馆
	英语角	文献借阅中心
	人文社会沙龙:写作与投稿技巧	专题文献中心
	法律咨询沙龙:未成年人法律普及	专题文献中心
	经济理财沙龙:证券专业化操作系统(三)	专题文献中心
	阅读者讲坛我来做主讲 从爱情中得到事业——从心理分析师的角度赏析电影《危险方法》	社会文化活动部
8月5日　周日	外语学习沙龙——英语部落:BBC 中国人来了	专题文献中心
	西湖传说:英语讲述西湖传说《白蛇传》	专题文献中心
	科普系列讲座:奇奇妙妙水	文献借阅中心
	曲艺文化沙龙:独领风骚的 80 后潮相声(上)	专题文献中心
	外语学习沙龙:日本经典恐怖故事	专题文献中心
	人文社会沙龙:幸福人生系列(三十三)	专题文献中心
8月6日　周一	总有一种声音打动你“流行歌曲大家唱”系列广场纳凉晚会	音乐分馆
8月7日　周二	欢乐暑假,佳片有约——杭州图书馆八月影展:《大魔术师》	社会文化活动部

续表

时间	活动名称	组织部门
8月8日 周三	冰冰姐姐放映厅:《101 忠狗 2》	杭州少年儿童图书馆
	智慧父母成长沙龙	文献借阅中心
	浪漫主义专题之李斯特作品导析	音乐分馆
8月10日 周五	夏日海洋科普嘉年华:小小航海家	杭州少年儿童图书馆
	智慧父母成长沙龙	文献借阅中心
	科普系列讲座:好玩的为什么	文献借阅中心
	民族器乐琵琶经典作品赏析	音乐分馆
8月11日 周六	贝多芬《第四交响曲》欣赏	音乐分馆
	英语角	文献借阅中心
	外语学习沙龙——英语部落:Life Stories	专题文献中心
	经济理财沙龙:期货投资培训(二十八)	专题文献中心
	视觉艺术沙龙:人物拍摄法	专题文献中心
	外语学习沙龙——英语部落:体育	专题文献中心
8月12日 周日	外语学习沙龙——英语部落:Yale Open Course 心理学 III	专题文献中心
	西湖传说:英语讲述西湖传说《飞来峰》	专题文献中心
	外语学习沙龙:两小时教会你西班牙语所有发音(二)	专题文献中心
	曲艺文化沙龙:独领风骚的 80 后潮相声(下)	专题文献中心
	影视鉴赏沙龙:陈凯歌与《霸王别姬》	专题文献中心
8月13日 周一	总有一种声音打动你“流行歌曲大家唱”系列广场纳凉晚会	音乐分馆
8月14日 周二	欢乐暑假,佳片有约——杭州图书馆八月影展:《变形金刚 3》	社会文化活动部
8月15日 周三	冰冰姐姐放映厅:《玩具总动员 2》	杭州少年儿童图书馆
	浪漫主义专题之瓦格纳作品导析	音乐分馆

续表

时间	活动名称	组织部门
8月16日　周四	视觉艺术沙龙:摄像技术学习	专题文献中心
	欢乐暑假,佳片有约——杭州图书馆八月影展:《铁甲钢拳》	社会文化活动部
8月17日　周五	“暑假乐学堂”——夏日海洋科普嘉年华:潜水	杭州少年儿童图书馆
	民族器乐笛子经典作品赏析	音乐分馆
8月18日　周六	歌剧《战争与和平》戏剧分析	音乐分馆
	塞纳河畔的浪漫与清新——浣纱分馆红酒品鉴之拉姆咖啡馆篇	浣纱分馆
	朗读桥活动	文献借阅中心
	英语角	文献借阅中心
	外语学习沙龙——英语部落:Charity	专题文献中心
	书画艺术沙龙——书画艺术入门与欣赏	专题文献中心
	经济理财沙龙——证券专业化操作系统(四)	专题文献中心
	海外文化沙龙——东瀛印象之幼稚园篇	专题文献中心
8月19日　周日	文澜大讲堂——品质之城系列讲座:现代物流的全新世界	社会文化活动部
	浣纱分馆悦尚摄影大讲堂摄影作品交流会(二)	浣纱分馆
	西湖传说:英语讲述西湖传说《石香炉》	专题文献中心
	外语学习沙龙——英语部落:Yale Open Course 聆听音乐 IV	专题文献中心
	经济理财沙龙——2012年中期投资策略及未来展望(四)	专题文献中心
	曲艺文化沙龙——传统相声的艺术魅力和深远意义(上)	专题文献中心
	品质生活沙龙——布艺沙龙:书包	专题文献中心

续表

时间	活动名称	组织部门
8月20日　周一	总有一种声音打动你"流行歌曲大家唱"系列广场纳凉晚会	音乐分馆
8月20日—8月25日	"快乐的小候鸟"图片展	社会文化活动部
8月22日　周三	冰冰姐姐放映厅:《千与千寻》	杭州少年儿童图书馆
	关爱留守残疾儿童共建共享品质生活	音乐分馆
	浪漫主义专题之奥芬巴赫作品导析	音乐分馆
8月23日—10月20日	我和我的有机生活征文活动	专题文献中心
8月24日　周五	"暑假乐学堂"——夏日海洋科普嘉年华:水中居民	杭州少年儿童图书馆
	文澜大讲堂——清风讲坛:古典诗歌与廉政建设	社会文化活动部
	民族器乐古筝经典作品赏析	音乐分馆
8月25日—9月25日	读万卷书行万里路——杭图悦尚海岛之旅摄影展	浣纱分馆
8月25日　周六	"暑假乐学堂"——夏日海洋科普嘉年华:海洋知识闯关挑战赛	杭州少年儿童图书馆
	西藏自驾游摄影作品分享会	浣纱分馆
	"我们的价值观"主题活动——让小候鸟快乐地飞翔	社会文化活动部
	英语角	文献借阅中心
	外语学习沙龙——英语部落:Migration	专题文献中心
	不可不知的民俗系列:话说七夕	专题文献中心
	心理探秘沙龙:人生跷跷板——如何与您的孩子沟通更顺畅	专题文献中心
	贝多芬《第五交响曲》欣赏	音乐分馆

续表

时间	活动名称	组织部门
8月26日　周日	文澜大讲堂——“我们的价值观”系列讲座：艰难探索的岁月——中国共产党在浙江（1949—1978）	社会文化活动部
	2012年科普周活动：我和我的有机生活之厨房环保革命	专题文献中心
	如何养观赏鱼第八期活动	浣纱分馆
	外语学习沙龙——英语部落：BBC Frozen Planet VI	专题文献中心
	曲艺文化沙龙——传统相声的艺术魅力和深远意义（下）	专题文献中心
	生活品质沙龙：精致生活分享会（二）	专题文献中心
8月27日　周一	总有一种声音打动你“流行歌曲大家唱”系列广场纳凉晚会	音乐分馆
8月29日　周三	冰冰姐姐放映厅：《喜羊羊与灰太狼4——开心闯龙年》	杭州少年儿童图书馆
	浪漫主义专题之法朗克作品导析	音乐分馆
8月31日　周五	民族器乐唢呐经典作品赏析	音乐分馆
9月1日　周六	英语角	文献借阅中心
	西藏自驾游摄影作品分享会（二）	浣纱分馆
	2012年科普周系列沙龙：寻找上帝粒子——物理探秘	专题文献中心
	外语学习沙龙：The sense of the Values	专题文献中心
9月1日起	多彩语言打造西湖传说插画展	专题文献中心
9月2日　周日	经济理财沙龙：证券专业化操作系统（五）	专题文献中心
	幸福人生沙龙：幸福人生系列（三十四）	专题文献中心
	全英文幼小朋友科学主题活动	文献借阅中心
	观赏鱼鉴赏活动	浣纱分馆

续表

时间	活动名称	组织部门
9月3日　周一	“流行歌曲大家唱”系列广场纳凉晚会	音乐分馆
	文澜大讲堂——艺术课堂：京昆艺术及传承	社会文化活动部
9月5日　周三	浪漫主义专题之威尔第作品导析	音乐分馆
9月6日　周四	文澜大讲堂——艺术课堂：谭戏梅韵	社会文化活动部
9月7日　周五	云南民歌作品赏析	音乐分馆
	传承中华文化　弘扬传统艺术——杭州“运河之美”民间手工工艺大赛评比	社会文化活动部
9月8日　周六	文澜大讲堂——“我们的价值观”系列讲座：民主革命时期浙江党史概况（1919—1949）	社会文化活动部
	音乐沙龙：无障碍电影《霓虹灯下的哨兵》赏析	音乐分馆
	西藏自驾游摄影作品分享会（三）	浣纱分馆
	英语角	文献借阅中心
	外语学习沙龙：英语：环境	专题文献中心
	法律咨询沙龙：离婚财产分割	专题文献中心
	陈思思台北演唱会赏析	音乐分馆
9月8日—9月20日	十大“书香人家”“书迷”评选报名	文献借阅中心
9月9日　周日	阅读分享沙龙：阅读的N种方法	专题文献中心
	曲艺文化沙龙：听80后讲潮相声	专题文献中心
	视觉艺术沙龙：静物摄影	专题文献中心
	全英文幼小朋友科学主题活动	文献借阅中心
9月10日—9月19日	心有多高，舞台就有多大！——这个国庆节杭州图书馆邀你一起“品味书香，释放激情”！	社会文化活动部

续表

时间	活动名称	组织部门
9月11日　周二	“杭州学习节”特别活动:智汇钱　江学在新城——文坛名家与新城人的对话	社会文化活动部
	第二届杭州学习节专题活动	社会文化活动部
9月12日　周三	浪漫主义专题之古诺作品导析	音乐分馆
	团队学习的实验室——2012年学习节团队学习活动	专题文献中心
	清心写心——佛学分馆书画沙龙	佛学分馆
9月14日　周五	蒙古民歌作品赏析	音乐分馆
9月15日　周六	张国荣歌舞欣赏	音乐分馆
	2012年科普周系列沙龙:生活急救要紧事(科普周专场)	专题文献中心
	文澜大讲堂——名家品读系列讲座:写字·读书·做人	社会文化活动部
	文澜大讲堂——名家品读系列讲座:中国传统文化在当代的继承与发展	社会文化活动部
	英语角	文献借阅中心
9月15日—9月25日	第26届科普宣传周系列活动:低碳生态飞鸟摄影展	社会文化活动部
9月16日　周日	“感知自然,共建和谐家园”科普宣传周系列活动:认识基因,主动健康	社会文化活动部
	文澜大讲堂——“走读杭州”:参观中国杭州低碳科技馆	社会文化活动部
	全英文幼小朋友科学主题活动	文献借阅中心
	“感知自然,共建和谐家园”科普宣传周系列活动:认识基因,主动健康	社会文化活动部
	2012年科普周系列沙龙:生态城市	专题文献中心

续表

时间	活动名称	组织部门
	2012年科普周系列沙龙:我和我的有机生活之有机让我们更健康	专题文献中心
	“感知自然,共建和谐家园”科普宣传周系列活动——科普电影鉴赏:《微观世界》	社会文化活动部
9月19日　周三	浪漫主义专题之奥芬巴哈作品导析	音乐分馆
9月19日—9月25日	波兰文化节活动 (1)琥珀展 (2)波兰画展 (3)波兰电影展	专题文献中心
9月21日　周五	新疆民歌作品赏析	音乐分馆
9月22日　周六	歌剧《霍夫曼的故事》戏剧分析	音乐分馆
	风光摄影交流会	浣纱分馆
	阅动书友会朗读桥活动主题:走近“文津图书奖”	文献借阅中心
	文澜大讲堂——成长教育系列讲座:如何培养孩子阅读写作能力	社会文化活动部
	外语学习沙龙——英语:Being Socially Literate	专题文献中心
	心理探秘沙龙:如何做个足够好的父母	专题文献中心
	朗读桥	文献借阅中心
	英语角	文献借阅中心
9月22日—9月23日	“我们的价值观”主题活动:留守儿童爱心之旅	社会文化活动部
9月23日　周日	外语学习沙龙:两小时教会你西班牙语所有发音(三)	专题文献中心
	文澜沙龙:寻访名人墓地,聆听发现故事(三)	专题文献中心

续表

时间	活动名称	组织部门
	经济理财沙龙:2012 年中期投资策略及未来展望(五)	专题文献中心
	全英文幼小朋友科学主题活动	文献借阅中心
9 月 26 日　周三	浪漫主义专题之法郎克作品导析	音乐分馆
	清心写心——佛学分馆书画沙龙	佛学分馆
	清心写心——佛学分馆禅茶会	佛学分馆
9 月 28 日　周五	陕北民歌作品赏析	音乐分馆
	佛学讲座:法华精神与人类宗教的未来	佛学分馆
	魔法风暴——娃哈哈集团魔术表演活动	社会文化活动部
9 月 28 日—10 月 18 日	中国四大名园摄影作品展	社会文化活动部
9 月 29 日—10 月 12 日	“文澜在线科普小测试”长假有礼	信息制作与传播中心
9 月 29 日　周六	贝多芬《第六交响曲》欣赏	音乐分馆
	文澜大讲堂——艺术课堂系列活动:2012 杭州国际戏剧节系列公益活动——“心灵的剧本流浪”剧本朗读会	社会文化活动部
	英语角	文献借阅中心
9 月 30 日 中秋节 周日	阅读分享沙龙(学习节活动):好书对价值观的影响	专题文献中心
	风土人情沙龙——民俗:中秋节	专题文献中心
	全英文幼小朋友科学主题活动	文献借阅中心
10 月 1 日 国庆节	心有多高,舞台就有多大! ——这个国庆节杭州图书馆邀你一起“品味书香,释放激情”	社会文化活动部
	国庆主题书展	文献借阅中心

续表

时间	活动名称	组织部门
10月2日　周二	经典爱国电影展播:《开国大典》	社会文化活动部
	《歌剧魅影》赏析	音乐分馆
10月3日　周三	经典爱国电影展播:《建国大业》	社会文化活动部
	李克勤香港演唱会赏析	音乐分馆
	国学文化沙龙:俞平伯与鲁迅的交谊	专题文献中心
10月4日　周四	经典爱国电影展播:《今天我休息》	社会文化活动部
	阅读分享沙龙:武侠专场——金庸的世界	专题文献中心
	2010维也纳新年音乐会解析	音乐分馆
	文澜大讲堂——幸福人生系列讲座: 提升婚恋能力,更快更好解决单身婚姻问题	社会文化活动部
10月5日　周五	经典爱国电影展播:《李双双》	社会文化活动部
	晶音缭绕——谭晶作品赏析	音乐分馆
10月6日　周六	文澜大讲堂——人文经典系列:流行歌曲与古典诗词	社会文化活动部
	贝多芬《第八交响曲》欣赏	音乐分馆
	我和我的有机生活——食神话有机	专题文献中心
	经典爱国电影展播:《周恩来》	社会文化活动部
10月7日　周日	经典爱国电影展播:《凤凰琴》	社会文化活动部
	人文社会沙龙:幸福人生系列(三十五)	专题文献中心
	文澜大讲堂——幸福人生系列讲座: 心智成熟的旅程——为心灵健康投资	社会文化活动部
10月10日　周三	浪漫主义专题:勃拉姆斯作品导析	音乐分馆
	清心写心——佛学分馆书画沙龙	佛学分馆
10月10日—10月18日	"相约杭州筑梦西湖文化中国""激励一代人"——中国巡展开幕式暨文澜大讲堂艺术课堂讲座	社会文化活动部

续表

时间	活动名称	组织部门
10月10日—11月16日	杭州市民合唱团2012年团员招募启事	音乐分馆
10月11日 周四	“总有一种声音打动你”音乐鉴赏——“妈妈咪呀”音乐剧赏析讲座	音乐分馆
10月12日 周五	草原夜莺——德德玛作品赏析	音乐分馆
10月12日—10月20日	“我们的价值观”主题实践活动：宣传强画展	社会文化活动部
10月13日 周六	外语学习沙龙——英语：The National Day and Mid—Autumn Festival	专题文献中心
	社会科学普及宣传周系列活动：《感动中国2012十大人物颁奖》鉴赏活动	社会文化活动部
	经济理财沙龙：我们为什么要投资股市	专题文献中心
	郎朗钢琴音乐会赏析	音乐分馆
10月14日 周日	文澜大讲堂——艺术课堂系列活动：“越韵飞扬”杭越青年演员个人专场观众见面会	社会文化活动部
	第四届杭州亚洲青年影展——焦雄屏电影讲座	社会文化活动部
	外语学习沙龙——英语：节日	专题文献中心
	法律咨询沙龙：民告官	专题文献中心
10月17日 周三	浪漫主义专题：老约翰·施特劳斯作品导析	音乐分馆
10月19日 周五	回归高原——乌兰托娅作品赏析	音乐分馆
10月19日—10月25日	民革浙江省委员会“同心同向”喜迎中共十八大书画展	社会文化活动部
10月19日—10月30日	“阅读时光”展览	社会文化活动部

续表

时间	活动名称	组织部门
10月20日　周六	外语学习沙龙——英语:Advertising/promotion	专题文献中心
	悦尚摄影活动:人像摄影技巧介绍	浣纱分馆
	风土人情沙龙——不可不知的民俗:重阳节	专题文献中心
	外语学习系列:西班牙语基础知识	专题文献中心
10月21日　周日	视觉艺术沙龙——电影鉴赏:暗恋桃花源	专题文献中心
	金秋十月动漫汇——《AKB0048》Cosplay动漫歌舞演出	社会文化活动部
	文澜大讲堂系列讲座:知识产权与国家竞争力	社会文化活动部
	曲艺文化沙龙:80后潮相声(二)	专题文献中心
10月23日　周二	重阳节专题活动——"江南丝竹"音乐欣赏会	音乐分馆
10月24日　周三	浪漫主义专题:小约翰·施特劳斯作品导析	音乐分馆
	清心写心——佛学分馆书画沙龙	佛学分馆
	一期一会——佛学分馆禅茶会	佛学分馆
10月26日　周五	蒙古天韵——哈琳作品赏析	音乐分馆
	清风讲坛:增强中华文化的自信	社会文化活动部
10月27日　周六	女子十二乐坊经典音乐会赏析	音乐分馆
	2012"文澜沙龙读者群英会年度表彰大会"筹备工作会议	专题文献中心
	外语学习沙龙——英语:Social networking	专题文献中心
	心理探秘沙龙:解析"情感"	专题文献中心
	视觉艺术沙龙:摄影技巧	专题文献中心
10月27日—10月28日	风雨同舟三十年——九三学社杭州市委会成立三十周年书画摄影展	社会文化活动部

续表

时间	活动名称	组织部门
10月28日　周日	经济理财沙龙:投资理财的创新	专题文献中心
	第七期朗读桥活动	文献借阅中心
	文澜沙龙:寻访名人墓地,聆听发现故事(四)	专题文献中心
	私享时光——浣纱分馆红酒品鉴之坚果咖啡馆篇	浣纱分馆
	我和我的有机生活——人文有机暨有机征文颁奖仪式	专题文献中心
10月31日　周三	浪漫主义专题:柴可夫斯基作品导析	音乐分馆
11月1日—11月30日	“我们的价值观”主题实践活动图片展	社会文化活动部
11月3日　周六	图书馆的“洋馆员”与您分享她们的家乡文化	专题文献中心
	心随阅动:小陶子英语范儿课堂	文献借阅中心
	悦尚摄影作品交流会(三)	浣纱分馆
	外语学习:Western Education	专题文献中心
	刘德华巡回演唱会上海站	音乐分馆
	文澜大讲堂“人文经典”系列: 中国文学的世界性新起点——关于莫言获诺贝尔文学奖的思考	社会文化活动部
11月4日　周日	文澜大讲堂——“相约健康”:应对糖尿病立即行动	社会文化活动部
	“百年西泠·翰墨春秋”大型系列活动:西泠印社诗书画印大展(论坛)	社会文化活动部
	阅读分享:《畅谈武侠世界》	专题文献中心
11月4日—11月10日	“百年西泠·翰墨春秋”大型系列活动:西泠印社诗书画印大展	社会文化活动部

续表

时间	活动名称	组织部门
11月7日 周三	清心写心——佛学分馆书画沙龙	佛学分馆
	心随阅动:小陶子英语范儿课堂	文献借阅中心
	浪漫主义专题之安东·布鲁克纳作品导析	音乐分馆
11月9日 周五	奏鸣曲之少女的祈祷解析	音乐分馆
	青年女高音颜康丽独唱音乐会	音乐分馆
11月10日 周六	贝多芬《第八交响曲》欣赏	音乐分馆
	外语学习:英语 Party:Sing with me 唱出"新"声音,英语"心"唱响	专题文献中心
	外语学习——西班牙语:两小时学会发音(五)	专题文献中心
11月11日 周日	重温经典:浣纱分馆咏秋程派经典折子戏专场	浣纱分馆
	文澜大讲堂——"走读杭州":参观杭州植物园	社会文化活动部
	杭图阅动书友会单身书友联欢活动	文献借阅中心
	经济理财:证券投资技术分析(一)	专题文献中心
	国学文化——写作:文澜雅集——撰稿人之惑	专题文献中心
11月12日—11月15日	文化类民办非企业庆祝十八大胜利召开优秀成果汇报展	社会文化活动部
11月14日 周三	浪漫主义专题之塞扎尔·弗兰克作品导析	音乐分馆
11月16日 周五	奏鸣曲之春之歌解析	音乐分馆
11月17日 周六	2009年诺贝尔奖音乐会赏析	音乐分馆
	文澜大讲堂——艺术课堂系列讲座:《百年影像中的浙江杭州与沪浙两地情》	社会文化活动部
	浣纱分馆悦尚摄影技巧讲座	浣纱分馆
	外语学习——英语部落:爱国	专题文献中心

续表

时间	活动名称	组织部门
	法律咨询沙龙:房屋买卖	专题文献中心
	国学文化——红楼梦叹:俞家人记忆里的俞平伯	专题文献中心
11月18日　周日	视觉艺术——电影鉴赏:《阮玲玉》	专题文献中心
	曲艺文化——80后潮相声(三)	专题文献中心
11月18日—11月28日	浙风·浙派——浙江省历届国展省展获奖作者书法篆刻精品展	社会文化活动部
11月21日　周三	清心写心——佛学分馆书画沙龙	佛学分馆
	浪漫主义专题之乔治·比才作品导析	音乐分馆
	一期一会——佛学分馆禅茶会	佛学分馆
11月22日—11月29日	钱江墨韵——杭州图书馆公益培训李伟华师生书画作品展	社会文化活动部
11月23日　周五	奏鸣曲之致爱丽丝解析	音乐分馆
11月24日　周六	轻歌剧《蝙蝠》戏剧导析	音乐分馆
	文澜故事树:我的爸爸妈妈	文献借阅中心
	外语学习:Knowing the Countries of the world	专题文献中心
	心理探秘:做个足够好的爸爸	专题文献中心
	视觉艺术:古典摄影之湿板艺术	专题文献中心
11月25日　周日	风土人情:环球旅行分享会——我的德意志生活	专题文献中心
11月28日　周三	浪漫主义专题之夏尔·卡米尔·圣-桑作品导析	音乐分馆
11月30日　周五	奏鸣曲之月光解析	音乐分馆
12月1日　周六	钱江新城法治汇——文澜大讲堂“法制讲坛”系列:我的财产我做主	社会文化活动部
	外语学习——英语:Arguments between men and women	专题文献中心

续表

时间	活动名称	组织部门
	风土人情:一个平民的城市记忆	专题文献中心
	摄影交流会	浣纱分馆
12 月 1 日—12 月 31 日	《染青》蓝印花布工艺展览	社会文化活动部
12 月 2 日　周日	听美女说莫言	文献借阅中心
	法律咨询:物业纠纷	专题文献中心
12 月 5 日　周三	浪漫民族乐派专题之格林卡作品导析	音乐分馆
12 月 5 日—12 月 9 日	浙江省政协系统书画作品巡回展(杭州站)	社会文化活动部
12 月 7 日　周五	听遍中国——四川民歌	音乐分馆
12 月 8 日　周六	陈奕迅演唱会赏析	音乐分馆
	外语学习——英语:圣诞节	专题文献中心
	经济理财——各类理财工具的运用	专题文献中心
	教你拍好淘宝的商业摄影	浣纱分馆
12 月 9 日　周日	风土人情——永远在路上(二):1492 征服天堂	专题文献中心
	阅动书友会:《易经》入门	文献借阅中心
	《当幸福来敲门你猜谁会赢》——浙江电视台少儿频道 2012 八周年欢庆活动	社会文化活动部
12 月 12 日　周三	清心写心——佛学分馆书画沙龙	佛学分馆
	文澜大讲堂——艺术课堂:“黄金一代”戏迷见面会	社会文化活动部
	浪漫民族乐派专题之德沃夏克作品导析	音乐分馆
12 月 13 日　周四	“天翼杯”杭州市幼儿园教师风采展示活动	社会文化活动部
12 月 14 日　周五	听遍中国——黑龙江民歌	音乐分馆

续表

时间	活动名称	组织部门
12月15日　周六	文澜大讲堂——品质之城系列讲座:解读“国际文化都市”	社会文化活动部
	领飞新初一讲座——致力于学生发展的中小衔接教育	社会文化活动部
	外语学习——英语:Pratical words for life	专题文献中心
	心理探秘——如何培养阳光宝宝	专题文献中心
	歌剧《水仙女》戏剧导析	音乐分馆
12月16日　周日	文澜大讲堂“人文经典”系列:经典阅读的当代思考	社会文化活动部
	心脑血管病义诊	社会文化活动部
	视觉艺术——电影鉴赏:《珍珠港》	专题文献中心
	风土人情:永远在路上(三)“她”旅行的N种可能	专题文献中心
	文澜大讲堂系列讲座——相约健康:心脑血管疾病的预防	社会文化活动部
12月19日　周三	浪漫民族乐派专题之强力集团作品导析	音乐分馆
	救护课堂走进浙江盲校	社会文化活动部
12月20日—12月25日	2012年杭州美术节闭幕式暨第三届“童画杭州名人”展、2012杭州老年书画作品展	社会文化活动部
12月21日　周五	文澜大讲堂“名人讲坛”系列:司徒雷登的中国情结	社会文化活动部
	文澜大讲堂——清风讲坛:宪法生命的绽放	社会文化活动部
	听遍中国——辽宁民歌	音乐分馆

续表

时间	活动名称	组织部门
12月22日　周六	文澜大讲堂系列讲座:蓝印花布民间工艺的保护和传承	社会文化活动部
	文澜大讲堂成长教育系列讲座:中学生的学习方法	社会文化活动部
	2012“替车行道”年度维权榜单发布暨《汽车百事通》三周年庆典	社会文化活动部
	文澜故事树:保护环境之拯救地球	文献借阅中心
	贝多芬《第九交响曲》欣赏	音乐分馆
	外语学习:圣诞不剩“单”,英语同欢乐	专题文献中心
	视觉艺术:大家谈摄影	专题文献中心
12月22日—12月23日	第四届亲子杭州休闲文化节暨“艺意非凡”儿童艺术展	社会文化活动部
12月23日　周日	英语成长童乐会	社会文化活动部
	经济理财:管理大家聊	专题文献中心
	阅读分享:带一本书去旅行	专题文献中心
	曲艺文化:80后潮相声(四)	专题文献中心
12月26日　周三	清心写心——佛学分馆书画沙龙	佛学分馆
	一期一会——佛学分馆禅茶会	佛学分馆
	浪漫民族乐派专题之斯美塔那作品导析	音乐分馆
12月28日　周五	听遍中国——山东民歌	音乐分馆
12月28日—2013年1月3日	般若光辉唐卡艺术精品展	社会文化活动部
12月29日　周六	2002年欧洲音乐会解析	音乐分馆
	英语角元旦专场	文献借阅中心
12月30日—2013年1月6日	故纸温暖——民国最美图书私人典藏展	社会文化活动部

续表

时间	活动名称	组织部门
12 月 30 日　周日	阅动书友会元旦经典诵读	文献借阅中心
	全英文幼小朋友科学主题活动	文献借阅中心
	嗨新年！——杭州图书馆博文专修学校小主人班期末汇演	社会文化活动部

附录八　第三文化空间的实证研究

1　理论基础

本问卷以汪东波《公共图书馆概论》中有关第三文化空间下图书馆转型要素理论为依据，通过对第三文化空间下的图书馆构成要素变化的分析，从管理、服务对象、用户活动和服务手段四个方面，逐条抽取第三文化空间的操作性定义指标，并且通过文献查阅法、专家访谈法以及半结构化访谈对每个指标的内容效度做出改进。下面是从该书中关于第三文化空间下的图书馆构成要素变化的四个方面抽取的操作性指标。

首先，社会化合作的内部管理包括公众参与图书馆的内部管理、办馆力量的社会合作化和社会组织监督图书馆三个因素，但是本问卷只从公众参与图书馆的内部管理中抽取指标，因为本问卷以读者为调查对象，后面两项偏向图书馆内部管理信息，不适用于调查读者。抽取的操作化定义指标为：读者对日常工作提出意见和建议、参与重大事项的策划、监督评价图书馆运行、督促图书馆绩效提升和业务设计规划等五项的程度。

其次是从多元化的服务对象中抽取，主要从文献结构、服务区域和服务内容三个角度调查读者对于杭州图书馆针对不同种族、地域、语言和文化的读者，不同年龄的读者以及特殊人群所提供服务的看法。主要以读者对文献结构、服务区域和服务内容的满意度作为指标。

再次是从用户活动的民主化中抽取，主要是以读者自主活动平台为依托，调查读者对图书馆的民主化的感受。操作性定义指标为读者参与图书馆资源使用和空间设计、自主实施各类活动及知识空间共享。

最后是从服务手段全媒体化中抽取，操作化指标为文献典藏的多元化和可利用资源的海量化、服务手段的主动化和信息提供的个性化以及服务平台的广泛化和服务途径的多样化。文献典藏的多元化和可利用资源的海量化测试指标是读者馆藏实体资源和电子资源的数量和种类，电子资源媒介和更新速度。服务手段的主动化和信息提供的个性化是以下几项为测量指标：杭州图书馆出版系列专题、制作地方数字化信息库、专业性信息发布、跨国互联服务和针对家庭和个人特色服务。服务平台的广泛化和服务途径的多样化指标为读者感受到的全媒体媒介的使用情况、数字化服务与实体服务的差异和与馆员沟通的体验三个层面。

2 问卷设计

问卷正式施测之前在杭州图书馆先进行了50份问卷发放的预测试,回收有效问卷48份。继而使用SPSS20.0对48份问卷所获数据进行统计分析,以此来考察问卷的信效度,检验结果表明本问卷信效度良好。最后又进行了探索性因素分析,以因子贡献率>0.5为标准删除无效题目,形成了正式问卷。

2.1 效度检验

2.1.1 分量表一"读者进馆动机"

第一部分是关于读者进馆动机的分量表,共有10道题目。题目的生成方式是通过对读者进行半结构化访谈,用词汇学方法提取相关内容的高频词,进行语义合并,组成题目。这些题目制定出后,通过参考文献法(参阅了包含读者进馆动机或动机调查的文章或问卷)和专家评定法(图书馆学专家学者和图书馆专业人员的评定)对内容效度做初步检验的修订。再施测之后,运用相关分析法对单项与总和相关进行计算获得评价结果。各个题目和总分的相关十分显著(详见表1),说明分量表一的内容效度较好。

表1 读者进馆动机题目与总分的相关

<table>
<tr><th colspan="2">题目</th><th>动机总分</th></tr>
<tr><td rowspan="2">题目1</td><td>Pearson Correlation</td><td>.386 **</td></tr>
<tr><td>Sig. (2 - tailed)</td><td>.007</td></tr>
<tr><td rowspan="2">题目2</td><td>Pearson Correlation</td><td>.465 **</td></tr>
<tr><td>Sig. (2 - tailed)</td><td>.001</td></tr>
<tr><td rowspan="2">题目3</td><td>Pearson Correlation</td><td>.738 **</td></tr>
<tr><td>Sig. (2 - tailed)</td><td>.000</td></tr>
<tr><td rowspan="2">题目4</td><td>Pearson Correlation</td><td>.714 **</td></tr>
<tr><td>Sig. (2 - tailed)</td><td>.000</td></tr>
<tr><td rowspan="2">题目5</td><td>Pearson Correlation</td><td>.709 **</td></tr>
<tr><td>Sig. (2 - tailed)</td><td>.000</td></tr>
</table>

续表

题目		动机总分
题目 6	Pearson Correlation	.477 **
	Sig. (2 – tailed)	.001
题目 7	Pearson Correlation	.532 **
	Sig. (2 – tailed)	.000
题目 8	Pearson Correlation	.590 **
	Sig. (2 – tailed)	.000
题目 9	Pearson Correlation	.462 **
	Sig. (2 – tailed)	.001
题目 10	Pearson Correlation	.529 **
	Sig. (2 – tailed)	.000

* $p<0.05$ ** $p<0.01$

2.1.2 分量表二“读者对第三文化空间图书馆的认知”

使用 KMO 抽样适当性检验和 Bartlett's 球形检验对样本进行效度检验，最后采用主成分分析法，进行 Varimax 方差正交旋转，得出结果如表 2。

当 KMO 值愈大时，表示变量间的共同因素越多，越适合进行因素分析。本研究 KMO 为 0.617，属于虽然不太适合但仍可接受的范围，Bartlett's 球形检验达到显著，表示母群体的相关矩阵间有共同因素存在，可以进行因素分析。

表 2 KMO 和 Bartlett 球形检验结果

取样足够度的 KMO 度量		0.617
Bartlett 球形检验结果	近似卡方	686.618
	df	276
	显著性	.000

因素分析的结果如表 3 所示，我们选取贡献率大于 0.5 的项目，划分出 6 个因子，这 6 个因子构成问卷的结构框架，即本问卷有 6 个测量维度，分别由表中题目组成。

表3 读者对第三文化空间图书馆认知的因子分析

题目	成分					
	1	2	3	4	5	6
题目15	.768					
题目07	.753					
题目09	.730					
题目14	.727					
题目11	.618					
题目22		.806				
题目05		.652				
题目18		.645				
题目16		.596				
题目23			.733			
题目24			.668			
题目03			.581			
题目06			.548			
题目08			.509			
题目12				.737		
题目13				.703		
题目21				.693		
题目20						
题目19						
题目01					.694	
题目04					.653	
题目10						.808
题目17						.684
题目02						.527

2.2 信度检验

2.2.1 分量表一"读者进馆动机"

学术界普遍使用内部一致性系数(Cronbach α)检验量表的内部一致性信

度。Cronbach α 值大于 0.7，表明量表的可靠性较高。本研究各个维度的 Cronbach α 均在 0.7 以上。读者进馆动机分量表的 Cronbach α = 0.731，N = 10，表明该问卷的信度可靠。

2.2.2 分量表二"读者对第三文化空间图书馆的认知"

如表 4 所示，本研究在删除了 2 个低效度题目后，对抽取出来的 6 个因子的所有题目进行信度分析后，删除了 α 系数低于标准（α = 0.137）的第五维的题目（题目 1、4）和 α 系数低于标准（α = 0.659）的第六维度的题目（题目 2、10、17），其余 4 个维度题目的内部一致性信度检验结果如下表。

"校正的项总计相关性"表示对应的题项与其他题目总分的积差相关系数，系数值越高，表示该题与其他题项的内部一致性越高。"项已删除的 Cronbach α"表示该题删除后，其他题项构成的分量表的内部一致性 α 系数会变化，若由于某些题项导致该问题内部一致性较低，则删除该题后内部一致系数往往会提高。根据表 4 所示，分量表 2 中 4 个维度的内部一致性较高，信度可靠。

表 4 读者对第三文化空间图书馆认知各维度的内部一致性信度检验

维度	问题	校正的项总计相关性	项已删除的 Cronbach α	整个维度的 Cronbach α
1	题目 09	.539	.815	.854
	题目 11	.397	.851	
	题目 15	.549	.828	
	题目 14	.611	.816	
	题目 07	.608	.809	
2	题目 22	.676	.701	.791
	题目 18	.594	.742	
	题目 16	.587	.755	
	题目 05	.570	.757	
3	题目 23	.533	.685	.739
	题目 24	.439	.716	
	题目 3	.444	.717	
	题目 6	.544	.678	
	题目 8	.559	.672	
4	题目 12	.593	.352	.707
	题目 13	.480	.245	
	题目 21	.509	.274	

2.3 正式施测问卷

2.3.1 分量表一“读者进馆动机”

读者进馆动机量表初测问卷的信效度都达到标准,正式测试版版本没有做出修改。

2.3.2 分量表二“读者对第三文化空间图书馆的认知”

该量表经过信度、效度检验删除了7个题目,划分出4个维度,每个维度下至少包含3个题目,问题用螺旋式打乱排列,该分量表一共由17个题目组成正式版问卷。最后根据因子分析结果和同一组题目内容,为4个维度命名。

维度1的操作定义指标有:全媒体、专业信息查询、国外互联网访问服务、自建网络信息库、监督评价,题目为修改后的4、6、7、10、11,归纳为“透明化和开放性”。

维度2的操作性定义指标有:馆内区域设计、社交活动、重大事项策划、业务涉及和规划,题目为修改后的2、12、13、15,总结为“主体感和自主性”。

维度3的操作定义指标有:通过网络与馆员交流、杭州图书馆出版书籍、打造家庭书房、多种媒介方式使用资源、服务的针对性,题目为修改后的1、3、5、16、17,总结为“贴心度和人性化”。

维度4的操作性定义指标:读者特征多元化、网络服务跟进当面服务以及资源空间共享题目为修改后的8、9、14,总结为“包容性和广泛性”。

2.3.3 测试程序

2.3.3.1 测试工具

整份问卷共有34道题目,分为三个部分:

第一部分是关于读者进馆动机的分量表,采用里克特五点评分法,测量各种进馆动机在读者总体进馆动机中所占的比重,1表示几乎没有,2表示很少、偶尔,3表示一部分,4表示多数、大部分,5表示几乎全部;

第二部分为问卷主体,测试读者对第三文化空间下图书馆的认知,共包含17道题目,采用里克特五点评分法,1表示非常不认同,2表示不认同,3表示不清楚,4表示认同,5表示非常认同。该量表分为4个维度透明化和开放性、主体感和自主性、贴心度和人性化以及包容性和广泛性;

第三部分为调查对象的人口学特征,包括性别、年龄、受教育程度、个人月收入、职业、平均每周到馆频率、每次到馆时长共7道题目。

2.3.3.2　测试对象

本次研究的测试对象为杭州图书馆、浣纱图书馆、杭州少年儿童图书馆和临安图书馆的读者。共发放850份问卷，回收有效问卷568份。

2.3.3.3　测试方法

样本的抽取方式为偶遇抽样，采用发放纸质问卷当面填答和回收的方法进行数据收集。对回收的数据进行数据清洗后（删除恶意填答，缺项空项的问卷），使用SPSS 20.0和LISREL 8.8进行数理统计分析。

2.4　结果分析

2.4.1　样本描述统计分析

根据人口学特征对样本从各个方面进行了分布描述，具体的样本分布情况如表5所示。

所在馆分别是杭州图书馆占49.5%，浣纱图书馆占21.0%，少年儿童图书馆占17.4%，临安图书馆占12.1%。

男性占40%，女性占60%；年龄20岁以下占39.3%，21—30岁占27.83%，31—40岁占15.1%，41—50岁占9.2%，51—60岁占4.2%，60岁以上占4.4%。

受教育程度小学占6.2%，中学及在读占39.1%，大专及在读占18.8%，本科及在读占27.6%，硕士及在读占7.0%，博士及在读占1.2%。

个人月收入1500元以下占49.1%，1501—2500元占9.0%，2501—3500元占11.8%，3501—4500元占12.5%，4501—5500元占7.7%，5501及以上占9.9%。

党政机关、事业单位的处级以上领导干部占1.8%，企业经理人员占3.2%，现役军人（武警）占1.4%，办事人员占5.6%，专业技术人员占14.4%，商业服务业员工占7.9%，产业工人占1.9%，私营企业主占1.9%，个体工商户、个体劳动者、自由职业者占5.8%，无业（包括学生）、下岗/失业人员占47.5%，其他占8.5%。

平均周到馆率少于1次占20.1%，1—2次占38.4%，3—4次占28.9%，5—6次占8.6%，每天到馆占4.0%；每次到馆时长小于1小时占3.2%，1—2小时占19.4%，2—3小时占29.6%，4—5小时占21.8%，5小时以上占26.1%。

表5　样本的描述统计

项目	类别	频数	百分比(%)	累加百分比(%)
所在馆	杭州图书馆	281	49.5	49.5
	浣纱图书馆	119	21.0	70.4
	杭州少年儿童图书馆	99	17.4	87.9
	临安图书馆	69	12.1	100.0
性别	男	227	40.0	40.0
	女	341	60.0	100.0
年龄	20岁以下	223	39.3	39.3
	21—30岁	158	27.8	67.1
	31—40岁	86	15.1	82.2
	41—50岁	52	9.2	91.4
	51—60岁	24	4.2	95.6
	60岁以上	25	4.4	100.0
受教育程度	小学	35	6.2	6.2
	中学及在读	222	39.1	45.2
	大专及在读	107	18.8	64.1
	本科及在读	157	27.6	91.7
	硕士及在读	40	7.0	98.8
	博士及在读	7	1.2	100.0
个人月收入	1500元以下	279	49.1	49.1
	1501—2500元	51	9.0	58.1
	2501—3500元	67	11.8	69.9
	3501—4500元	71	12.5	82.4
	4501—5500元	44	7.7	90.1
	5501及以上	56	9.9	100.0

续表

项目	类别	频数	百分比(%)	累加百分比(%)
职业	党政机关、事业单位的处级以上领导干部	10	1.8	1.8
	企业经理人员	18	3.2	4.9
	现役军人(武警)	8	1.4	6.3
	办事人员	32	5.6	12.0
	专业技术人员	82	14.4	26.4
	商业服务业员工	45	7.9	34.3
	产业工人	11	1.9	36.3
	私营企业主	11	1.9	38.2
	个体工商户、个体劳动者、自由职业者	33	5.8	44.0
	无业(包括学生)、下岗/失业人员	270	47.5	91.5
	其他	48	8.5	100.0
平均周到馆率	少于1次	114	20.1	20.1
	1—2次	218	38.4	58.5
	3—4次	164	28.9	87.3
	5—6次	49	8.6	96.0
	每天	23	4.0	100.0
每次到馆时长	不到1小时	18	3.2	3.2
	1—2小时	110	19.4	22.5
	2—3小时	168	29.6	52.1
	4—5小时	124	21.8	73.9
	5小时以上	148	26.1	100.0

2.4.2　读者进馆动机描述统计分析

根据表6描述统计结果可以看出，读者因为查找资料或借书(题目1)与自习或阅览(题目2)而来图书馆，相比其他原因占的比重较大，动机强度平均数在3分以上，处于问卷第三选项“一部分”，意即读者来馆的一部分目的是查找资料或借书、自习或阅览；因为陪老人、孩子（题目5）和休闲（题目6）来图书馆的所占比重次之，动机强度处于平均数在2分以上，处于问卷“很少偶尔”和“一部分”之间，表明读者偶尔会陪老人、孩子或者以休闲的目的来到图书馆；其余动机（剩余的所有题目）所占比重平均数均为1—2分之间以下，处于问卷“几乎没有”和“很少、偶尔”之间。

根据表6单样本T检验结果可以看出，查找资料或借书（题目1）、自习或阅览（题目2）的动机水平显著高于总体平均数，其余的动机水平都显著低于总体平均数。这说明查找资料或借书、自习或阅览是促使读者来图书馆的最主要目的，而其余动机都是次要的进馆原因。

10项动机平均分没有4—5分之间的，即没有位于“多数、大部分”和“几乎全部”之间的，这说明读者到馆动机是多种的，非单一的。

表6　读者进馆动机的描述统计

题目	最小值	最大值	平均数	标准差	Test Value = 3			
					t	df	显著性（2 - tailed）	平均数差异
题目1	1	5	3.14	1.056	3.178 **	567	.002	.141
题目2	1	5	3.17	1.195	3.337 **	567	.001	.167
题目3	1	5	1.77	1.009	-29.108 ***	567	.000	-1.232
题目4	1	5	1.54	.906	-38.450 ***	567	.000	-1.461
题目5	1	5	2.03	1.751	-13.251 ***	567	.000	-.974
题目6	1	5	2.04	1.153	-19.900 ***	567	.000	-.963
题目7	1	5	1.42	.867	-43.513 ***	567	.000	-1.583
题目8	1	5	1.42	.845	-44.506 ***	567	.000	-1.577
题目9	1	5	1.58	1.082	-31.245 ***	567	.000	-1.419
题目10	1	5	1.62	1.180	-27.903 ***	567	.000	-1.382

** $p < 0.01$　　*** $p < 0.001$

2.4.3　读者对第三文化图书馆总体认知的描述统计分析

如表7所示，除了12题和15题，其余平均分都在4—5分之间，处于“认同”和“非常认同”之间，说明读者总体上对第三文化空间图书馆的认可度还是较高的。

同属“主体感自主感”维度的“让读者在馆内自行举办社交活动”（第12题）和“让读者参与业务设计和规划”（第15题）的平均分显著高于3，说明读者对这两项的认可程度在“不清楚”和“认同”之间，但是十分偏向“认同”。

表7　读者对第三文化图书馆总体认知的描述统计题目

	最小值	最大值	平均数	标准差	Test Value = 3			
					T	df	显著性（2 - tailed）	平均数差异
题目1	1	5	4.07	.783	32.602 ***	567	.000	1.070
题目2	1	5	4.02	.790	30.701 ***	567	.000	1.018
题目3	1	5	4.04	.832	29.821 ***	567	.000	1.040
题目4	1	5	4.28	.767	39.659 ***	567	.000	1.276
题目5	1	5	4.11	.930	28.377 ***	567	.000	1.107
题目6	1	5	4.30	.782	39.515 ***	567	.000	1.296
题目7	1	5	4.36	.727	44.738 ***	567	.000	1.364
题目8	1	5	4.32	.730	43.174 ***	567	.000	1.322
题目9	1	5	4.30	.747	41.376 ***	567	.000	1.298
题目10	1	5	4.21	.770	37.621 ***	567	.000	1.215
题目11	1	5	4.22	.782	37.120 ***	567	.000	1.218
题目12	1	5	3.86	1.070	19.143 ***	567	.000	.859
题目13	1	5	3.91	.929	23.390 ***	567	.000	.912
题目14	1	5	4.23	.865	34.019 ***	567	.000	1.234
题目15	1	6	3.83	.936	21.062 ***	567	.000	.827
题目16	1	5	4.37	.764	42.805 ***	567	.000	1.371
题目17	1	5	4.17	.877	31.660 ***	567	.000	1.165
主体感、自主性	5	25	21.37	2.898	151.094 ***	567	.000	18.370
透明化、开放性	4	20	15.62	2.922	102.910 ***	567	.000	12.616
贴心度、人性化	5	25	20.76	2.941	143.871 ***	567	.000	17.755
包容性、广泛性	3	15	12.9896	1.75049	127.261 ***	567	.000	9.854

*** $p < 0.001$

2.4.4 不同特征读者群对第三文化空间图书馆认知的差异

2.4.4.1 不同性别读者对第三文化空间图书馆的认知差异

如表8所示，不同性别读者对第三文化空间图书馆各个特征的认同程度全部呈现出显著差异，即男性读者和女性读者对第三文化空间图书馆的各个特征认同程度不同。相较于男性读者而言，女性读者对各个维度的认可度都较高，表明女性读者更加认同第三文化空间图书馆。

表8 不同性别读者对第三文化空间图书馆的差异检验

	性别	N	平均数	标准差	T	显著性
透明化和开放性	男	227	20.84	3.210	-3.613 *	.038
	女	341	21.72	2.614		
主体感和自主性	男	227	15.30	3.226	-2.084 ***	.000
	女	341	15.82	2.685		
贴心度和人性化	男	227	20.30	3.414	-3.035 **	.003
	女	341	21.06	2.540		
包容性和广泛性	男	227	12.51	2.117	-3.700 ***	.000
	女	341	13.09	1.602		

* $p<0.05$　** $p<0.01$　*** $p<0.001$

2.4.4.2 其他人口学特征不同的读者对第三文化空间图书馆的认知差异

其他人口学特征导致读者对第三文化空间图书馆的认可程度有所差异的具体结果如表9所示。不同职业的读者在4个维度的认可程度全部存在显著差异，读者的“平均周到馆率”只在“主体感和自主性”一项上存在显著差异。

表9 不同读者对第三文化空间图书馆认知的单因素方差分析

	因变量	III 型平方和	df	均方	F	显著性
所在馆	透明化和开放性	22.421	3	7.474	.963	.410
	主体感和自主性	49.421	3	16.474	2.031	.109
	贴心度和人性化	7.239	3	2.413	.293	.830
	包容性和广泛性	4.889	3	1.630	.513	.674

续表

	因变量	III 型平方和	df	均方	F	显著性
年龄	透明化和开放性	37. 558	5	7. 512	. 968	. 437
	性主体感和自主	32. 243	5	6. 449	. 795	. 554
	贴心度和人性化	50. 449	5	10. 090	1. 225	. 296
	包容性和广泛性	16. 080	5	3. 216	1. 012	. 410
受教育程度	透明化和开放性	60. 092	5	12. 018	1. 549	. 173
	主体感和自主性	9. 546	5	1. 909	. 235	. 947
	贴心度和人性化	49. 743	5	9. 949	1. 208	. 304
	包容性和广泛性	6. 391	5	1. 278	. 402	. 847
个人月收入	透明化和开放性	24. 046	5	4. 809	. 699	. 625
	主体感和自主性	23. 801	5	4. 760	. 639	. 670
	贴心度和人性化	58. 280	5	11. 656	1. 569	. 169
	包容性和广泛性	10. 502	5	2. 100	. 772	. 571
职业	透明化和开放性	196. 211	10	19. 621	2. 850 **	. 002
	主体感和自主性	208. 684	10	20. 868	2. 800 **	. 002
	贴心度和人性化	153. 138	10	15. 314	2. 061 *	. 027
	包容性和广泛性	51. 166	10	5. 117	1. 880 *	. 047
平均周到馆率	透明化和开放性	43. 676	4	10. 919	1. 586	. 178
	主体感和自主性	98. 847	4	24. 712	3. 316 *	. 011
	贴心度和人性化	45. 554	4	11. 388	1. 533	. 192
	包容性和广泛性	13. 042	4	3. 260	1. 198	. 312
每次到馆时长	透明化和开放性	15. 015	4	3. 754	. 545	. 703
	主体感和自主性	13. 531	4	3. 383	. 454	. 769
	贴心度和人性化	7. 944	4	1. 986	. 267	. 899
	包容性和广泛性	7. 496	4	1. 874	. 688	. 600

$* p < 0.05$　$** p < 0.01$

(1)不同职业读者对第三文化空间图书馆认知差异的事后比较

如表10所示,不同职业读者对第三文化空间图书馆认知存在显著差异,具体而言,包括以下几个方面。

透明化和开放性:党政机关、事业单位的处级以上领导干部显著低于企业经理人员,办事人员,专业技术人员,商业服务业员工,个体工商户、个体劳动者、自由职业者,无业(包括学生)、下岗/失业人员,其他;专业技术人员高于企业经理人员,产业工人,私营企业主,个体工商户、个体劳动者、自由职业者,其他;商业服务业员工和无业(包括学生)和下岗/失业人员都高于产业工人,私营企业主,其他。

主体感和自主性:党政机关、事业单位的处级以上领导干部低于企业经理人员,现役军人(武警),办事人员,专业技术人员,商业服务业员工,产业工人,个体工商户、个体劳动者、自由职业者,无业(包括学生)、下岗/失业人员,其他;私营业主高于企业经理人员,现役军人(武警),办事人员,专业技术人员,商业服务业员工,个体工商户、个体劳动者、自由职业者,无业(包括学生)、下岗/失业人员;其他人员低于大部分职业者专业技术人员,商业服务业员工,无业(包括学生)、下岗/失业人员,办事人员。

贴心度和人性化:党政机关、事业单位的处级以上领导干部低于企业经理人员,办事人员,专业技术人员,商业服务业员工,个体工商户、个体劳动者、自由职业者,无业(包括学生)、下岗/失业人员;其他低于办事人员,专业技术人员,商业服务业员工,个体工商户、个体劳动者、自由职业者,无业(包括学生)、下岗/失业人员。

包容性和广泛性:党政机关、事业单位的处级低于专业技术人员,办事人员,商业服务业员工,无业(包括学生)、下岗/失业人员,专业技术人员;现役军人(武警)低于办事人员,专业技术人员,商业服务业员工,无业(包括学生)、下岗/失业人员;专业技术人员高于企业经理人员,现役军人(武警),产业工人;无业(包括学生)、下岗/失业人员高于产业工人和其他。

总体来说,党政机关、事业单位的处级以上领导干部的评价普遍较低。

表 10 不同职业读者差异的事后比较(LSD)

因变量	(I)职业类别	(J)职业类别	平均数差异(I—J)	标准误	显著性	95%置信区间	
						下限	上限
透明化和开放性	党政机关、事业单位的处级以上领导干部	企业经理人员	-2.34*	1.110	.035	-4.52	-.16
		办事人员	-3.3**	1.019	.001	-5.31	-1.30
		专业技术人员	-3.90***	.942	.000	-5.75	-2.05
		商业服务业员工	-3.83***	.984	.000	-5.77	-1.90
		个体工商户、个体劳动者、自由职业者	-2.63*	1.016	.010	-4.62	-.63
		无业(包括学生)、下岗/失业人员	-3.61***	.906	.000	-5.39	-1.84
		其他	-2.15*	.978	.028	-4.07	-.23
	专业技术人员	企业经理人员	1.56*	.732	.034	.12	2.99
		产业工人	2.45**	.903	.007	.68	4.23
		私营企业主	2.18*	.903	.016	.41	3.96
		个体工商户、个体劳动者、自由职业者	1.27*	.580	.029	.13	2.41
		其他	1.75*	.511	.001	.75	2.75
	商业服务业员工	产业工人	2.39*	.946	.012	.53	4.25
		私营企业主	2.12*	.946	.026	.26	3.97
		其他	1.68**	.584	.004	.54	2.83
	无业(包括学生)、下岗/失业人员	产业工人	2.17*	.865	.012	.47	3.87
		私营企业主	1.90*	.865	.029	.20	3.60
		其他	1.46**	.441	.001	.60	2.33

续表

因变量	(I)职业类别	(J)职业类别	平均数差异(I—J)	标准误	显著性	95%置信区间	
						下限	上限
主体感和自主性	党政机关、事业单位的处级以上领导干部	企业经理人员	-3.34**	1.120	.003	-5.54	-1.14
		现役军人(武警)	-3.65**	1.347	.007	-6.30	-1.00
		办事人员	-4.28***	1.029	.000	-6.30	-2.25
		专业技术人员	-3.67***	.951	.000	-5.54	-1.80
		商业服务业员工	-4.03***	.993	.000	-5.98	-2.08
		产业工人	-2.81*	1.241	.024	-5.25	-.37
		个体工商户、个体劳动者、自由职业者	-3.05**	1.025	.003	-5.06	-1.04
		无业(包括学生)、下岗/失业人员	-3.84***	.914	.000	-5.64	-2.04
		其他	-2.34*	.987	.018	-4.28	-.40
	私营企业主	企业经理人员	-2.63*	1.087	.016	-4.76	-.49
		现役军人(武警)	-2.93*	1.319	.027	-5.52	-.34
		办事人员	-3.56***	.992	.000	-5.51	-1.61
		专业技术人员	-2.95**	.912	.001	-4.74	-1.16
		商业服务业员工	-3.32**	.955	.001	-5.19	-1.44
		个体工商户、个体劳动者、自由职业者	-2.33*	.988	.019	-4.27	-.39
		无业(包括学生)、下岗/失业人员	-3.12***	.873	.000	-4.84	-1.41

续表

因变量	(I)职业类别	(J)职业类别	平均数差异(I—J)	标准误	显著性	95%置信区间	
						下限	上限
	其他	专业技术人员	-1.33*	.516	.010	-2.34	-.32
		商业服务业员工	-1.70**	.589	.004	-2.85	-.54
		无业(包括学生)、下岗/失业人员	-1.50**	.445	.001	-2.38	-.63
		办事人员	-1.94**	.648	.003	-3.21	-.66
贴心度和人性化	党政机关、事业单位的处级以上领导干部	企业经理人员	-2.80*	1.126	.013	-5.01	-.59
		办事人员	-3.24**	1.035	.002	-5.27	-1.21
		专业技术人员	-3.48***	.957	.000	-5.36	-1.60
		商业服务业员工	-3.72***	.999	.000	-5.68	-1.76
		个体工商户、个体劳动者、自由职业者	-2.54*	1.031	.014	-4.57	-.52
		无业(包括学生)、下岗/失业人员	-3.41***	.920	.000	-5.22	-1.61
	其他	办事人员	-2.00**	.652	.002	-3.28	-.72
		专业技术人员	-2.25***	.519	.000	-3.26	-1.23
		商业服务业员工	-2.48***	.593	.000	-3.65	-1.32
		个体工商户、个体劳动者、自由职业者	-1.30*	.646	.044	-2.57	-.04
		无业(包括学生)、下岗/失业人员	-2.18***	.447	.000	-3.06	-1.30

续表

因变量	(I)职业类别	(J)职业类别	平均数差异(I—J)	标准误	显著性	95%置信区间	
						下限	上限
包容性和广泛性	党政机关、事业单位的处级以上领导干部	专业技术人员	-1.77**	.607	.004	-2.96	-.58
		办事人员	-1.57*	.656	.017	-2.86	-.28
		商业服务业员工	-1.58*	.633	.013	-2.82	-.33
		无业(包括学生)、下岗/失业人员	-1.67**	.583	.004	-2.82	-.52
		专业技术人员	-.95*	.471	.045	-1.87	-.02
	现役军人(武警)	办事人员	-1.47*	.716	.041	-2.88	-.06
		专业技术人员	-1.67*	.671	.013	-2.99	-.35
		商业服务业员工	-1.48*	.695	.034	-2.84	-.11
		无业(包括学生)、下岗/失业人员	-1.57*	.650	.016	-2.85	-.29
	专业技术人员	企业经理人员	.95*	.471	.045	.02	1.87
		现役军人(武警)	1.67*	.671	.013	.35	2.99
		产业工人	1.26*	.582	.030	.12	2.40
	无业(包括学生)、下岗/失业人员	产业工人	1.16*	.557	.038	.07	2.26
		其他	.92**	.284	.001	.37	1.48

$*p<0.05$ $**p<0.01$ $***p<0.001$

(2)平均周到馆率对主体感和自主感的影响

从表 11 可以知,平均周到馆率"少于 1 次"和"1—2 次"的读者在"主体感和自主感"方面的感受显著低于周到馆率最高的,即每天都来的读者。

表 11 不同周到馆频率读者差异的事后比较(LSD)

因变量	(I)平均周到馆频率	(J)平均周到馆频率	平均数差异(I-J)	标准误	显著性	95%置信区间	
						上限	下限
主体感、自主性	少于 1 次	每天	-1.52*	.666	.023	-2.83	-.21
	1—2 次	每天	-1.62*	.638	.011	-2.88	-.37

* $p<0.05$

2.4.5 读者进馆动机与第三文化空间图书馆认知的关系

为了得到读者进馆动机与第三文化空间图书馆认知的关系,我们建立一个读者进馆动机与第三文化空间图书馆认知的结构方程来进一步探索二者之间的关系。其研究假设是:读者进馆动机对第三文化空间图书馆认知有影响。并基于此设建立模型,表 12 为模型的各项拟合指数,通过各项指数得知该模型的拟合度良好,因为本模型的样本量属于大样本量,所以 Chi-square/d.f. 的值接近 5 也是可以接受的。

表 12 模型拟合度指数

拟合指标	Chi-square/d.f.	RMSEA	NNFI	CFI	NFI	GFI	AGFI
可接受范围	<2(大样本<5 也可)	<0.08	>0.9	>0.9	>0.9	>0.9	>0.9
模型拟合值	2.68	0.021	0.96	0.99	0.98	0.98	0.93

通过图 1 结构方程求解路径系数得知,动机 1 路径系数 0.10、动机 2 的路径系数 0.19($p<0.05$)和动机 10 的路径系数 0.20 这三项显著($p<0.05$),表明这三项动机对读者的第三文化空间下图书馆的认知有影响,其余的均不显著。因此我们的理论假设部分成立,即读者部分进馆动机对第三文化空间图书馆认知有影响。

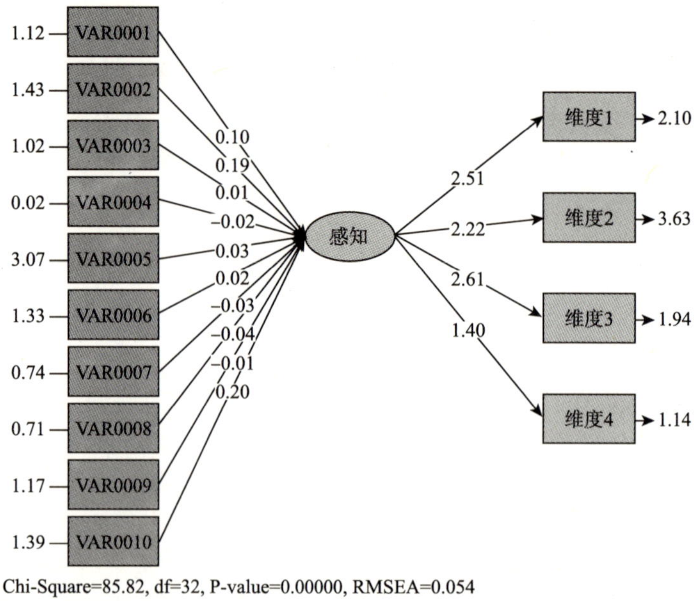

图 1　读者进馆动机与对第三文化空间图书馆认知的关系

2.5　结论

2.5.1　读者对第三文化空间图书馆的各个特征较为认可

读者总体上对于第三文化空间图书馆的各个方面是比较认可的，主要表现在：读者对第三文化空间图书馆的 4 个维度均表现出较高的评价，即第三文化空间图书馆在透明化和开放性、主体感和自主性、贴心度和人性化、包容性和广泛性四个方面的表现均比较受读者认可。

2.5.2　读者的性别、职业和平均周到馆率对第三文化空间图书馆的认知有影响

第三文化空间下图书馆的认知，分别会受到性别、职业和平均周到馆率的影响。性别方面，相较于男性读者，女性读者对第三文化空间图书馆的各个维度评价都更高；职业方面，党政机关、事业单位的处级以上领导干部的评价普遍较低；平均周到馆率方面，一周中每天都到馆的读者对第三文化空间图书馆“主体感和自主感”的评价相对较高。

2.5.3　读者的部分进馆动机对第三文化空间图书馆的认知有影响

通过建立结构方程发现，查找资料或借书、自习或阅览、其他 3 个进馆动机对读者认知第三文化空间下的图书馆有影响。

后 记

在公共图书馆服务体系建设之路上摸索前行,需要热情;在摸索中不致迷失方向,需要主张。

党的十七届六中全会审议通过《中共中央关于深化文化体制改革　推动社会主义文化大发展大繁荣若干重大问题的决定》后,"文化强国"和"提升文化软实力"成为共识。为此,作为文化事业重要组成部分的图书馆事业也得到了又一次大提升,全国各地均以不同的形式探索公共图书馆服务体系建设,成果斐然,凸显图书馆人的热情与主张。

杭州市公共图书馆服务体系建设历时 10 年,经历了研究、实践、思考、修正、完善,积累了一些经验,本书报告的正是杭州的做法、杭州的经验。

本次调研由国家图书馆策划,在国家图书馆研究院的指导下,由南开大学信息管理系、杭州图书馆联合组成调研组,经过半个月的调查、两个多月的辛勤写作和数次修改,最终完成书稿。作为本书的执行主编,我甚感欣慰。

为此,我要感谢国家图书馆周和平馆长对杭州市、杭州图书馆的关注和重视;感谢国家图书馆研究院提供平台,让杭州的做法、杭州的经验得以与公共图书馆同行分享;感谢南开大学徐建华教授团队在实地观察、走访约谈、实证研究、专题讨论、调研报告撰写等方面付出的努力,他们是徐建华、苏超、李媛、王翩然、陈嘉茜、王茉瑶、付敏君;感谢杭州图书馆写作团队的辛勤与努力,他们是何瑜英、屠淑敏、章伟良、刘莹、周宇麟、施春林、陈琦、聂凌睿、龚思婷;感谢杭州图书馆各相关部门人员提供丰富的资料和数据,他们是陈夏、沈少英、何妨、王扬、叶丹、赵斌、戚晓黎、胡芳、朱峻薇、王利荣。

同时感谢杭州师范大学高振宇副教授的加盟;感谢杭州图书馆粟慧副馆长、梁亮副馆长、龚娅君副馆长给予本书的修改意见;感谢各区、县(市)图书馆对本次调研的大力支持和热情接待,它们是临安市图书馆、余杭区图书馆、江干区图书馆、桐庐县图书馆、建德市图书馆、拱墅区图书馆、萧山区图书馆、下城区图书馆、西湖区图书馆、音乐分馆、佛学分馆、城市生活主题分馆、杭州少年儿童图书馆。

还要感谢杭州图书馆"浙江省重点创新团队创建"项目和"公共图书馆向

文化空间拓展的研究与实践"课题对本次调研提供的经费支持。

本调研报告挂一漏万，尚有进一步完善之处，敬请专家、同仁给予指导，提供宝贵意见。

杭州图书馆馆长　褚树青

2013年10月

国家图书馆出版社
图书馆学、信息管理科学重点图书推介

公共图书馆服务体系的探索与实践——东莞调研报告
国家图书馆研究院主编　定价:80.00 元　出版时间:2012 - 11

公共图书馆服务体系的探索与实践——天津调研报告
国家图书馆研究院主编　定价:80.00 元　出版时间:2013 - 02

公共图书馆服务体系的探索与实践——山西调研报告
国家图书馆研究院主编　定价:80.00 元　出版时间:2013 - 04

国家图书馆电子图书元数据规范和著录规则
郑巧英,梁蕙玮,陈幼华主编　定价:58.00 元　出版时间:2013 - 08

国家图书馆拓片元数据规范与著录规则
肖珑,苏品红,胡海帆主编　定价:58.00 元　出版时间:2014 - 02

国家图书馆甲骨元数据规范与著录规则
卢芳玉,苏品红主编　定价:58.00 元　出版时间:2014 - 02

国家图书馆家谱元数据规范与著录规则
赵亮,苏品红主编　定价:58.00 元　出版时间:2014 - 02

国家图书馆古籍元数据规范与著录规则
肖珑,苏品红,刘大军主编　定价:58.00 元　出版时间:2014 - 02

国家图书馆舆图元数据规范与著录规则
肖珑,苏品红,姚伯岳主编　定价:58.00 元　出版时间:2014 - 02

国家图书馆年鉴 2013

国家图书馆编　　定价:660.00 元　　出版时间:2013 - 11

中国图书馆年鉴 2013

中国图书馆学会,国家图书馆编　　定价:340.00 元　　出版时间:2013 - 12

中小学图书馆管理与服务(修订版)

江苏省教育装备与勤工俭学管理中心编

定价:54.00 元　　出版时间:2011 - 04

图书馆学概论(修订二版)

吴慰慈,董焱编著　　定价:35.00 元　　出版时间:2012 - 12

UNIMARC 手册:规范格式(第三版)

《中国机读规范格式》工作组译　　定价:120.00 元　　出版时间:2013 - 12

以上系列图书盗版严重　请从正规渠道购买

地址:北京市西城区文津街 7 号
邮编:100034
电话:010 - 66126153;66114536;66151313;88003146
传真:010 - 66121706
网址:www. nlcpress. com